STUDIOS
TALMA

Du même auteur :

– *Guerre en Ukraine - La responsabilité criminelle de l'Occident - Nos options pour stopper la crise* ;

– *L'Arme climatique - La manipulation du climat par les militaires* ;

– *L'Arme environnementale - Opérations et programmes secrets des militaires* ;

– *Géopolitique des cryptomonnaies*, avec Nancy Gomez ;

– *418 Milliards, la fraude de la grande distribution avec la complicité des élus et de l'Administration*, avec Martine Donnette et Claude Diot ;

– *Le Mystère des cartes anciennes - Ces anomalies extraordinaires qui remettent en cause l'histoire de l'Humanité.*

Photo sur la couverture : CPL Jason Ingersoll, USMC

Talma Studios
Clifton House, Fitzwilliam St Lower,
Dublin 2
Irlande
www.talmastudios.com
info@talmastudios.com

ISBN : 978-1-913191-28-3

Patrick Pasin

LE FBI
COMPLICE DU 11 SEPTEMBRE

2e édition

TALMA STUDIOS

À la mémoire de toutes les victimes du 11 Septembre
et des guerres qui ont suivi.

Complice : qui participe au crime d'un autre.

Larousse

Rappel typographique : le 11 Septembre s'écrit avec une majuscule lorsqu'il s'agit de l'événement historique, mais avec une minuscule lorsqu'il est fait référence seulement à la date ou que figure l'année. C'est pourquoi se rencontrent les deux formes dans ces pages.

Introduction

Sans doute comme tout le monde, je me souviens de ce que je faisais le 11 septembre 2001 lorsque j'appris de ce qui venait de se passer à New York. Il est alors un peu plus de 15 h 00 à Paris, je quitte immédiatement mon bureau pour suivre les événements en direct à la télévision.

Les informations semblent contradictoires, surtout à Washington, mais cela ne peut qu'être normal dans une telle situation. En revanche, ce qui m'étonne, c'est de voir peu d'images du Pentagone, sauf de loin, avec un léger nuage de fumée. Pourtant, il y a des caméras partout à D. C. et les médias y sont omniprésents. Ces pensées me sortent vite de l'esprit, car je suis déjà sûr d'une chose : le monde vient de changer pour toujours.

Les événements frappent ensuite à ma porte d'éditeur : Thierry Meyssan et son équipe ont publié sur leur site *L'Asile utopique* quelques photos de la façade du Pentagone en y ajoutant la représentation à l'échelle du Boeing 757-200 du vol 77 d'American Airlines. Il paraît impossible qu'un avion de quarante mètres de large ait pu percuter l'édifice sans l'endommager en disparaissant à l'intérieur d'un trou de seulement cinq à six mètres de large.

Je propose à Thierry Meyssan de dîner ensemble afin de discuter d'un livre au sujet de ses recherches. Pendant les quatre heures de discussion, je me fais l'avocat du diable et, à chaque fois, mon interlocuteur présente des arguments basés sur de multiples sources, officielles et médiatiques.

Nous nous mettons immédiatement d'accord sur les conditions contractuelles. Trois mois plus tard, fin février 2002, il me remet le manuscrit commandé. Il ne reste plus qu'à mener les différentes étapes éditoriales conduisant à la publication du livre *L'Effroyable Imposture*, titre que je propose, avec l'accroche « Aucun avion ne s'est écrasé sur le Pentagone ! »

Réactions gouvernementales

Le succès mondial est rapidement au rendez-vous, avec des traductions dans près d'une trentaine de langues, sans compter les versions pirates.

L'une des premières réactions officielles aux États-Unis provient du FBI, qui, le 2 avril 2002, publie le communiqué suivant :

> Le fait même de suggérer que le vol AA77 ne s'est pas écrasé sur le Pentagone le 11 Septembre est l'insulte ultime à la mémoire de 59 hommes, femmes et enfants sur ce vol et des 125 militaires et employés civils du Pentagone qui furent assassinés sans pitié par des terroristes le 11 Septembre.[1]

Suit quelques jours plus tard une déclaration du même genre par Victoria Clarke, au nom du département de la Défense :

> Je pense que le fait même d'une telle suggestion est ridicule. Et, finalement, c'est juste une insulte incroyable aux amis, aux proches et aux familles des presque deux cents personnes qui ont été tuées ici le 11 septembre et des milliers qui le furent à New York.[2]

Le livre paraît d'abord en français[3], puis en anglais. Il y a, évidemment, de multiples menaces, pressions et actions pour que la parution soit un échec. Par exemple, quelques semaines avant la sortie de *The Big Lie*, *U.S. News and World Report* publie un article dénonçant qu'Amazon s'apprête à commercialiser un livre antiaméricain sur le 11 Septembre. J'adresse alors une lettre à Jeff Bezos, son fondateur et président, pour expliquer que ce livre n'a rien d'antiaméricain et, qu'en mémoire des victimes, tout doit être tenté pour identifier et punir les coupables, quels qu'ils soient. Je ne sais si la lettre eut un effet, ni même s'il la reçut, mais le livre est mis en vente sur Amazon aux États-Unis.

---

1. *The New Pearl Harbor*, David Ray Griffin, Arris Books, p. 46.
2. Idem.
3. *L'Effroyable Imposture*, Thierry Meyssan, éd. Carnot, 2002. Sur proposition du traducteur, que j'accepte volontiers, le titre du livre en anglais est *The Big Lie* (*Le Grand Mensonge*).

En mars 2002, Thierry Meyssan me montre de nouvelles photos et témoignages au sujet de l'attentat contre le Pentagone qui corroborent ses conclusions. Je lui propose donc d'écrire un second livre, uniquement centré sur Washington, car ces informations infirment la version officielle. Le titre me vient comme une évidence : *Le Pentagate*. Sa lecture ébranle les certitudes de nombre de ceux qui croient encore au récit gouvernemental. Par exemple, une présentatrice de télévision anglaise, qui a lu les deux livres, lui dit qu'elle n'a aucun contre-argument à opposer mais qu'elle préfère encore croire à la version avec ben Laden, car elle dort mieux ainsi. Cependant, la plupart du temps, ceux qui croient encore à cette version, se réfugient dans le commentaire : « Oui, mais c'est la théorie du complot ». Ils ont raison, puisque le 11 Septembre se résume à une théorie du complot à deux versions :

– le récit gouvernemental du complot : des islamistes fanatisés ont attaqué « l'Amérique » par une véritable opération militaire dirigée depuis... une grotte en Afghanistan habitée par Oussama ben Laden, à l'insu de tout l'appareil militaire et de renseignement des États-Unis ;

– la nôtre : à partir de l'analyse des faits et de la multitude d'anomalies qui s'accumulent, nous ne pouvons que conclure que la version gouvernementale est mensongère. Au fur et à mesure, il devient de plus en plus évident que les coupables sont à rechercher du côté de « l'État profond » : seul lui a pu organiser et commettre une telle infamie. Avec, manifestement, des complicités étrangères.

Il nous est alors souvent rétorqué qu'une telle conspiration nécessiterait des milliers de complices au sein du pouvoir, ce qui paraît impossible sans que personne ne parle. Au regard de la situation, tout au plus quelques dizaines d'individus placés à des postes clés suffisent.

C'est donc là que le FBI, le Federal Bureau of Investigation, entre en scène. En effet, dès le début de l'enquête, ses agissements ne manquent pas d'être étonnants, pour ne pas dire incompréhensibles. Et cela continue durant toute l'enquête. C'est ce que nous étudions dans ces pages, en nous basant sur des déclarations et des documents officiels, dont *The 9/11 Commission Report*[4], la publication des travaux de la Commission Kean-Hamilton, créée par le Congrès et le Président sous le titre de *National Commission on Terrorists Attacks Upon the United*

---

4. *The 9/11 Commission Report,* édition autorisée, W. W. Norton & Company.

States[5] (Public Law 107-306, 27 novembre 2002), ainsi que sur d'autres sources officielles, plus les médias mainstream.

Nous nous appuyons aussi sur les travaux des chercheurs auxquels les incohérences de la version gouvernementale n'ont pas échappé, notamment Thierry Meyssan, Paul Thompson, David Ray Griffin, Michel Chossudovsky, Peter Lance, Nafeez Ahmed, Webster Griffin Tarpley, Craig Unger...[6] Ils sont allés plus loin et de façon plus détaillée sur la plupart des points traités dans ces pages. En effet, l'objectif ici ne consiste pas à refaire ce qu'ils ont déjà si bien analysé, mais à synthétiser les agissements d'une partie des responsables – sinon des coupables, au moins par inaction –, pour lesquels, il s'avère, finalement, incroyable de constater qu'ils n'ont pas eu à rendre de comptes dans cet événement qui a pris tant de vies et continue d'empoisonner le monde. La plupart d'entre eux a même bénéficié de promotions par la suite, nous y reviendrons.

Malgré un appareil sécuritaire prélevant déjà à l'époque un lourd tribut sur les ressources de la nation, expliquer le 11 Septembre par les « défaillances », « l'organisation inadéquate », « on ne pouvait pas imaginer », etc. apparaît plus aujourd'hui comme l'alibi pour masquer ce qui s'apparente en réalité à du sabotage et de la complicité aux plus hauts niveaux hiérarchiques des institutions concernées. C'est aussi faire injure à la mémoire de toutes les victimes de la tragédie.

Puisqu'il est investi du devoir de faire respecter la loi et en charge de l'enquête sur le 11 Septembre, nous nous intéressons spécifiquement au FBI dans cette courte étude non exhaustive, afin de mettre en lumière ce que certains ont commis avant, pendant et après ce qui a marqué définitivement l'Humanité. Et de s'interroger s'ils doivent répondre de leurs actes.

---

5. Dans ces pages, nous la désignons le plus souvent sous le terme « la Commission ».
6. Malgré les milliers de pages lues et les dizaines de vidéos regardées sur le sujet, il se peut que des mises à jour ou des compléments d'information nous aient échappé. Il est, en effet, impossible d'être exhaustif au sujet du 11 Septembre.

Le FBI et le terrorisme

« Le département de la Justice et le FBI

Au niveau fédéral, l'essentiel de l'activité liée à l'application de la loi est concentré au département de la Justice. Pour lutter contre le terrorisme, l'agence dominante sous l'autorité du département est le Federal Bureau of Investigation. Le FBI ne bénéficie pas de l'octroi d'une autorisation générale mais travaille plutôt dans le cadre d'auto-risations statutaires spécifiques. La plus grande partie de son travail est effectué dans des bureaux locaux appelés « field offices » (« bureaux régionaux »). Il en existe cinquante-six, chacun couvrant une zone géographique déterminée et étant relativement séparé de tous les autres. Avant le 11 Septembre, l'agent spécial responsable était le plus souvent libre de fixer les priorités de son bureau et d'affecter le personnel en conséquence.

Les priorités du bureau étaient arrêtées en fonction de deux préoc-cupations principales. La première, la performance du bureau, était généralement mesurée par les statistiques, tels que le nombre d'arrestations, les inculpations, les poursuites et les condamnations.

Le travail d'antiterrorisme et de contre-espionnage, impliquant souvent de longues enquêtes pouvant n'avoir jamais de résultats positifs ou quantifiables, ne favorisait pas l'avancement des carrières. »[7]

Devons-nous comprendre que le peuple américain ne fut pas protégé des attaques du 11 Septembre pour des questions de carrière ? Le *Report* continue ainsi son histoire :

> La plupart des agents atteignant les postes de management avait peu d'expérience de l'antiterrorisme. Deuxièmement, les priorités étaient fixées au niveau local par les bureaux régionaux, dont les préoccupations étaient centrées sur les délits traditionnels, parmi lesquels les infractions en col blanc et ceux relatifs à la drogue et aux gangs. Les bureaux régionaux firent le choix de traiter les priorités locales plutôt que celles de niveau national.

---

7. *The 9/11 Commission Report*, pp. 74-75.

Nous verrons ci-dessous que ce n'est pas le cas et, en écrivant cela, la Commission commet quasiment un outrage à l'encontre d'agents de terrain qui ont fait plus que remplir leur devoir en plusieurs circonstances, malgré l'obstruction de leur hiérarchie. D'ailleurs, s'ils avaient été écoutés, le 11 Septembre ne se serait jamais produit :

> Le Bureau[8] opère aussi sous le système du « bureau d'origine ». Afin d'éviter les doublons et la possibilité de conflits, le FBI désigne un bureau unique en charge d'une enquête entière. Parce que le bureau régional de New York mit en accusation ben Laden avant les attentats en Afrique de l'Est, il devint le bureau d'origine pour tout ce qui concernait ben Laden, y compris les attentats en Afrique de l'Est et, ultérieurement, l'attaque contre l'USS *Cole*.[9] L'essentiel de la connaissance institutionnelle par le FBI concernant ben Laden résidait dans ce bureau. [...]

> En 1986, le Congrès autorisa le FBI à enquêter sur les attaques terroristes contre les Américains se produisant en dehors des États-Unis. Trois ans plus tard, il ajouta l'autorité pour le FBI de procéder à des arrestations à l'étranger sans l'accord du pays hôte. Pendant ce temps, un groupe de travail dirigé par le vice-président George H. W. Bush approuvait un concept déjà préconisé par le directeur de la Central Intelligence Agency, William Casey – un centre antiterroriste, où le FBI, la CIA et d'autres organisations pourraient travailler ensemble contre le terrorisme international. Bien qu'il s'agissait clairement d'une entité de la CIA, le FBI détacha des fonctionnaires pour y travailler et obtint des pistes qui aidèrent à capturer des personnes recherchées pour faire face à un procès aux États-Unis.

Nous verrons ci-dessous que ce point est d'importance. Comme l'établit le rapport de la Commission,

---

8. Le « Bureau » écrit avec une majuscule désigne le FBI.
9. « Le 12 octobre 2000, alors qu'il était amarré à Aden (Yémen), l'USS *Cole* fut frappé par une embarcation piégée, qui perfora la coque, tua 17 marins et en blessa 50 autres. Les deux *kamikazes* pilotant l'embarcation périrent aussi dans cet attentat-suicide, qui fut revendiqué par l'Armée islamique d'Aden et par Al-Qaïda. » https://fr.wikipedia.org/wiki/USS_Cole_(DDG-67)

les forces que le FBI apporta à la lutte contre le terrorisme ne se mirent nulle part plus brillamment en valeur que dans le cas du vol 103 de la Pan Am, de Londres à New York, qui explosa au-dessus de Lockerbie, en Écosse, en décembre 1988, tuant 270 personnes.

Ensuite, la conclusion du paragraphe sur ce vol 103 déclare que

cela montre une fois de plus comment – compte tenu de l'affaire à résoudre – le FBI demeure capable de capacités d'investigation extraordinaires.

Qui peut en douter ?

Terrorisme et priorités

Choisi par le président Clinton en 1993, Louis Freeh devient directeur du Bureau, jusqu'en juin 2001. Selon le *Report* (p. 76),

il « reconnaît le terrorisme comme une menace majeure, [...] », mais ses « efforts ne se traduisent pas par le déplacement signi-ficatif de ressources vers la lutte contre le terrorisme ».

Ce n'est qu'en 1998 que les choses changent :

Pour la première fois, le FBI désigna la sécurité nationale et économique, y compris la lutte contre le terrorisme, comme sa priorité absolue. Dale Watson, qui deviendra plus tard le chef de la nouvelle Division antiterroriste, déclara qu'après les attentats à la bombe en Afrique de l'Est, « la lumière s'était allumée » et un changement culturel devait se produire au sein du FBI.

L'enjeu est d'importance, car

si elles avaient été mises en œuvre avec succès, [les mesures] auraient constitué un pas important vers la lutte systématique contre le terrorisme, plutôt qu'en tant que cas individuels sans lien entre eux. Mais le plan ne réussit pas.

Une menace connue – La conspiration du Millénaire

À l'approche du 1er janvier 2000, les autorités sont informées par le gouvernement jordanien qu'Al-Qaïda prépare les attentats du Millénaire, dont plusieurs sur le sol américain. Richard Clarke, responsable du contre-terrorisme, en est informé et met en œuvre un plan pour neutraliser la menace.[10] Le plan, approuvé par le président Clinton, consiste à harceler partout dans le monde les membres d'Al-Qaïda en mobilisant toutes les institutions, les ambassades, les bases militaires, les services de police, etc. du pays.

> Le FBI est mis en état d'alerte, des équipes antiterroristes sont dépêchées à l'étranger, un ultimatum officiel est donné aux talibans pour garder Al-Qaïda sous contrôle, et des agences de renseignement amicales sont invitées à apporter leur aide. Il y a des réunions au niveau du Cabinet presque tous les jours qui traitent du terrorisme. (*Washington Post*, 20/4/00 ; Associated Press, 28/6/02).[11]

Cela conduit à l'arrestation le 14 décembre 1999 à Port Angeles, Washington, par l'agent de patrouille de frontière Diana Dean, d'Ahmed Ressam, tandis que sont découverts dans sa voiture de location plus de 50 kg de composants pour fabriquer des bombes et des détonateurs. Il avoue par la suite avoir prévu de commettre un attentat à l'aéroport de Los Angeles. Ainsi que l'écrit le *New York Times*,

> L'arrestation d'Ahmed Ressam était le signe le plus clair qu'Oussama ben Laden essayait d'exporter le djihad aux États-Unis. [...] « C'était un signal d'alarme », déclara un agent supérieur du renseignement [...]. Tout comme les attentats à la bombe contre les ambassades avaient exposé la menace d'Al-Qaïda à l'étranger, le complot du millénaire révéla des vulnérabilités criantes au pays.

---

10. *Against All Enemies*, Richard Clarke, 3/04, pp. 205, 211, cité dans *The Terror Timeline*, p. 79.
11. *The Terror Timeline*, p. 79.

« Si vous compreniez Al-Qaïda, vous saviez que quelque chose allait se produire », expliqua Robert M. Bryant, qui était le directeur adjoint du FBI lorsqu'il prit sa retraite en 1999. « Vous saviez qu'ils allaient nous frapper, mais vous ne saviez pas où. Le 11 Septembre m'a rendu malade. J'ai pleuré quand ces tours sont tombées. »[12]

Malgré cette arrestation, qui permet de déjouer plusieurs attentats à la bombe et d'identifier des complices à New York, Boston et Seattle, « Clarke affirme que le FBI reste généralement inutile » (*Newsweek*, 31/3/04).[13] Il ajoute par la suite :

> « Je pense que beaucoup de dirigeants du FBI réalisèrent pour la première fois qu'il y avait probablement des membres d'Al-Qaïda aux États-Unis. Ils le comprirent seulement après avoir examiné les résultats de l'enquête sur le complot du Millénaire. » (PBS Frontline, 10/3/02). Pourtant, le conseiller à la sécurité nationale du président Clinton, Sandy Berger, déclare : « Jusqu'à la toute fin de notre mandat, l'opinion que nous avons reçue du [FBI] était qu'Al-Qaïda avait une capacité limitée d'opérer aux États-Unis et que toute présence ici était sous surveillance. » Aucune analyse n'est faite avant le 11 Septembre pour déterminer l'ampleur de cette présence. (*Washington Post*, 9/20/02).[14]

En décembre 1999, la CIA confirme le danger de la façon suivante :

> Parce que les États-Unis sont le but ultime de [Ben Laden], [...] nous devons supposer que plusieurs de ces cibles se trouveront aux États-Unis (9/11 Congressional Inquiry, 24/7/03 ; *Time*, 4/8/02). Depuis la fin de 1999, il existe des renseignements selon lesquels des objectifs à Washington et à New York seraient attaqués à ce moment-là. (9/11 Congressional Inquiry, 18/9/02).[15]

---

12. *Planning for Terror but Failing to Act*, Judith Miller, Jeff Gerth, Don Van Natta Jr., *The New York Times*, 30 décembre 2001.
13. *The Terror Timeline*, p. 80.
14. *The Terror Timeline*, p. 80.
15. *The Terror Timeline*, p. 80.

Qui peut encore, au FBI et ailleurs, parler d'effet de surprise au sujet des attaques d'Al-Qaïda qui se produiront moins de deux ans plus tard ? Comment se fait-il que les mesures appropriées n'aient pas été mises en œuvre lorsqu'il en était encore temps, tandis que la menace commençait à prendre forme sur le territoire national ?

Une menace connue – Un attentat meurtrier

Il est étonnant d'entendre Dale Watson, qui deviendra plus tard le chef de la nouvelle Division antiterroriste du FBI, déclarer, ainsi que nous l'avons vu ci-dessus, que « la lumière s'était allumée » après les attentats à la bombe en Afrique de l'Est en 1998. Pourtant se produit **sur le sol américain** cinq ans auparavant, le 26 février 1993, celui contre le World Trade Center (WTC), qui fait six morts, plus d'un millier de blessés et des dommages supérieurs à cinq cent millions de dollars. Le *Report* rappelle qu'

> un agent du FBI sur les lieux décrivit le nombre relativement faible de morts comme un miracle. [...]
>
> Le bureau de New York du FBI prit le contrôle de l'enquête sur place et, en fin de compte, établit un modèle pour la gestion future des incidents terroristes.
>
> Quatre caractéristiques de cet épisode ont une signification pour l'histoire du 11 Septembre.
>
> Premièrement, l'attentat à la bombe signala un nouveau défi terroriste, dont la rage et la malice n'avaient aucune limite. Ramzi Yousef, l'extrémiste sunnite qui posa la bombe, déclara ultérieurement qu'il espérait tuer 250 000 personnes. (pp. 71-72)

Yousef est finalement capturé au Pakistan à la suite de la découverte en janvier 1995 par la police philippine d'un complot d'envergure, l'opération Bojinka, qui prévoit, entre autres actions, de placer des bombes à bord d'une douzaine d'avions sur des lignes transpacifiques et de les faire exploser simultanément.

Ainsi, le FBI sait que ces gens veulent tuer au moins 250 000 personnes et utiliser des avions commerciaux pour leurs desseins terroristes, et ses directeurs ne sont pas capables de mettre en œuvre une organisation pour prévenir la catastrophe, malgré tous leurs moyens et leur pouvoir ? Est-il possible de croire qu'ils ne firent pas surveiller ces réseaux extrémistes dans les mosquées de New York après les avertissements tragiques que constituent – notamment, mais il y en eut d'autres – les attentats contre le World Trade Center puis l'*USS Cole* en octobre 2000 ? Est-il raisonnable de croire qu'ils ne découvrirent aucune information susceptible de les mettre sur la voie ? Est-il raisonnable de croire que le FBI ne savait rien avant le 11 Septembre ? Est-il raisonnable de croire qu'il ne pouvait l'empêcher ?

Le FBI savait

Robert Swan Mueller III, né le 7 août 1944 à New York, est nommé par le président Bush en tant que sixième directeur du Federal Bureau of Investigation (FBI), le 5 septembre 2001, soit à peine une semaine avant le 11. Le 14, il déclare :

> Je n'avais connaissance d'aucun signal d'alerte qui aurait pu indiquer ce type d'opération dans le pays.[16]

Il vient d'arriver à son poste, il est compréhensible qu'il n'ait reçu antérieurement aucune information sur la menace. Ses propos sont confirmés dans le résumé du rapport final du Joint Inquiry conduit par les comités sur le renseignement de la Chambre des représentants et du Sénat :

> Tandis que la communauté du renseignement avait amassé une grande quantité d'informations précieuses au sujet d'Oussama ben Laden et de ses activités terroristes, aucune n'avait identifié l'heure, le lieu et la nature spécifique des attaques qui avaient été planifiées pour le 11 septembre 2001.[17]

Pourtant, des agents du FBI accusent à plusieurs reprises leur quartier général d'avoir bloqué des enquêtes avant le 11 Septembre qui auraient pu l'empêcher. Ainsi, la liste des informations montrant que le FBI savait ce qui allait se produire, y compris le jour et les cibles, est définitivement troublante, bien que les autorités ne cessèrent jamais de prétendre le contraire tout au long des années qui suivirent. Ce qui est encore plus troublant, ce sont les choix effectués régulièrement au détriment de la sécurité du peuple américain, ainsi que nous allons le montrer.

---

16. *The New Pearl Harbor*, p. 69.
17. *The New Pearl Harbor*, p. 69.

Plus de dix ans de terreur

Commençons par des extraits du livre *The Terror Timeline*,[18] travail remarquable et précieux de Paul Thompson et du Center for Cooperative Research :

Juillet 1990 : Le cheik aveugle inscrit sur une liste de surveillance des terroristes entre aux États-Unis

Bien qu'inscrit sur une liste de surveillance des terroristes depuis trois ans, le leader islamiste radical Sheikh Omar Abdul-Rahman, dit le « Cheikh aveugle », entre aux États-Unis avec un visa de tourisme délivré par un agent de la CIA (*Village Voice*, 30/3/93 ; *Atlantic Monthly*, 5/96 ; *1000 Years for Revenge*, de Peter Lance, 09/2003, p. 42). Il est largement engagé dans la lutte contre les Soviétiques en Afghanistan aux côtés de la CIA et de l'ISI, le service de renseignements pakistanais, [...] mais ne cache pas que son objectif prioritaire est de renverser les gouvernements de l'Égypte et des États-Unis (*Atlantic Monthly*, 5/96), où il commence immédiatement à développer un réseau terroriste (*Village Voice*, 30/3/93). [...] Le renseignement égyptien prévient les États-Unis qu'il planifie de nouvelles attaques et, le 12 novembre 1992, des terroristes qui lui sont liés mitraillent un bus de touristes occidentaux en Égypte. Il continue de vivre tranquillement à New York (*Village Voice*, 30/3/93), mais sera arrêté et condamné en 1993 pour sa participation à l'attentat contre le World Trade Center (*Atlantic Monthly*, 5/96).[19]

5 novembre 1990 : Première attaque terroriste aux États-Unis liée à ben Laden

L'égypto-américain El Sayyid Nosair assassine le leader sioniste controversé Rabbi Meir Kahane, dont l'organisation, la Jewish Defense League, commet des attentats et actions violentes sur le sol américain. [...] Nosair est arrêté et des fichiers en sa possession livrent les détails d'une cellule terroriste, mentionnent

---

18. *The Terror Timeline, Year By Year, Day By Day, Minute By Minute: A Comprehensive Chronicle of the Road to 9/11-and America's Response*, Paul Thompson et le Center for Cooperative Research, ReganBooks, 2004. Le site History Commons (.org) présente également une chronologie très riche.
19. *The Terror Timeline*, p. 8.

Al-Qaïda et traitent de la destruction de grands immeubles aux États-Unis. De façon incroyable, cette information vitale n'est pas traduite avant des années (ABC News, 16/08/02). [...] ben Laden contribue aux frais de justice de Nosair. Plusieurs de ceux qui sont impliqués dans l'assassinat de Kahane participeront à l'attentat contre le WTC de 1993. Ainsi que le constate un agent du FBI, « le fait est qu'en 1990, mes agents et moi avions dans notre bureau, menottés, les types qui feront sauter le WTC en 93. On nous a demandé de les relâcher. » (ABC News, 16/08/02).[20]

Sachant que ces individus sont impliqués dans un assassinat, qui a pu donner un tel ordre et pour quel motif ? Sont-ils protégés, et par qui ?

1er septembre 1992, les États-Unis ratent l'occasion d'empêcher le premier attentat contre le WTC
et de découvrir Al-Qaïda :

Les terroristes Ahmad Ajaj et Ramzi Yousef entrent ensemble aux États-Unis. Ajaj est arrêté à l'aéroport Kennedy de New York. Yousef n'est pas arrêté, et sera, plus tard, le cerveau de l'attentat à la bombe de 1993 du WTC. « Le gouvernement américain était presque sûr qu'Ajaj était un terroriste dès le moment où il a posé le pied sur le sol américain », parce que « ses valises étaient remplies de faux passeports, de fausses cartes d'identité et d'une feuille sur la façon de mentir aux inspecteurs de l'immigration américaine », plus « deux carnets de notes manuscrits remplis de recettes de bombes, six manuels de fabrication de bombes, quatre bandes vidéo sur la façon de faire des armes et un guide avancé sur la formation à la surveillance ». Cependant, Ajaj n'est accusé que de fraude au passeport et purge une peine de six mois. Depuis la prison, il appelle fréquemment Yousef et d'autres personnes du complot de 1993 du WTC, mais personne ne traduit les appels jusqu'à longtemps après l'attentat. (*Los Angeles Times*, 14/10/01/10). [...][21]

---

20. *The Terror Timeline*, pp. 8-9.
21. *The Terror Timeline*, p. 9.

Non seulement personne ne traduit les appels, mais comment est-il possible de ne pas surveiller ceux qu'il appelle à partir du moment où l'on est convaincu qu'il est un terroriste ? N'est-ce pas la base du renseignement et le rôle du FBI ?

1993-1998 : Un agent double d'Al-Qaïda est arrêté puis relâché ; il livre des secrets sur Al-Qaïda

La police canadienne arrête Ali Mohamed, un haut gradé d'Al-Qaïda. Il est toutefois relâché lorsque le FBI déclare qu'il est un agent américain. (*Globe and Mail*, 22/11/01). Mohamed, ancien sergent de l'armée américaine, continuera à travailler pour Al-Qaïda pendant un certain nombre d'années. Il forme les gardes du corps personnels de ben Laden ainsi qu'une cellule terroriste au Kenya qui, plus tard, y déclenche une bombe contre l'ambassade des États-Unis. Entre 1993 et 1997, il raconte au FBI des secrets sur les opérations d'Al-Qaïda. Il est arrêté de nouveau à la fin de 1998 et condamné par la suite pour son rôle dans l'attentat à la bombe perpétré contre l'ambassade des États-Unis au Kenya en 1998. (CNN, 10/30/98 ; *Independent*, 1/11/98). [...][22]

26 février 1993 : Un attentat à la bombe est commis contre le WTC, mais il ne s'écroule pas, ainsi qu'il l'était espéré

Une tentative pour faire s'effondrer le WTC échoue, mais six personnes sont tuées dans l'explosion ratée. Les analystes déterminent plus tard que si les terroristes n'avaient pas commis une erreur mineure dans le placement de la bombe, les deux tours auraient pu tomber et jusqu'à 50 000 personnes auraient pu être tuées. Ramzi Yousef, qui a des liens étroits avec ben Laden, organise la tentative. (Auditions du Congrès, 24/02/98). [...] L'un des attaquants laisse même un message trouvé ensuite par les enquêteurs, déclarant : « La prochaine fois, ce sera très précis. »[23]

---

22. *The Terror Timeline*, p. 10.
23. *The Terror Timeline*, p. 11.

Informé de l'attentat à venir contre le WTC ?

Un article du *New York Times* publié le 28 octobre 1993 commence ainsi[24] :

> Des fédéraux apprirent que des terroristes fabriquaient une bombe, qui a finalement servi à faire exploser le World Trade Center. Ils décidèrent de déjouer le complot en substituant secrètement de la poudre inoffensive aux explosifs, a indiqué un informateur après l'explosion.
>
> L'informateur aurait dû aider les comploteurs à fabriquer la bombe et à fournir la fausse poudre, mais le plan a été annulé par un superviseur du FBI qui avait d'autres idées sur la façon dont l'informateur, Emad A. Salem, devait être utilisé, selon ce que ce dernier a déclaré.
>
> Le récit, qui figure dans la transcription de centaines d'heures d'enregistrements que M. Salem a secrètement réalisés de ses entretiens avec les fédéraux, dépeint les autorités comme ayant une bien meilleure position que celle supposée auparavant pour déjouer l'attentat du 26 février contre les tours les plus hautes de la ville de New York.

Le *New York Times* publie le lendemain le correctif suivant :

> Un article paru hier au sujet d'un complot visant à construire une bombe qui a fini par exploser au World Trade Center faisait référence de façon imprécise, dans certaines copies, à ce que les fédéraux savaient sur le plan avant l'explosion. Des transcriptions d'enregistrements réalisés secrètement par un informateur, Emad A. Salem, le citent comme ayant dit qu'il avait averti le gouvernement qu'une bombe était en construction. Mais les transcriptions n'indiquent pas clairement dans quelle mesure les autorités fédérales savaient que la cible était le World Trade Center.

---

24. *Tapes Depict Proposal to Thwart Bomb Used in Trade Center Blast*, Ralph Blumental, *New York Times*, 28 octobre 1993.

L'article ne permet pas de conclure que le FBI savait qu'un attentat allait être commis contre le WTC et qu'il aurait pu l'empêcher, mais, au minimum, qu'il existait une cellule terroriste à New York discutant d'y faire exploser une bombe, et qu'ils avaient réussi à l'infiltrer. Dans les faits, le rôle que le FBI joua pour empêcher cette opération – ou la laisser se produire – ne fut jamais clarifié. Rappelons qu'elle fit six morts et plus de mille blessés.

Plus de dix ans de terreur, suite
Revenons aux précieuses informations de *The Terror Timeline* :

> 1994-septembre 2001 : Des preuves de liens terroristes en Arizona obtenues par des agents locaux sont ignorées à maintes reprises par le quartier général du FBI

> En 1990, l'Arizona est devenu l'un des principaux centres des musulmans radicaux aux États-Unis, et ce, tout au long de cette période. Cependant, le terrorisme demeure une faible priorité pour le bureau du FBI à Phoenix, Arizona. Vers 1990, le pirate de l'air Hani Hanjour s'installe en Arizona pour la première fois et passe la majeure partie de la décennie suivante dans l'État. Le FBI semble l'ignorer, bien qu'un de ses informateurs affirme qu'en 1998, ils « savaient tout sur ce type ». (*New York Times*, 19/06/02). En 1994, le bureau du FBI de Phoenix découvre des preuves surprenantes reliant l'Arizona à des terroristes musulmans radicaux. Le bureau enregistre deux hommes essayant de recruter un informateur du FBI de Phoenix pour être un kamikaze. L'un des hommes est lié au chef terroriste Sheikh Omar Abdul-Rahman (*Los Angeles Times*, 26/5/02 ; *New York Times*, 19/6/02).[25]

Mais ce n'est pas tout concernant cette cellule terroriste en Arizona :

> En 1998, le service du terrorisme international du Bureau enquête sur un extrémiste du Moyen-Orient prenant des leçons de vol à l'aéroport de Phoenix. L'agent du FBI Ken Williams ouvre une enquête sur la possibilité que des terroristes apprennent à piloter des avions, mais il n'a pas le moyen d'interroger une

---

25. *The Terror Timeline*, pp. 11-12.

base de données centrale du FBI sur des cas similaires. En raison de ce problème et d'autres liés à la communication au sein du FBI, il n'est pas au courant de la plupart des rapports de renseignements américains sur l'utilisation potentielle d'avions comme armes, ainsi que d'autres avertissements spécifiques du FBI émis en 1998 et 1999 concernant la formation de terroristes dans les écoles de pilotage américaines. (Enquête du Congrès sur le 11 Septembre, 24/7/03).[26] (nous revenons sur cette affaire du « Phoenix Memo » dans le chapitre suivant).

1994 : Un groupe lié à Al-Qaeda tente de faire s'écraser un avion sur la tour Eiffel, à Paris ; des tentatives similaires se produisent ailleurs

[…] Le magazine *Time* détaille le plan suicide contre la tour Eiffel dans un article de couverture. (*Time*, 1/9/05 ; *1000 Years for Revenge*, Peter Lance, 9/03, p. 258).[27]

12 décembre 1994 : Un test pour l'opération Bojinka échoue mais tue une personne

Le terroriste Ramzi Yousef effectue un essai dans le cadre de l'opération Bojinka, en posant une petite bombe sur un vol de Philippine Airlines à destination de Tokyo, et en débarquant lors d'une escale avant l'explosion. Elle tue un homme et en blesse plusieurs autres. Sans les efforts héroïques du pilote, l'avion se serait écrasé. (*Los Angeles Times*, 1/9/02 ; Enquête du Congrès, 18/09/02).[28]

Il est impossible de penser que le FBI n'ait pas eu connaissance de cet attentat, surtout sur un vol à destination du Japon, où l'agence est très présente et s'intéresse, entre autres, aux trafics des yakuzas.

6 janvier 1995 : Est révélé le complot pour assassiner le Pape et Bojinka pour faire exploser une douzaine d'avions

À la suite d'un incendie dans un appartement, les enquêteurs philippins découvrent un complot d'Al-Qaïda visant à assassiner

---

26. *The Terror Timeline*, p. 12.
27. *The Terror Timeline*, p. 12.
28. *The Terror Timeline*, p. 12.

le pape lors de sa visite aux Philippines une semaine plus tard. Au cours de l'enquête, ils découvrent l'existence de l'opération Bojinka, planifiée par les mêmes personnes : Ramzi Yousef, le poseur de bombe du WTC en 1993, et Khalid Shaikh Mohammed, le cerveau du 11 Septembre. (*Independent*, 6/6/6/02 ; *Los Angeles Times*, 6/24/02 ; *Los Angeles Times*, 9/1/02). La première phase du plan consiste à faire exploser onze ou douze avions avec des passagers au-dessus de l'océan Pacifique. (Agence France-Presse, 12/8/8/01). Si ce complot avait été couronné de succès, jusqu'à quatre mille personnes auraient été tuées dans des avions à destination de Los Angeles, San Francisco, Honolulu et New York. (*Insight*, 5/27/05/02). Toutes les bombes seraient posées à peu près au même moment, mais certaines d'entre elles pourraient exploser des semaines voire des mois plus tard. On peut supposer que le trafic aérien à l'échelle mondiale aurait pu être interrompu pendant des mois. (*1000 Years for Revenge*, Peter Lance, 9/03, pp. 260-261). Cette phase de l'opération Bojinka devait avoir lieu deux semaines plus tard, le 21 janvier. (*The Cell*, John Miller, Michael Stone et Chris Mitchell, 8/02, p. 124 ; *Insight*, 5/27/02).[29]

De nouveau, il est impossible de penser que le FBI n'ait rien su au sujet de ce complot menaçant les États-Unis, ce qui est d'ailleurs confirmé ci-dessous :

Février 1995 : La seconde phase de Bojinka est entièrement révélée aux enquêteurs philippins et l'information est transmise aux États-Unis

Alors que le colonel Mendoza, l'enquêteur philippin, continue d'interroger Abdul Hakim Murad sur l'opération Bojinka, les détails d'une « deuxième phase » post-Bojinka émergent. L'auteur Peter Lance appelle cette étape « le plan virtuel des attaques du 11 Septembre ». Murad révèle un complot consistant à détourner des avions de ligne commerciaux après que l'effet Bojinka se sera atténué. Il s'est lui-même entraîné aux États-Unis pour ce

---

29.*The Terror Timeline*, pp. 12-13.

complot. Il nomme les bâtiments qui seraient la cible de l'attaque : le siège de la CIA, le Pentagone, une centrale nucléaire non identifiée, la Transamerica Tower à San Francisco, la Sears Tower et le World Trade Center. Il continue de révéler des informations sur ce complot jusqu'à ce qu'il soit remis au FBI en avril. (*1000 Years for Revenge*, Peter Lance, 9/03, pp. 278-280). Il identifie une dizaine d'autres hommes qui l'ont rencontré dans les écoles de pilotage ou recevaient une formation similaire. Ils venaient du Soudan, des Émirats arabes unis, d'Arabie saoudite et du Pakistan. Apparemment, aucun de ces pilotes ne correspond au nom des pirates de l'air du 11 Septembre. Toutefois, il donne également des informations pointant vers le terroriste Hambali par l'intermédiaire d'une société écran nommée Konsonjaya. Plus tard, Hambali accueille une importante réunion d'Al-Qaïda à laquelle participent deux des pirates de l'air du 11 Septembre. (Associated Press, 3/5/5/02). Le colonel Mendoza réalise même un organigramme reliant plusieurs acteurs clés, dont ben Laden, son beau-frère, Mohammed Jamal Khalifa, Ramzi Yousef et le cerveau du 11 Septembre, Khalid Shaikh Mohammed (nommé Salem Ali, alias Mohmad). Les autorités philippines déclarent par la suite avoir communiqué tous ces renseignements aux autorités américaines, mais les États-Unis n'y donnent pas suite. (*1000 Years for Revenge*, Peter Lance, 9/03, pp. 303-4). Khalifa est détenu par les États-Unis et libéré, après pourtant que les autorités philippines ont fourni ces informations le concernant.[30]

Printemps 1995 : Plus de preuves que le WTC reste une cible terroriste

Après avoir découvert le complot de l'opération Bojinka, les autorités philippines trouvent sur un disque informatique une lettre écrite par les terroristes ayant planifié l'attentat à la bombe raté du WTC de 1993. Cette lettre n'a apparemment jamais été envoyée, mais son contenu est révélé dans les témoignages du Congrès en 1998. (Auditions du Congrès, 24/02/98). Le chef de la police de Manille rapporte également avoir découvert une déclaration de ben Laden à cette époque selon laquelle, bien qu'ils

---

30. *The Terror Timeline*, pp. 13-14.

n'aient pas réussi à détruire le WTC en 1993, « qu'ils réussiraient la deuxième tentative ». (Agence France-Presse, 13/9/01).[31]

11 mai 1995 : Un mémo du FBI ne mentionne pas la « seconde phase » de l'opération Bojinka

Les agents du FBI qui détiennent pendant environ un mois Abdul Hakim Murad, comploteur de l'opération Bojinka, rédigent une note de service sur ce qu'ils ont appris en l'interrogeant. Le mémo livre de nombreuses révélations intéressantes, y compris que Ramzi Yousef, un cerveau de l'attentat du World Trade Center de 1993, « voulait retourner aux États-Unis à l'avenir pour faire sauter le World Trade Center une deuxième fois ». Toutefois, ce mémo ne contient pas un mot sur la deuxième phase de l'opération Bojinka visant à faire s'écraser environ douze avions détournés contre des bâtiments américains importants, même si Murad a récemment avoué ce complot aux enquêteurs philippins, qui prétendent qu'ils ont remis les enregistrements, les transcriptions et les rapports avec les aveux aux États-Unis lorsqu'ils leur ont livré le prisonnier. Il n'a pas été expliqué pourquoi ce complot n'est pas mentionné dans le résumé de l'interrogatoire de Murad par le FBI. (*1000 Years for Revenge*, Peter Lance, 9/03, pp. 280-82). Après le 11 Septembre, un enquêteur philippin se réfère à ce troisième complot lorsqu'il déclare au sujet des attentats : « C'est Bojinka. Nous avons tout dit aux Américains sur cette opération. Pourquoi n'y ont-ils pas prêté attention ? » (*Washington Post*, 23/9/01).[32]

C'est effectivement la question que nous sommes en droit de nous poser, d'autant plus que nous ne citons que quelques extraits de *The Terror Timeline*, qui présente, jusqu'au jour du 11 Septembre, des dizaines de pages avec de telles alertes, de plus en plus précises et circonstanciées. Il est impossible de croire qu'elles n'ont pas attiré l'attention des autorités en charge de la sécurité du peuple américain tellement elles sont convergentes et multiples, y compris celles en provenance de plusieurs pays étrangers.

---

31. *The Terror Timeline*, p. 14.
32. *The Terror Timeline*, p. 15.

D'autres responsables et coupables que le FBI

Sortons momentanément du cadre de notre étude centrée sur le FBI, pour signaler quelques exemples d'avertissements reçus de l'étranger par les États-Unis sur le fait qu'une vaste opération terroriste d'Al-Qaïda se prépare sur leur sol.

– Du côté de la CIA, en août 2001,

> il est rapporté que l'ancien agent de la CIA Robert Baer a informé le centre antiterrorisme de la CIA qu'il avait appris d'un associé militaire d'un prince du golfe Persique qu'une « opération terroriste spectaculaire » était sur le point de se produire.[33]

– Le président Poutine déclare après les événements :

> En août, « j'ai ordonné à mon service de renseignement d'avertir le président Bush de la façon la plus ferme que vingt-cinq terroristes s'apprêtaient à attaquer les États-Unis, dont d'importants bâtiments officiels tels que le Pentagone. » Le chef du renseignement russe déclare aussi : « Nous les avons clairement avertis », à plusieurs reprises, mais « ils n'y ont pas porté l'attention nécessaire ».[34]

– Même les Talibans, qui pourtant seront attaqués par la suite en Afghanistan, se manifestent auprès du gouvernement américain :

> Fin juillet [2001], par exemple, le ministre des Affaires étrangères des Talibans informe des officiels américains qu'Oussama ben

---

33. Robert Baer, *See No Evil: The True Story of a Ground Soldier in the CIA's War on Terrorism* (New York: Crown Pub, 2002), 270–71; Bill Gertz, *Breakdown: How America's Intelligence Failures Led to September 11* (Washington: Regnery, 2002), 55–58; and *Financial Times*, 12 janvier 2002; tous cités dans *September 11: Minute-by-Minute*, Paul Thompson (repris dans *The New Pearl Harbor*).
34. MSNBC, 15 septembre 2001, et l'Agence-France-Presse, 16 septembre 2001, cités dans *September 11: Minute-by-Minute*, Paul Thompson (repris dans *The New Pearl Harbor*).

Laden prépare une « immense attaque » à l'intérieur des États-Unis, qu'elle est imminente et fera des milliers de victimes.[35]

Un agent marocain ayant infiltré Al-Qaïda se rend aux États-Unis pour signaler que ben Laden, déçu de l'échec de l'opération de 1993 contre le World Trade Center, prépare « des opérations de grande envergure à New York pendant l'été ou l'automne 2001 »[36].

– D'autres avertissements proviennent de façon répétée de France, d'Allemagne, de Jordanie, d'Égypte, d'Israël[37], qui signale

quelques jours avant le 11 Septembre que peut-être deux cents terroristes liés à Oussama ben Laden sont en train de « préparer une grosse opération ».[38]

– Le Royaume-Uni, dont les services de renseignements ont déjà alerté leurs homologues américains à plusieurs reprises, envoie un mémo qui est inclus dans le briefing de renseignement pour le président Bush du 6 août 2001 (PDB – President's Daily Brief), tandis qu'il séjourne dans son ranch au Texas. Ce document prévient qu'Al-Qaïda a planifié des attaques contre les États-Unis impliquant plusieurs détournements d'avion. Pourtant,

la Maison-Blanche garde secret cet avertissement, avec le président prétendant de façon répétée après le 11 Septembre qu'il n'avait reçu aucune alerte d'aucune sorte.[39]

---

35. *Independent* et Reuters, 7 septembre 2002, cités dans *The Terror Timeline*, Paul Thompson, repris dans *The New Pearl Harbor*, op. cité.
36. Agence-France-Presse, 22 novembre 2001, *International Herald Tribune*, 21 mai 2002, et *London Times*, 12 mai 2002, cités dans *September 11: Minute-by-Minute*, Paul Thompson (repris dans *The New Pearl Harbor*).
37. *Telegraph*, 16 septembre 2001, *Los Angeles Times*, 20 septembre 2001, Fox News, 17 mai 2002, *International Herald Tribune*, 21 mai 2002, et le *New York Times*, 4 juin 2002, cités dans *September 11: Minute-by-Minute*, Paul Thompson (repris dans *The New Pearl Harbor*).
38. David Wastell et Philipp Jacobson, "Israeli Security Issued Warning to CIA of Large-Scale Terror Attacks," *Telegraph*, 16 septembre 2001, cité dans *The War on Freedom: How and Why America Was Attacked September 11, 2001*, Ahmed Nafeez Mosaddeq, Joshua Tree, Calif.: Tree of Life Publications, 2002, 114 (repris dans *The New Pearl Harbor*).
39. *The New Pearl Harbor*, p. 71.

Lorsque CBS Evening News révèle le 15 mai 2002 l'existence de ce PDB, plusieurs officiels de la Maison-Blanche montent au créneau pour en réduire la portée et l'intérêt, dont la conseillère à la sécurité nationale Condoleezza Rice, qui le décrit par la suite

comme étant « très vague », « très imprécis », « surtout historique » et « rien de vraiment nouveau dedans ».[40]

En avril 2004, le président Bush explique que

ce PDB ne signale rien à propos d'une attaque contre l'Amérique. Il parlait d'intentions, de quelqu'un qui détestait l'Amérique – éh bien, nous le savions. [...] La question était de savoir qui allait nous attaquer, quand et où, et avec quoi.[41]

Ce document est pourtant intitulé *Ben Laden déterminé à frapper aux US* et le *New York Times* commence ainsi son résumé après que la Maison-Blanche ait dû finir par le communiquer, malgré qu'elle ait tout tenté pour le classifier au nom de la sécurité nationale :

Dans un seul document de dix-sept phrases, le briefing de renseignement remis au président Bush en août 2001 explique le qui, fait allusion au quoi et indique le lieu des attaques terroristes sur New York et Washington qui suivirent trente-six jours plus tard.[42]

Voici d'ailleurs un extrait de ce fameux PDB, tel que publié par la Commission :

Le texte qui suit est un élément du mémoire quotidien du président (PDB) reçu par le président George W. Bush le 6 août 2001. Les mots expurgés sont entre crochets.

---

40. *The President's Daily Brief*, Thomas S. Blanton, mise à jour du 12 avril 2004, The National Security Archive.
41. Joseph Curl, *Bush defends memo stance - 'No indication' of 9/11 attacks*, The *Washington Times*, 12 avril 2004, cité dans The National Security Archive (cf. note précédente).
42. *A Warning, but Clear? White House Tries to Make the Point That New Details Add Up to Old News*, Douglas Jehl, *The New York Times*, 11 avril 2004.

[...] Une source clandestine déclare en 1998 qu'une cellule ben Laden à New York recrute des jeunes musulmans américains pour des attaques.

Nous n'avons pas été en mesure de corroborer certains des rapports les plus sensationnels sur cette menace, comme celui d'un service [–] en 1998 disant que ben Laden voulait détourner un avion américain pour obtenir la libération du « Sheikh aveugle » Omar Abd al-Rahman et d'autres extrémistes détenus par les États-Unis.[43]

Néanmoins, les renseignements fournis par le FBI depuis cette période indiquent des activités suspectes dans le pays correspondant à des préparatifs de détournements d'avion ou à d'autres types d'attaques, y compris la surveillance récente d'immeubles fédéraux à New York.[44]

Chacun peut lire que sont mentionnés sans ambiguïté les préparatifs que **constate le FBI depuis plus de deux ans**, c'est-à-dire depuis 1998. Signalons aussi qu'apparaît concomitamment l'existence d'un rapport fédéral de 1999, soit deux années avant les événements,

> spéculant qu'Al-Qaïda puisse projeter un avion contre le siège de la CIA, la Maison-Blanche ou le Pentagone. Ari Fleischer, le porte-parole du président Bush, en minora la valeur, en déclarant qu'il s'agissait d'une étude psychologique non écrite par des officiers du renseignement.[45]

Admettons l'hypothèse improbable que le FBI n'ait rien su, rien vu, rien entendu au sujet des innombrables alertes en provenance de l'étranger, et concentrons-nous sur les informations en sa possession sur les « préparatifs de détournements d'avion ou d'autres types d'attaques », comme cette opération incroyable présentée dans le paragraphe suivant.

---

43. En gras dans le rapport de la Commission.
44. *The 9/11 Commission Report*, pp. 261-62.
45. *Bush insists: 'I had no warning about Sept 11'*, Matthew Engel, *The Guardian*, 18 mai 2002.

Le dossier Yousef-Scarpa

Ramzi Yousef, considéré comme l'architecte de l'attentat contre le WTC du 26 février 1993 et neveu de Khalid Sheikh Mohammed, celui du 11 Septembre, est arrêté au Pakistan deux ans plus tard, le 7 février 1995. Ramené aux États-Unis en vue de son procès, il est incarcéré dans une prison fédérale à Manhattan, avec ses complices. Y est aussi détenu un mafieux, Greg Scarpa Jr., membre d'une grande famille du crime, avec lequel il commence progressivement à échanger des informations, qui seront secrètement rapportées au FBI, en échange d'une remise de peine pour Scarpa Jr.

Les comptes-rendus de ses entretiens avec des agents du FBI sont consignés dans des formulaires FD-302[46], dont voici comment Peter Lance résume l'ensemble dans son livre *Cover Up*[47] :

> Ce rapport provient de l'une des trente-sept séances de débriefing de Greg Scarpa Jr. au cours des onze mois entre le 5 mai 1996 et le 7 février 1997. L'un des formulaires 302 du FBI, daté du 30 décembre 1996, révélait la menace de Yousef que, s'il n'était pas libéré, Oussama ben Laden, alias « Bojinga », ordonnerait le détournement d'avions de ligne pour le libérer ainsi que les membres de sa cellule d'Al-Qaïda, le « Cheikh aveugle » Omar Abdel Rahman et les neuf autres accusés condamnés avec lui en 1995 dans le complot « Day of Terror », qui prévoyait de faire sauter les ponts et les tunnels autour de Manhattan.
>
> Cette prédiction – le détournement d'un avion pour libérer le cheikh – était contenue dans un briefing quotidien présidentiel (PDB) envoyé au président Clinton en 1998, qui fut l'une des révélations médiatiques après la publication du rapport final de la Commission sur le 11 Septembre. Et la même menace fut incluse [...] dans le PDB controversé du 6 août 2001 reçu par George W. Bush à son ranch de Crawford, au Texas.

Il s'agit du fameux mémo que nous avons évoqué brièvement ci-dessus. Peter Lance poursuit son réquisitoire :

---

46. « Un formulaire FD-302 est utilisé par les agents du FBI pour ''rapporter ou résumer les entrevues qu'ils mènent" [...]. Il s'agit d'informations tirées du sujet plutôt que de détails sur lui-même. » https://en.wikipedia.org/wiki/List_of_FBI_forms.
47. *Cover Up*, Peter Lance, ReganBooks, 2004, pp. 104-105.

Les mises en garde contre les menaces qui conduisirent aux attaques du 11 Septembre contenues dans ce seul PDB furent jugées si importantes par les commissaires de la Commission que ce document faillit provoquer une crise constitutionnelle lorsque l'administration Bush décida, en vain, de le garder secret.

Maintenant, pour la première fois, nous avons la preuve que le FBI était en possession des mêmes informations sur ces menaces, directement en provenance de Ramzi Yousef, et ce dès 1996, soit deux ans plus tôt que les premiers renseignements cités par la Commission. [...]

Après les avoir examinés [les 302 mémos], il semble clair que quiconque ayant la compréhension détaillée des méthodes de fabrication de bombes par Ramzi Yousef et des complots terroristes post-WTC ne peut que conclure que les informations obtenues par Scarpa étaient véridiques.

En effet, le journaliste du *Daily News* Greg Smith, le premier à avoir révélé l'histoire de la relation Scarpa-Yousef, rapporta dans un article du 24 septembre 2000 que Patrick Fitzgerald, le chef de l'Unité du crime organisé et du terrorisme du SDNY [District sud de New York], soumit un affidavit scellé le 25 juin 1998, dans lequel il déclarait qu'une enquête de suivi « semblait corroborer les informations de Scarpa ».[48]

Mais cela n'eut aucune importance. [...] Les informations de Yousef fournies par Greg Scarpa Jr. furent déclarées « un canular » et il fut condamné à une sentence de quarante ans de prison.

Même si Greg Scarpa Jr. mérite sans doute sa lourde condamnation, il ne bénéficie néanmoins d'aucune clémence, malgré les risques pris pendant presque une année et les informations précieuses qu'il a recueillies et transmises au FBI, qui auraient pu (dû) permettre de prévenir le 11 Septembre. Il est ensuite enfermé dans le pénitencier de haute sécurité ADX à Florence, dans le Colorado, là où sont désormais aussi incarcérés... Ramzi Yousef et ses complices. Peter Lance résume ainsi la situation :

---

48. *Terrorist Called Pals on Feds Line*, Greg B. Smith, *New York Daily News*, 24 septembre 2000, cité dans *Cover Up*, p. 105.

Le gouvernement fut confronté à un choix critique : embrasser Greg Scarpa Jr. ou le laisser tomber ; révéler les pistes extraordinaires qu'il avait reçues lors de ses contacts avec Yousef, ou les enterrer afin d'éviter qu'une série d'affaires de la mafia ne s'effondre. Le choix se fit au plus haut niveau du ministère de la Justice.

Et, à la fin, comme cela se produisit à tant d'autres étapes sur le chemin menant au 11 Septembre, la sécurité nationale de l'Amérique fut sacrifiée au profit de commodités politiques.

Face au choix de la guerre contre le terrorisme plutôt que contre le crime organisé, le FBI et le ministère de la Justice choisirent la mafia.[49]

Lors de la publication de *Cover Up*, au troisième anniversaire du 11 Septembre, Peter Lance écrit un article, dont la conclusion est lourde de sens :

Lorsque j'examinai les antécédents du ministère de la Justice (MJ) en matière de lutte contre le terrorisme, je conclus que bon nombre des points laissés sans lien par le FBI et le MJ sur la route du 11 Septembre semblaient être le résultat de l'obscurcissement *intentionnel* des preuves. En continuant à travailler sur les sources et à analyser les innombrables preuves documentaires produites dans les dossiers Al-Qaïda par le SDNY, j'arrivais à la conclusion que l'échec du FBI à empêcher les attentats à la bombe contre les ambassades africaines en 1998, l'attaque meurtrière contre l'USS *Cole* en 2000 et les attentats du 11 Septembre eux-mêmes, allait au-delà de la négligence grossière.[50]

Il poursuit :

Mais de nombreuses questions sont restées sans réponse. Je voulais connaître le nom des hommes et des femmes dans l'ombre au ministère de la Justice qui ont supprimé les preuves

---

49. Cover *Up*, p. 95.
50. *Greg Scarpa Jr. A Mafia wiseguy uncovers a treasure trove of al Qaeda intel*, Peter Lance, http://peterlance.com/wordpress/?p=682.

et caché la vérité derrière Al-Qaïda pendant toutes ces années. Je voulais aussi savoir pourquoi l'administration Bush tentait de faire obstruction à l'enquête sur la destruction du renseignement provenant d'Able Danger, un scandale qui apparut pendant les années Clinton.

Je mis des mois à creuser davantage avant que la profondeur de la trahison du gouvernement ne devienne évidente.

Able Danger, un exemple parmi d'autres ?
Selon Wikipedia[51],

> Able Danger était un effort de planification militaire classifié dirigé par le U.S. Special Operations Command (SOCOM) et la Defense Intelligence Agency (DIA). Il fut créé à la suite d'une directive des chefs d'état-major interarmées au début d'octobre 1999 par le président des chefs d'état-major interarmées Hugh Shelton, afin d'élaborer un plan d'action contre le terrorisme transnational.

> Selon les déclarations du lieutenant-colonel Anthony Shaffer et de quatre autres personnes, Able Danger identifia deux des trois cellules d'Al-Qaïda actives dans les attentats du 11 Septembre, la « cellule de Brooklyn » liée au « cheikh aveugle » Omar Abdel-Rahman, y compris le chef des attentats du 11 Septembre, Mohamed Atta, et trois des dix-neuf autres pirates de l'air.

La révélation de cette information est tellement importante qu'elle déclenche une enquête officielle. Est donc créé à cet effet le US Senate Intelligence Committee, qui conclut en décembre 2006, après une enquête de seize mois, que

> Able Danger n'identifia pas Mohamed Atta ou tout autre pirate de l'air à aucun moment avant le 11 septembre 2001.

Et Wikipedia ajoute :

---

51. https://en.wikipedia.org/wiki/Able_Danger

[...] et rejeta d'autres affirmations qui alimentèrent les théories du complot à ce sujet.

Une autre enquête est diligentée par le département de la Défense et confiée à l'Office of the Inspector General (IG). En septembre 2006, soit trois mois avant le US Senate Intelligence Committee, ce rapport arrive aux mêmes conclusions :

– le programme antiterroriste Able Danger n'identifia pas Mohamed Atta ou tout autre terroriste du 11 Septembre avant l'attaque ;

– il n'était pas interdit aux membres d'Able Danger de partager des renseignements avec les autorités chargées de l'application de la loi ou d'autres organismes qui auraient pu agir sur la base de ces renseignements. Dans les faits, Able Danger ne produisit aucun renseignement exploitable.[52]

Wikipedia mentionne toutefois dans son article :

Cependant, certaines des personnes interrogées par l'IG affirmèrent que leurs déclarations furent déformées par les enquêteurs dans le rapport final, et qu'il omettait des informations essentielles qu'ils avaient fournies. Le lieutenant-colonel Tony Shaffer prétendit que la Défense exerça des représailles contre lui pour avoir dénoncé publiquement les distorsions du rapport de l'IG.

Il est difficile de savoir où se trouve la vérité, car les militaires décident de détruire les données du programme. Le Lt. Col. Anthony Shaffer confirme néanmoins ses déclarations au journaliste français François Bringer, qui l'interviewe pour son livre *Ils avaient donné l'alerte*[53]:

---

52. Report of Investigation, Office of the Inspector General, Department of Defense, September 18, 2006, p. 89.
53. François Bringer, *Ils avaient donné l'alerte – Whistle-blowers, ces agents qu'on a fait taire*, éditions du Toucan, 2011, p. 25 et suivantes.

Les dix personnes auxquelles Shaffer fait référence, cette « cellule » dont il est si fier, n'est bien sûr pas celle du Sheikh aveugle, démantelée après l'attentat de 93. Cette cellule dont me parle aujourd'hui Shaffer est une autre cellule, qui est aussi passée à Brooklyn, bien après l'attentat de 93. C'est celle des pirates de l'air du 11 Septembre. Celle de Mohammed Atta et de ses dix-huit complices qu'Able Danger avait repérés, dès 1999, deux ans avant les attentats ! Une découverte incroyable...

Plus loin, le lieutenant-colonel Anthony Shaffer précise que

> Atta fut découvert grâce aux renseignements collectés par ce que nous appelons notre « effort mosquée ».

Ce que cette notion recouvre, ce sont tous les renseignements collectés sur le terrain, car

> nous prenions des informations sur l'Internet sur tout ce qui était réseau social, mais nous avions aussi des informations sur ceux qui fréquentaient certaines mosquées. Nous avions des « chercheurs » qui allaient se renseigner dans les mosquées, savoir qui venait, quand ils venaient. Souvent, nous arrivions à nous procurer les livres d'accueil de ces mosquées, qui sont facilement disponibles, nous achetions aussi des banques de données commerciales. Des banques de données de lignes aériennes, de cartes de crédit. Tout ce que nous pouvions acheter, nous l'achetions. Nous essayions d'en déduire de nouvelles affiliations, des habitudes de voyage. Le mieux, c'est quand on pouvait confirmer qu'un individu d'un des groupes rencontrait un terroriste « connu ». Cela nous permettait de confirmer un lien entre ce terroriste connu et celui que nous suspections, et nous aidait à nous assurer de l'identité des « méchants ».[54]

Le LCL Shaffer poursuit :

---

54. *Ils avaient donné l'alerte – Whistle-blowers, ces agents qu'on a fait taire*, p. 38.

[...] nous savions qu'il y avait, sur le territoire américain, des cellules actives d'Al-Qaïda. Nous le savions dès 1999. Des individus opéraient suivant un schéma de cellules terroristes types et ces cellules étaient liées à Al-Qaïda.

Cette information était une bombe pour le gouvernement et je sais qu'elle a atterri sur le bureau du président Clinton, insérée dans le rapport sur le Millénium. Les États-Unis étaient alors en alerte rouge en 1999, craignant un attentat contre les célébrations de l'an 2000. Mais là, personne ne crut bon d'en faire quoi que ce soit ; donc ça, c'est la première chose : il y a des cellules terroristes, ici et maintenant, et on ne fait rien...

[...] et c'est, à mon avis, le plus important des bâtons qui ont été mis dans les roues d'Able Danger, c'est que nous avions une indication relativement claire qu'un complot se préparait, que quelque chose se développait.

C'est pourquoi nous avons cherché à court-circuiter le Pentagone et à donner ces informations directement au département de la Justice, car, à l'époque, aux États-Unis, seule la Justice était habilitée à s'occuper de criminels sur le territoire. Le Pentagone, lui, n'a pas d'arme judiciaire ou d'autorité légale. Et donc, ce fut le plus gros obstacle auquel nous avons été confrontés : nous n'avons JAMAIS été autorisés à transmettre ces informations à qui de droit, à quelqu'un qui aurait pu s'en servir.[55]

François Bringer lui demande alors s'il était possible de contourner la loi, de briser ce fameux « mur » entre les agences de renseignement ? Voici la réponse :

J'ai essayé trois fois avec mon contact du WFO, le Washington Field Office, l'antenne opérationnelle du FBI dans la capitale, d'organiser des rendez-vous entre les forces spéciales, les membres d'Able Danger et l'unité du WFO qui s'occupait de la collecte d'information sur les cellules Al-Quaïda. Le problème, c'est que les avocats du Pentagone étaient tout à fait contre ces rendez-vous et les annulaient au fur et à mesure que je parvenais à les monter. De fait, aucun n'eut jamais lieu.[56]

---

55. *Ils avaient donné l'alerte – Whistle-blowers, ces agents qu'on a fait taire*, p. 42.
56. *Ils avaient donné l'alerte – Whistle-blowers, ces agents qu'on a fait taire*, p. 46.

Ce n'est donc pas la faute du FBI si ces réunions ne se sont pas produites. N'y avait-il cependant pas d'autre solution ?

> J'avais des contacts avec le FBI, car je travaillais de temps en temps pour eux en tant qu'agent infiltré. Donc je suis allé voir mes collègues en essayant de leur dire qu'il fallait absolument qu'ils voient nos données. Mais au FBI non plus, ils n'étaient pas enthousiastes.[57]

Il est tout de même incroyable qu'aucun de ces agents du FBI n'ait jugé utile de jeter le moindre regard sur ces données, pourtant ils connaissaient le LCL Shaffer, et il a manifestement insisté. D'ailleurs, il ajoute dans l'entretien :

> Même Louis Freeh, l'ex-directeur du FBI, a dit : « Si j'avais reçu, lorsque j'étais encore en poste, l'information d'Able Danger, j'aurais pu empêcher le 11 Septembre. » Ce sont ses propres mots, il a même écrit un éditorial dans le *Wall Street Journal*. « Et moi, dit Shaffer, je pense la même chose. »[58]

Nous ne sommes pas convaincus que Louis Freeh, le directeur du FBI de septembre 1993 à juin 2001, soit le mieux placé pour lancer de telles affirmations, car ce livre démontre que lui et ses services ont bénéficié de plusieurs occasions pour empêcher le 11 Septembre et, pourtant, les terroristes ont atteint leur objectif. Son éditorial est toutefois intéressant, notamment pour son avis par rapport à la Commission sur le 11 Septembre :

> Le renseignement fourni par Able Danger, s'il est confirmé, est sans aucun doute le fait le plus pertinent de toute l'enquête post-11 Septembre. Même l'enquêteur le moins expérimenté saurait immédiatement que le nom et la photo d'identité d'Atta en 2000 sont précisément le genre de renseignements tactiques que le FBI a employés à maintes reprises pour prévenir les attaques et arrêter les terroristes. Pourtant, la Commission sur le 11 Sep-

---

57. *Ils avaient donné l'alerte – Whistle-blowers, ces agents qu'on a fait taire*, p. 46.
58. *Ils avaient donné l'alerte – Whistle-blowers, ces agents qu'on a fait taire*, p. 45.

tembre a conclu de façon inexplicable qu'il ne « revêtait pas d'importance historique ». Cette conclusion stupéfiante, combinée à l'échec de l'enquête sur Able Danger et à l'omission de l'intégrer dans ses conclusions, remet sérieusement en question la crédibilité de la Commission et, si les faits s'avèrent, pourrait tout simplement rendre la Commission historiquement insignifiante.[59]

Si c'est un ex-directeur du FBI qui l'écrit...

François Bringer interroge ensuite le LCL Shaffer sur la Commission. Bien qu'il ait personnellement rencontré Philip Zelikow, le directeur exécutif, et que ce dernier lui ait demandé de venir le voir dès qu'il serait à Washington, car son témoignage était « capital », il ne le recevra pas ni même ne répondra à ses appels quelque temps après. François Bringer rapporte ensuite qu'Anthony Shaffer

> apprendra plus tard par un représentant du Congrès, qui exigeait de savoir pourquoi Able Danger n'avait pas été « retenu » dans la Commission, qu'un membre de celle-ci a eu cette phrase orwellienne : « Les faits concernant Able Danger ne remplissaient pas les critères de l'histoire que nous voulions raconter... »[60]

Étrange réponse, effectivement. Inutile de préciser que le fait que le LCL Anthony Shaffer ait osé parler contre la version gouvernementale a brisé sa carrière. François Bringer raconte ainsi la fin de leur entretien :

> Qu'avez-vous retenu de toutes ces années de galère ? Il est assis sur son fauteuil de cuir, les mains derrière la tête. Un temps de pause, puis vient un éclat serein dans ses yeux gris. « À Washington, la vérité, c'est un truc négociable ! »[61]

---

59. *An Incomplete Investigation, Why did the 9/11 Commission Ignore "Able Danger"?*, Louis Freeh, *Wall Street Journal*, 17 novembre 2005.
60. *Ils avaient donné l'alerte – Whistle-blowers, ces agents qu'on a fait taire*, p. 67.
61. *Ils avaient donné l'alerte – Whistle-blowers, ces agents qu'on a fait taire*, p. 75.

Le FBI savait, n° 2
Avions suicides et apprentis pilotes

Déclarations au sommet

Juste après les attaques, le président Bush déclare :

> Personne, au moins dans notre gouvernement, et je ne pense pas dans le précédent non plus, aurait pu envisager des avions dans des buildings.

Condoleezza Rice affirme de son côté :

> Personne n'aurait pu prédire qu'ils essaieraient d'utiliser un avion comme missile.

Le *Washington Post* s'intéresse à la question et interviewe des généraux de l'U.S. Air Force :

> De nouveaux détails sur les réactions initiales des militaires aux attaques terroristes de mardi [11 septembre] ont révélé à quel point le Pentagone était mal préparé – non seulement pour se protéger, mais aussi pour protéger le ciel et la vie des Américains contre les avions de ligne commerciaux transformés en armes mortelles.
>
> Trois généraux de l'Air Force, partageant tous une part de responsabilité dans la défense aérienne de l'Amérique, ont décrit dans des interviews à quel point les procédures étaient inadéquates pour faire face à ce qui se passait. « C'était quelque chose que nous n'avions jamais vue auparavant, quelque chose à laquelle nous n'avions même jamais pensé », déclara l'un d'eux.[62]

---

62. *Pentagon was unprepared for attack*, Bradley Graham, *The Washington Post*, 16 septembre 2001.

« Jamais pensé ? » Rappelons, par exemple, le phénomène des kamikazes japonais projetant leur avion contre les bateaux de la Navy pendant la seconde guerre mondiale et, ainsi que nous l'avons signalé dans le chapitre précédent, un groupe lié à Al-Qaïda tente de faire s'écraser un avion sur la tour Eiffel en 1994, dont *Time* en fait même un article de couverture en janvier 1995, sans parler d'autres tentatives similaires se produisant ailleurs. Alors, c'est vraiment quelque chose qu'ils n'ont « jamais vue auparavant » ?

Ces déclarations des plus hautes autorités politiques et militaires apparaissent donc peu crédibles. Voyons ce qu'il en est du côté du FBI, si, malgré les déclarations de son directeur Robert S. Mueller qu'il n'y avait aucun signe précurseur, cette menace a aussi pu échapper au cours des années qui précédèrent le 11 Septembre à l'une des meilleures agences chargées de l'antiterrorisme.

Avertissements répétés

Nous nous appuierons principalement sur le Chapitre 1 – *Warning Signs* de *The Terror Timeline* et ses plus de soixante pages. Nous ne présentons que les titres concernant la question spécifique des avions utilisés comme arme, parfois en reprenant quelques précisions apportées par Paul Thompson et son équipe ou/et en ajoutant nos commentaires.

> 1993 (B) : Preuve précoce de l'intérêt d'Oussama dans les avions et l'entraînement de pilotes (p. 10).

Ben Laden achète un avion aux militaires en Arizona. Il servira à transporter des missiles du Pakistan à la Somalie, qui tueront des forces spéciales américaines. Des membres de son entourage commencent à suivre des cours de pilotage dans des écoles aux États-Unis.

> 1993 (C) : Un panel d'experts prédit que des terroristes utiliseront des avions comme armes sur des cibles américaines symboliques (p. 10).

L'information n'est pas publiée dans leur rapport *Terror 2000*, mais ultérieurement par l'un d'eux dans un numéro de *Futurist Magazine* de 1994. Le World Trade Center est cité comme exemple de cible.

Cela fait donc sept (longues) années avant le 11 Septembre pour anticiper. Ajoutons que ce panel a été réuni à la demande du Pentagone, donc il doit bien y avoir quelqu'un au sein de l'armée qui est au courant des conclusions.

Février 1995 : La seconde phase de l'opération Bojinka entièrement révélée aux enquêteurs philippins ; l'information est transmise aux États-Unis (p. 13).

Pour mémoire, cette phase consiste à détourner des avions commerciaux et à les faire s'écraser sur des buildings américains. Le terroriste Abdul Hakim Murad, l'un des participants à l'opération, révèle les cibles : le quartier général de la CIA, le Pentagone, une usine nucléaire non identifiée, le World Trade Center, la Tour Transamerica à San Francisco et l'ancienne Tour Sears à Chicago (« la Tour Willis » depuis 2009). Six ans avant, c'est l'exacte description du 11 Septembre.

1996 : Le FBI enquête sur une école de pilotage (p. 16).

[...] Apparemment, le FBI clôt l'enquête faute d'avoir découvert de potentiels suspects. (*Insight*, 5/27/02).

Janvier 1996 : Des extrémistes musulmans planifient une attaque suicide contre la Maison-Blanche (p. 16).

Le renseignement américain apprend que des terroristes liés à Al-Qaïda prévoient de décoller d'Afghanistan et de faire s'écraser l'avion sur la Maison-Blanche. (9/11 Congressional Inquiry, 18/9/02).

6 juillet – août 1996 : Les « Règles d'Atlanta » établies pour se protéger contre les terroristes utilisant des avions comme armes volantes (p. 17)

Les autorités américaines identifient les vols suicides comme des armes terroristes potentielles qui pourraient menacer les Jeux olympiques d'Atlanta, Géorgie. Ils prennent des mesures pour prévenir toute attaque aérienne. [...] Le « tsar » du contre-terrorisme Richard Clarke utilise cette même approche globale de sécurité pour d'autres événements majeurs, en s'y référant désormais comme les « Règles d'Atlanta ». (*Chicago Tribune*, 18/11/01 ; *Wall Street Journal*, 1/4/04 ; *Against All Enemies*, Richard Clarke, 3/04, pp. 108-09).

Est-il encore possible, après cette information, de considérer que « personne n'aurait pu prédire qu'ils essaieraient d'utiliser un avion comme missile », ainsi que l'a déclaré Condoleezza Rice, pourtant conseillère à la sécurité nationale, et tant d'autres hauts responsables ? Personne dans l'Administration Bush, au moins ceux en charge de la sécurité nationale, ne connaît donc les « Règles d'Atlanta » ? Pauvre peuple américain, qui confie sa vie à de tels « professionnels ». Malheureusement, la liste des avertissements est loin d'être terminée, ni même exhaustive :

15 mai 1998 : Un mémo du FBI de l'Oklahoma met en garde contre une formation au pilotage d'avion potentiellement liée au terrorisme ; il n'en résulte aucune enquête (p. 20).

C'est l'un des documents envoyés par les bureaux régionaux s'inquiétant du nombre élevé d'apprentis-pilotes en provenance du Moyen-Orient. Passeront dans cette école au moins trois terroristes liés au 11 Septembre : Mohamed Atta, Marwan Alshehhi et Zacarias Moussaoui.

Après le 15 mai 1998 : Le FBI ignore une fois de plus les mises en garde contre des terroristes qui prévoient d'obtenir la formation de pilote aux États-Unis (p. 20).

Le FBI reçoit des rapports indiquant qu'une organisation terroriste pourrait envoyer des étudiants aux États-Unis pour se former au pilotage. [...] Il semble que cette alerte ne soit pas partagée avec les autres bureaux du FBI ou la FAA (Federal Aviation Administration), et n'est pas établi non plus de lien avec le mémo de l'Oklahoma ; une alerte similaire suivra en 1999. (9/11 Congressional Inquiry, 24/7/03).

Août 1998 : La CIA avertit que des terroristes prévoient de faire s'écraser contre le WTC un avion avec une bombe (p. 21).

Fin août 1998 : Al-Qaïda planifie une attaque contre les États-Unis, mais n'est pas encore prête (p. 21).

Le FBI apprend cette information d'un membre d'une cellule d'Al-Qaïda capturé pour son implication dans l'attentat à la bombe contre l'ambassade des États-Unis au Kenya. (*USA Today*, 29/8/02).

Septembre 1998 : Les prochaines opérations de ben Laden pourraient impliquer le crash d'un avion dans un aéroport américain (p. 22).

Cette information est communiquée à de hauts responsables américains. (9/11 Congressional Inquiry, 18/9/02 ; *Washington Post*, 19/9/02).

Le 8 octobre 1998 : La FAA met en garde l'aviation civile américaine contre la menace Al-Qaïda (p. 22).

[...] La possibilité de détournement d'avion dans un aéroport métropolitain de la côte Est est spécifiquement signalée. [...]. (*Boston Globe*, 26/5/02).

Automne 1998 : Les rumeurs d'un attentat de ben Laden impliquant des avions à New York et à Washington font de nouveau surface (p. 22).

1999 : Les services de renseignement britanniques avertissent de l'intention d'Al-Qaïda d'utiliser des avions, peut-être comme bombes volantes (p. 23).

1999 : Le FBI apprend que des terroristes ont l'intention d'envoyer des étudiants aux États-Unis pour suivre une formation en aviation ; l'occasion que représente cette enquête est gâchée (p. 23).

C'est une alerte similaire à celle de l'année précédente. En septembre 1999,

> il est signalé dans le rapport au National Intelligence Council qu'« un kamikaze appartenant au bataillon du martyre d'Al-Qaïda pourrait faire s'écraser un avion rempli d'explosifs sur le Pentagone, le quartier général de la CIA ou la Maison-Blanche ». [...]
> Cependant, ce rapport provient de la Bibliothèque du Congrès, daté de septembre 1999. Bill Clinton est le président qui s'est assis dessus pendant seize mois et n'a rien fait, ostensiblement parce qu'il n'a pas été jugé comme « pouvant donner lieu à une action ».[63]

Février-juillet 2001 : Un procès livre au FBI des informations sur un programme de formation de pilotes (p. 30).

[...] Un témoignage révèle que deux agents de ben Laden ont reçu un entraînement de pilote au Texas et en Oklahoma et qu'il a été demandé à un troisième de prendre des leçons de pilotage. Un assistant de ben Laden devient un témoin du gouvernement et communique au FBI des informations détaillées sur un programme de formation des pilotes. Ces nouvelles informations ne donnent lieu à aucune enquête du FBI. (*Washington Post*, 23/9/01).

4 mars 2001 : Une émission de télévision envisage étrangement les attaques du 11 Septembre (p. 30).

Contredisant l'affirmation que personne n'aurait pu envisager les attaques du 11 Septembre, Fox Television diffuse un programme court où des terroristes essaient de faire s'écraser un avion contre le World Trade Center. Le drame est évité grâce à l'intervention des héros et l'avion rate de peu les tours.

Juin 2001 : Les Allemands mettent en garde contre le projet d'utiliser des avions comme missiles sur des symboles américains et israéliens (p. 35).

---

63. *The Williams Memo*, William Safire, *The New York Times*, 20 mai 2002.

20 juin 2001 : Le magazine *Time* mentionne Al-Qaïda utilisant des avions comme armes (p. 37).

Cette opération se passerait lors du sommet du G8 à Gênes, en Italie, avec l'objectif d'assassiner le président Bush, entre autres leaders du « monde libre ».

10 juillet 2001 : Un agent du FBI envoie un mémo avertissant qu'un « nombre excessif » d'extrémistes musulmans sont en train d'apprendre à voler en Arizona (pp. 39-41).

Il s'agit du fameux « Phoenix Memo », sur lequel nous revenons ci-dessous.

31 juillet 2001 : La FAA émet une alerte générale sur la menace de détournement d'avion (p. 42).

Après ces quelques exemples, est-il encore possible de croire un général de l'U.S. Air Force déclarant à propos d'avions de ligne utilisés comme missiles : « C'est quelque chose à laquelle nous n'avions même jamais pensé » ? En tout cas, le FBI ne peut pas prétendre qu'il était impossible d'imaginer cette éventualité, puisqu'ils reçoivent régulièrement des alertes précisément sur ce type d'opération pendant les années précédant le 11 Septembre.

Et nous n'avons retenu que les titres impliquant des terroristes et des avions, auxquels il faudrait ajouter les nombreuses autres alertes – ne se référant pas explicitement à des attaques aériennes – émises par le renseignement américain au sujet de ben Laden et d'Al-Qaïda dans l'année qui a précédé le 11 Septembre !

Le « Phoenix Memo »

Ce document a fait couler beaucoup d'encre aux États-Unis, illustrant quasiment à lui seul l'échec des agences de renseignement à prévenir le 11 Septembre. Nous pensons qu'il a plutôt été utilisé comme écran de fumée servant de « justification », du genre « Ah, si nous avions reçu ce document, nous aurions pu empêcher le 11 Septembre ! », donc à masquer les responsabilités, culpabilités et complicités, sur lesquelles nous reviendrons. Il a aussi servi à renforcer l'appareil sécuritaire, objectif atteint dans des proportions quasiment démesurées.

En résumé, l'agent Kenneth Williams, du bureau du FBI de Phoenix, Arizona, envoie le 10 juillet 2001 par email à six destinataires au quartier général (à l'unité en charge de ben Laden et du fondamentalisme radical) et à deux au bureau de New York un mémorandum de cinq pages au sujet d'activités suspectes d'hommes originaires du Moyen-Orient prenant des leçons de pilotage dans la région. Ils ont des liens avec un groupe terroriste tchétchène, lui-même lié à Al-Qaïda. Il pense que cela pourrait correspondre à une action de ben Laden pour former des pilotes en vue de détourner des avions. Il émet plusieurs recommandations, dont le fait de partager l'information avec l'ensemble de la communauté du renseignement.

Aucune suite n'est donnée à ce document par ses destinataires. Le *New York Times* livre une explication :

> Habituellement, les propositions d'enquête interne qui impliquent des ressources à l'échelle de l'organisme sont examinées par de hauts fonctionnaires du FBI. Mais dans cette affaire, des responsables du FBI ont déclaré que ceux qui ont lu le mémorandum ont été distraits par d'autres affaires, un complot contre les intérêts américains en France et l'enquête sur l'attaque du destroyer *Cole* en octobre 2000.[64]

Alors que la menace Al-Qaïda se fait de plus en plus précise, les responsables du FBI sont occupés à autre chose, dont l'attentat contre l'USS *Cole*, qui a pourtant été commis par... Al-Qaïda. Étrange explication.

De son côté, l'agent Williams n'a pas connaissance des alertes concernant ben Laden, y compris celles au sujet de possibles détournements d'avions, notamment avec pour cibles New York et Washington. Cependant, voici ce qu'il déclare l'année suivante devant le Senate Judiciary Committee :

---

64. *Ashcroft Learned of Agent's Alert Just After 9/11*, David Johnston et Don Van Natta Jr., *The New York Times*, 21 mai 2002.

[...] il croyait que si le bureau avait mis en œuvre sa recommandation d'interroger des centaines voire des milliers d'étudiants du Moyen-Orient dans les écoles de pilotage américaines, l'effort n'aurait pas empêché les attaques du 11 Septembre contre le World Trade Center et le Pentagone, ont déclaré les législateurs qui ont assisté à la session.[65]

C'est exactement ce que nous pensons : ce n'est pas le Phoenix Memo qui aurait pu empêcher le 11 Septembre, s'il manquait la volonté de le faire. Nous allons constater, en effet, que le FBI bénéficiait d'autres informations pour prévenir la tragédie. Commençons par Niaz Khan, dossier moins connu que le mémorandum de l'agent Williams.

« Renvoyez-le à Londres et oubliez ça. »
Niaz Khan est un citoyen britannique originaire du Pakistan âgé d'une trentaine d'années. Tandis qu'il est submergé par des dettes de jeu, deux hommes mystérieux lui proposent à la sortie d'un casino de Manchester de l'aider financièrement ; en échange, il doit rendre des services à Al-Qaïda. Il accepte, reçoit plusieurs milliers de dollars puis est envoyé à Lahore, au Pakistan, où il doit attendre les instructions dans un hôtel. Les yeux bandés, il est ensuite conduit dans une maison. Voici comment NBC News rapporte son témoignage sur ce qui s'est passé après :

> [...] au centre d'entraînement de Lahore, on lui enseigna, ainsi qu'à une trentaine d'autres hommes, les rudiments du détournement d'avion, notamment comment faire passer des armes à feu et d'autres armes malgré la sécurité de l'aéroport, les techniques pour maîtriser les passagers et l'équipage, et comment entrer dans le cockpit.
>
> [...] Après environ une semaine d'entraînement, Khan raconte qu'on lui a donné de l'argent pour emprunter un itinéraire du Pakistan à Doha, au Qatar, à Londres, à Zurich, en Suisse, puis retour à Londres, et départ pour New York. Le but, dit-il, est de lui permettre d'observer les opérations aériennes et les mesures de sécurité à bord.

---

65. *Anti-U.S. Views at Pilot Schools Prompted Agent's Alert*, Don Van Natta Jr. et David Johnston, *The New York Times*, 22 mai 2002.

Après l'atterrissage à l'aéroport JFK, Khan explique qu'il doit se rendre à une station de taxis, trouver un homme avec un bonnet de prière blanc et utiliser un code de reconnaissance.[66]

Ils ont dit que j'allais y vivre un certain temps et rencontrer d'autres personnes, puis que nous détournerions un avion à JFK pour le faire s'écraser dans un building. (*London Times*, 9 mai 2004).[67]

Niaz Khan décide de changer le plan : il prend un bus pour Atlantic City, où il perd au jeu l'argent que lui a confié... Al-Quaïda. Conscient des conséquences pour sa vie, il se rend au FBI, où il explique toute l'affaire :

Pendant trois semaines, des agents antiterroristes du FBI à Newark, New Jersey, l'interrogent. (MSNBC, 3 juin 2004 ; *Observer*, 6 juin 2004). Un agent du FBI se souvient : « Nous étions incrédules. Lancer un avion dans un bâtiment semblait fou, mais nous l'avons passé au détecteur de mensonge et le résultat fut concluant. » (*London Times*, 9 mai 2004). Un ancien fonctionnaire du FBI explique que les agents crurent Khan et essayèrent agressivement de suivre chaque piste de l'affaire, mais le siège du FBI leur ordonna : « Renvoyez-le à Londres et oubliez ça. »[68]

C'est chose faite, et il est remis aux autorités. Cependant, les Britanniques ne l'interrogent que pendant environ deux heures, puis le relâchent. L'agent du FBI en charge de Niaz Khan déclare plus tard :

Je supposais que lorsque Niaz serait livré, les autorités britanniques mèneraient une enquête complète. Ce que j'aurais fait, c'était de le réinsérer dans la communauté et de le travailler... Nous savons que cela ne s'est pas produit. C'est une véritable honte. (*Vanity Fair*, 11/2004).[69]

---

66. *Did al-Qaida Trainee Warn FBI Before 9/11?*, Lisa Myers et la NBC Investigative Unit, NBC News, mise à jour 26/7/2004.
67. *The Terror Timeline*, p. 27.
68. *The Terror Timeline*, p. 27.
69. http://www.historycommons.org/entity.jsp?entity=niaz_khan

L'histoire se termine ainsi :

> Khan reste surpris qu'à ce jour [2003], le FBI, la CIA et Scot-
> land Yard ne lui aient jamais demandé de les aider à identifier
> l'adresse de la rue du centre à Lahore, où lui et des douzaines
> d'autres hommes furent entraînés. Il dit qu'il a vu des signes
> d'identification et qu'il pourrait être capable de localiser le
> lieu. « Je suis juste surpris qu'ils ne soient jamais revenus me
> poser d'autres questions. [Le FBI] m'a cru, mais peut-être pas
> sérieusement. »[70]

Les actions du FBI n'ont pas fini de nous surprendre.

FBI contre FBI – Minneapolis

C'est certainement l'une des histoires les plus connues concernant le
FBI et le 11 Septembre, nous serons donc synthétiques.

Le 16 août 2001, le bureau de Minneapolis, où travaille Colleen Rowley
en tant qu'agent spécial et Chief Division Counsel, reçoit un appel
téléphonique de la Pan Am Flight School : un de leurs élèves, du nom
de Zacarias Moussaoui, a éveillé leurs soupçons et ils envisagent la
possibilité qu'il soit un terroriste se préparant à faire s'écraser un avion
sur une ville.

Le bureau décide d'envoyer une équipe tandis que Colleen avertit la
Radical Fundamentalism Unit (RFU), la division qui s'occupe de l'islam
radical au sein du FBI. Cela peut sembler étrange, mais la RFU conseille
de ne pas procéder à l'arrestation. Entre temps, Minneapolis découvre
que le visa du suspect est expiré.

Après un dernier échange téléphonique avec la RFU, qui confirme son
ordre précédent, l'agent Harry Samit passe outre et arrête Zacarias
Moussaoui dans la chambre de son motel, ainsi qu'Hussein Al Attash,
également présent. Les ordinateurs sont saisis, mais Moussaoui refuse
que le sien soit ouvert.

Il faut donc obtenir un mandat de la part d'un juge, en passant par la
voie hiérarchique du FBI. Colleen envoie à cet effet un long rapport au

---

70. *Did al-Qaida Trainee Warn FBI Before 9/11?*, by Lisa Myers and the NBC Investigative Unit, NBC News, updated 7/26/2004.

quartier général. Voici comment François Bringer raconte la suite après l'avoir interviewée :

> Trois jours passent, son supérieur la contacte en lui disant qu'elle n'a pas de preuves suffisantes pour sa requête auprès du juge. Il lui déconseille de « s'entêter ».

C'est incompréhensible : pourquoi lui demande-t-il de ne pas « s'entêter » ? Veut-il protéger Moussaoui ? Pour quelles raisons ? Colleen décide de ne pas lâcher l'affaire :

> Elle est effarée par les barrages qui se lèvent devant elle, tout d'un coup. Avec Moussaoui, elle se sent pressée par le temps. Tout en rédigeant un nouveau rapport, elle contacte ses anciens « correspondants » des renseignements français, ce qui est à la limite de ses prérogatives.[71]

Elle a effectivement été en poste à Paris et parle français. Les services amis contactés l'informent qu'ils surveillent Moussaoui depuis plusieurs années, qu'il est en relation avec des terroristes et a combattu en Tchétchénie sous les ordres d'un compagnon d'Oussama ben Laden. Il aurait même participé à l'organisation du détournement de l'avion d'Air France Alger-Paris en 1994, dont l'objectif était de le faire s'écraser sur la tour Eiffel, tentative que nous avons mentionnée ci-dessus.

Forte de ces informations normalement décisives, elle envoie un nouveau rapport, mais le mandat n'arrive toujours pas. Elle découvrira par la suite que des données cruciales qu'elle a présentées ont été supprimées par sa hiérarchie avant de transmettre sa demande. Elle aurait, sinon, obtenu une réponse favorable du juge, compte tenu des renseignements apportés. Pourquoi avoir supprimé ces informations de son rapport, à part pour l'empêcher d'obtenir le mandat sollicité permettant de fouiller l'ordinateur ? Le *New York Times* rapporte toutefois une autre explication :

---

71. *Ils avaient donné l'alerte*, François Bringer, p. 132.

Intimidés par le bruit au sujet du profilage ethnique supposé de Wen Ho Lee[72], les avocats du ministère de la Justice de John Ashcroft ne voulaient pas participer à la poursuite de cet Arabe.[73]

Il est difficile de croire que pour ce seul motif

les bureaucrates du FBI à Washington étaient, selon les mots de l'agent Rowley, « constamment, presque délibérément, en train de contrecarrer les efforts des agents du FBI de Minneapolis ».[74]

Certes, l'affaire Wen Ho Lee suscite d'énormes retombées aux États-Unis, mais la raison alléguée postérieurement nous paraît faible dans le cas de Moussaoui : il existait, en effet, les informations des services français confirmant ses liens avec des membres d'Al-Qaïda, sa participation à la lutte en Tchétchénie, voire celle possible à l'organisation du détournement de l'avion d'Air France. La question est posée de nouveau : pourquoi avoir fait disparaître ces informations du rapport de Colleen Rowley ? Pourtant, le siège a reçu quelques semaines auparavant le Phoenix Memo ; il y a donc matière à être en état d'alerte, d'autant plus avec toutes les informations qui remontent alors à Washington sur la probabilité de plus en plus forte d'une attaque d'Al-Qaïda sur le territoire américain, certainement en détournant des avions contre Washington et New York.

Si l'ordinateur de Moussaoui avait été analysé – il le sera après le 11 Septembre –, peut-être que les attentats auraient été empêchés, car les données confirment sa présence en Tchétchénie, mais aussi des liens avec onze des futurs pirates, des reçus de transfert d'argent en provenance de membres de la cellule Al-Qaïda à Hambourg, etc.

En attendant ce fameux mandat, l'équipe de Minneapolis continue l'enquête. Elle découvre que son détenu a déposé pendant son

---

72. Wen Ho Lee est un scientifique américano-taïwanais travaillant pour l'université de Californie au Los Alamos National Laboratory, qui fut accusé en 1999 d'avoir livré à la Chine des secrets sur l'arsenal nucléaire américain, avant d'être innocenté. Compte tenu de la façon dont il fut traité pendant l'enquête, dont 278 jours de prison à l'isolement, le président Clinton lui adressa des excuses publiques.
73. *The Rowley Memo*, William Safire, *The New York Times*, 27 mai 2002.
74. *The Rowley Memo*, William Safire, *The New York Times*, 27 mai 2002.

entraînement un plan de vol vers Kennedy Airport, à New York. Dans quel but ?

Un des agents suppose qu'il va essayer de détourner ou crasher un avion sur cet aéroport. Dans les notes qu'il prend lors de cette réunion, un autre inscrit dans la marge d'un cahier : « Peut-être veut-il faire s'écraser un avion sur le World Trade Center ? » Ces notes ont été consignées dans un rapport aujourd'hui entre les mains de la Commission d'enquête.[75]

Ce qui fait basculer ensuite Colleen Rowley dans l'univers inconfortable des lanceurs d'alerte, ce sont les déclarations répétées du nouveau directeur du FBI, Robert S. Mueller, qui affirme, dès qu'il le peut, que le Bureau ne savait rien qui aurait pu empêcher les événements. Elle lui adresse alors une lettre le 21 mai 2002, avec copie au Congressional Oversight Committee, pour se protéger. C'est sans doute par ce biais que sa lettre arrive jusqu'aux médias, ce qui déclenche une véritable tempête, puisqu'elle l'accuse, en résumé, de déformer les faits lorsqu'il répète que le FBI n'avait connaissance d'aucune information permettant de prévenir les détournements d'avion. Voici comment elle débute sa longue lettre de treize pages[76] :

Cher Directeur Mueller :

J'estime qu'à ce stade, je dois faire part par écrit de mes préoc-cupations concernant l'important sujet de la réponse du FBI aux preuves d'activités terroristes aux États-Unis avant le 11 Sep-tembre. Les enjeux sont fondamentalement ceux de l'INTÉGRITÉ et sont au cœur de la mission et du mandat du FBI en matière d'application de la loi. En outre, à ce stade critique de l'élabora-tion de la politique future visant à promouvoir le traitement le plus efficace des menaces actuelles et futures pour la sécurité des citoyens des États-Unis, il est d'une importance absolue qu'une image impartiale et complètement exacte émerge des forces et des échecs actuels du FBI en matière d'enquête et de gestion.

---

75. *Ils avaient donné l'alerte*, François Bringer, op. cité, p. 136.
76. Coleen Rowley's Memo to FBI Director Robert Mueller, 21 mai 2002, http://www.apfn.org/apfn/WTC_whistleblower1.htm.

Pour en venir à l'essentiel, je suis profondément préoccupée par le fait que vous et d'autres personnes au plus haut niveau de la direction du FBI ont réalisé et continuent de réaliser une subtile et délicate tentative de biaiser/fausser les faits. Le terme « dissimuler » [cover up] serait une caractérisation trop forte, c'est pourquoi j'essaie de choisir mes mots avec soin (et peut-être trop laborieusement). Je fonde mes préoccupations sur mon rôle relativement petit, périphérique mais unique dans l'enquête Moussaoui dans la Division de Minneapolis avant, pendant et après le 11 Septembre et mon analyse des commentaires que j'ai entendus à l'intérieur du FBI (provenant, je crois, de vous et d'autres hauts niveaux du management) ainsi que de votre témoignage au Congrès et de vos commentaires publics.

J'estime que certains faits [...] ont, jusqu'à maintenant, été omis, minimisés, ignorés et/ou mal caractérisés dans le but d'éviter ou de réduire l'embarras personnel et/ou institutionnel du côté du FBI et/ou peut-être même pour des raisons politiques inappropriées.

Elle continue son réquisitoire par différents points concernant l'enquête Moussaoui, puis arrive le cinquième :

5) Le fait est que le personnel clé du FBIHQ [quartier général], dont le travail consistait à aider et à coordonner avec les agents de la division sur le terrain les enquêtes sur le terrorisme et l'obtention et l'utilisation des recherches de la FISA (et qui, en théorie, étaient au courant de beaucoup plus de sources de renseignements que les agents de la division sur le terrain), a continué, presque inexplicablement[5], à ériger des barrages et à miner les efforts désespérés de Minneapolis pour obtenir un mandat de perquisition FISA, longtemps après que le service de renseignement français a fourni ses informations et que la cause probable est devenue claire. Dans toutes leurs conversations et leur correspondance, le personnel du quartier général n'a jamais révélé aux agents de Minneapolis que la division Phoenix avait, à peine trois semaines auparavant, mis en garde contre les agents d'Al-Qaïda dans les écoles de pilotage qui cherchaient à s'entraîner à des fins terroristes !

Ce sont des accusations graves contre le quartier général, mais ce n'est pas fini :

> Le personnel du FBIHQ n'a pas non plus beaucoup fait pour diffuser l'information sur Moussaoui à d'autres autorités compétentes en matière de renseignement et d'application de la loi. Lorsque, dans une tentative désespérée de la dernière heure pour contourner les barrages du FBIHQ, la Division de Minneapolis a entrepris d'aviser directement le Counter Terrorist Center (CTC) de la CIA, le personnel du FBIHQ a réprimandé les agents de Minneapolis pour avoir adressé la notification directement sans leur approbation !

Rappelons que le Rapport de la Commission sur le 11 Septembre, ose écrire, de façon outrageante, ainsi que nous l'avons souligné dans le chapitre 1 :

> La plupart des agents atteignant les postes de management avait peu d'expérience de l'antiterrorisme. Deuxièmement, les priorités étaient fixées au niveau local par les bureaux régionaux, dont les préoccupations étaient centrées sur les délits traditionnels, dont les infractions en col blanc et celles relatives à la drogue et aux gangs. Les bureaux régionaux firent le choix de traiter les priorités locales plutôt que celles au niveau national.

À Minneapolis, pour éviter une catastrophe terroriste nationale, les agents se battent contre leur direction et prennent des risques pour leur carrière en contactant, en dehors de la voie hiérarchique, la CIA (CTC) mais aussi la FAA et le Secret Service ! (dont ils n'obtiendront d'ailleurs aucune réponse). Nous apprenons même qu'

> un agent de la Radical Fundamentalist Unit (RFU) du quartier général du FBI déclare au superviseur du bureau du Minnesota du FBI qu'il est en train de faire « craquer » les gens sur le cas Zacarias Moussaoui. Le superviseur lui répond qu'il essaie de les faire « craquer » parce qu'il veut s'assurer que Moussaoui « ne

prendra pas le contrôle d'un avion et ne le fera pas s'écraser sur le World Trade Center ». Il allègue plus tard que l'agent du quartier général lui rétorque alors : « Cela n'arrivera pas. On ne sait pas si c'est un terroriste. Vous n'en avez pas assez pour montrer qu'il est un terroriste. Vous avez un gars qui s'intéresse à ce type d'avion... c'est tout. » (9/11 Congressional Inquiry, 17/10/02).[77]

Accessoirement, il a combattu en Tchétchénie sous les ordres d'un commandant d'Al-Qaïda proche de ben Laden et sera ensuite dénommé le « 20e pirate de l'air du 11 Septembre ». Effectivement, « c'est tout ».

La lettre de Colleen Rowley se termine par plusieurs notes dont la 5 (issue du point 5 ci-dessus) :

> 5) Au début de la période qui suivit le 11 Septembre, quand il m'arrivait de raconter les événements antérieurs concernant l'enquête Moussaoui à d'autres membres du personnel du FBI dans d'autres divisions ou au quartier général [FBIHQ], la première question de presque tout le monde était « Pourquoi ? Pourquoi un agent du FBI saboterait-il délibérément une affaire ? »

C'est, effectivement, incompréhensible, d'autant plus que ce n'est pas la seule « réussite » de la personne ou de l'unité en question, comme nous le verrons ci-dessous. Colleen ajoute :

> (Je sais que je ne devrais pas être désinvolte à ce sujet, mais des blagues ont été faites sur le fait que le personnel clé du quartier général devait être des espions ou des taupes [...] travaillant en fait pour Oussama ben Laden pour avoir ainsi sapé l'effort de Minneapolis.).

Et d'autres bureaux du FBI...

Voici la note 6, également issue du point 5 ci-dessus :

> 6) Par exemple, à un moment donné, l'agent spécial de surveillance [Supervisory Special Agent – SSA] du FBIHQ a fait valoir

---

77. *The Terror Timeline*, p. 220.

que l'information française pouvait être sans valeur parce qu'elle n'identifiait Zacarias Moussaoui que par son nom et que lui, le SSA, ne savait pas combien de personnes de ce nom existaient en France. Un agent de Minneapolis tenta de surmonter ce problème en téléphonant rapidement à l'attaché juridique du FBI (Legat) à Paris, afin de pouvoir vérifier les annuaires téléphoniques français. Bien que le Légat en France n'ait pas eu accès à tous les annuaires téléphoniques français, il a pu rapidement constater qu'il n'y en avait qu'un seul dans l'annuaire de Paris. On ne sait pas si cela a suffisamment répondu à la question, car le SSA a continué de trouver de nouvelles raisons pour gagner du temps.

Comment est-il possible que le directeur Mueller, à la lecture de cette lettre, n'ait pas déclenché d'enquête pour connaître les responsables et les coupables – les criminels ? – qui ont bloqué le bureau de Minneapolis ?

Colleen Rowley recevra par la suite la distinction prestigieuse du magazine *Time*, partagée avec deux autres lanceuses d'alerte – Cynthia Cooper (WorldCom) et Sherron Watkins (Enron) –, de « Personne de l'année » pour 2002.

Voici un extrait de ce qu'ajoute Wikipedia au sujet de cette affaire :

> Lors du procès de Moussaoui, l'agent du FBI Greg Jones déclara dans son témoignage qu'avant les attentats, il avait exhorté son superviseur, Michael Maltbie, « à empêcher Zacarias Moussaoui de faire voler un avion contre le World Trade Center ». Maltbie avait refusé de donner suite à soixante-dix demandes d'un autre agent, Harry Samit, pour obtenir un mandat de perquisition sur l'ordinateur de Moussaoui.[22][78]

Laissons d'ailleurs conclure le bureau de Minneapolis, avec Harry Samit :

---

78. [22] Markon, Jerry and Timothy Dwyer. Damning evidence highlights FBI bungles. Archived March 9, 2016, at the Wayback Machine. *The Sydney Morning Herald* (March 22, 2006), https://en.wikipedia.org/wiki/Zacarias_Moussaoui

L'agent du FBI qui a arrêté Zacarias Moussaoui des semaines avant le 11 Septembre a déclaré lundi à un jury fédéral que ses propres supérieurs étaient coupables de « négligence criminelle et d'obstruction » pour avoir bloqué ses tentatives d'apprendre si le terroriste faisait partie d'une cellule plus grande sur le point de détourner des avions aux États-Unis.[79]

Il continue ainsi son témoignage :

[...] alors que Washington n'arrêtait pas de lui dire qu'il n'y avait « aucune urgence ni aucune menace », ses supérieurs du FBI l'envoyèrent à la « chasse à l'oie sauvage ».

Pendant un certain temps, dit Samit, ils ne crurent même pas que Moussaoui était la même personne que les services de renseignement français avaient identifiée comme étant un extrémiste musulman. Il déclara que le quartier général du FBI voulait que lui et ses collègues passent des jours à éplucher les annuaires téléphoniques de Paris pour s'assurer qu'ils avaient le bon Moussaoui.

[...] lorsqu'il demanda la permission de placer un officier fédéral arabophone dans la cellule de Moussaoui pour découvrir ce qu'il préparait, Washington refusa.

[...] lorsqu'il prépara une longue note de service sur Moussaoui à l'intention des responsables de l'Administration fédérale de l'aviation [FAA], Washington supprima des sections clés, dont la partie reliant Moussaoui au chef d'Al-Qaïda, Oussama ben Laden.

Sans surprise néanmoins, voici comment l'Office of the Inspector General du ministère de la Justice conclut son rapport de 2004 sur la conduite de l'affaire Moussaoui par le FBI :

En résumé, nous n'avons trouvé aucun employé ayant commis une inconduite intentionnelle, ni violé les politiques ou pratiques

---

79. *Special Agent Harry Samit: This American Hero is the Real Jack Bauer*, Debbie Schlussel, www.debbieschlussel.com, 21 mars 2006.

établies du FBI, ni tenté de saboter délibérément l'affaire Moussaoui.[80]

L'action systématique de supprimer les données reliant Moussaoui à ben Laden, puisque c'est ce que fit aussi la hiérarchie du FBI lors de la demande du mandat initial, ne viole donc pas les « pratiques établies du FBI ». Intéressant, particulièrement de la part de la première agence d'enquête des États-Unis.

À notre connaissance, d'ailleurs, la réponse n'a jamais été apportée à cette question fondamentale : pourquoi la suppression par la hiérarchie du FBI de cette information cruciale entre Moussaoui et ben Laden ? Pourtant, sans ces suppressions, il est légitime d'envisager que le 11 Septembre aurait pu ne jamais se produire, même si la plupart des autorités prétendent le contraire. Il faut y ajouter une autre information qui plaide dans ce sens, relatée dans la chronologie établie par History Commons :

> Du 16 août au 10 septembre 2001 : Le FBI omet d'informer le NSC sur Moussaoui, bien que ce soit une pratique standard.
>
> Après l'arrestation de Zacarias Moussaoui, le FBI n'en informe pas le Groupe de lutte contre le terrorisme et de sécurité (CSG) présidé par le « tsar » antiterroriste Richard Clarke au Conseil national de sécurité (NSC). Le directeur de la CIA, George Tenet, dira plus tard qu'informer le CSG d'une telle arrestation est une « pratique standard ». [Tenet, 2007, pp. 200]. En juillet 2001, Clarke avait pourtant dit au FBI qu'il voulait être informé de tout ce qui pouvait sembler inhabituel, même un moineau tombant d'un arbre.[81]

Il est impossible d'affirmer que le 11 Septembre n'aurait pas eu lieu si Richard Clarke avait été informé de cette arrestation, mais il est certain que le bureau de Minneapolis aurait bénéficié d'un allié de poids pour

---

80. *A Review of the FBI's Handling of Intelligence Information Related to the September 11 Attacks*, Special Report, *Chapter Four: The FBI's Investigation of Zacarias Moussaoui*, Office of the Inspector General, novembre 2004.
81. HistoryCommons.org.

obtenir le mandat dont l'équipe avait besoin. En résumé, non seulement le FBI semble saboter le travail de ses agents de terrain, mais, en plus, il n'informe pas les plus hautes autorités en matière de lutte contre le terrorisme d'un fait crucial, qui s'avérera fatal.

FBI contre FBI – New York

Le 12 octobre 2000, l'USS *Cole* subit un attentat à la bombe dans le port yéménite d'Aden par des terroristes d'Al-Qaïda. Dix-sept soldats américains sont tués. Abd al-Karim al-Iryani, le Premier ministre du Yémen à l'époque, affirme plus tard que le pirate de l'air

> Khalid Almihdhar a été l'un des terroristes du *Cole*, impliqué dans les préparatifs. Il était au Yémen à cette période et y est resté après l'attentat, puis il est parti. (*The Guardian*, 15/10/2001).[82]

Néanmoins,

> Almihdhar est entré et a quitté les États-Unis en 2000, et est entré de nouveau le 4 juillet 2001. (9/11 Congressional Inquiry, 24/7/03).[83]

Donc, neuf mois après avoir participé à l'attentat meurtrier contre l'USS *Cole*, selon la déclaration du Premier ministre du Yémen, il entre (tranquillement) aux États-Unis ! Voici l'explication :

> La CIA et le FBI ont récemment montré de l'intérêt pour lui, mais n'ont toujours pas réussi à l'inscrire sur une liste de surveillance des terroristes. S'il avait été placé sur une telle liste à cette date, il aurait été arrêté et peut-être détenu tandis qu'il tentait de pénétrer aux États-Unis. Il y entre avec un nouveau visa américain obtenu à Djeddah, en Arabie saoudite, le 13 juin 2001. (9/11 Congressional Inquiry, 24/7/03).[84]

---

82. HistoryCommons.org.
83. *The Terror Timeline*, p. 175.
84. *The Terror Timeline*, p. 174.

Une pareille situation est incompréhensible pour un terroriste ayant déjà des victimes américaines à son actif. L'erreur est toutefois réparée, mais trop tard :

> Grâce à la demande d'un analyste anonyme du FBI affecté au Centre de lutte contre le terrorisme de la CIA [Counter Terrorism Center], la CIA envoie un câble au Département d'État, à l'INS, au Service des douanes et au FBI pour demander que « les individus liés à ben Laden » Nawaf Alhazmi, Khalid Almihdhar et deux autres soient inscrits sur la liste de surveillance du terrorisme. (*Newsweek*, 2/6/02).[85]

Un rapport est envoyé par le bureau du FBI à New York recommandant qu'une enquête soit lancée

> « pour déterminer si [Khalid] Almihdhar est toujours aux États-Unis ». Le bureau de New York tente de convaincre le quartier général du FBI d'ouvrir une enquête criminelle, mais celle-ci est immédiatement rejetée. La raison invoquée est le « mur » entre le travail criminel et le travail de renseignement – Almihdhar ne pourrait pas être lié à l'enquête de l'USS *Cole* sans inclure des informations de renseignement sensibles. (9/11 Congressional Inquiry, 20/9/02). Ainsi, au lieu d'une affaire criminelle, le bureau de New York ouvre une « affaire de renseignement », excluant de la recherche tous les enquêteurs des affaires criminelles. (Témoignage d'un agent du FBI, 20/09/02).[86]

Par suite de ces « défaillances » successives, Khalid Almihdhar ne sera pas arrêté avant la date fatidique. Ainsi, un agent du FBI de New York écrit le 29 août :

> Un jour, quelqu'un mourra. Le public ne comprendra pas pourquoi nous n'avons pas été plus efficaces et n'avons pas mobilisé

---

85. *The Terror Timeline*, p. 175.
86. *The Terror Timeline*, p. 177.

toutes les ressources dont nous disposions pour régler certains problèmes.[87]

Est-il besoin d'ajouter un commentaire sur la responsabilité du FBI ?

FBI contre FBI – Chicago

L'agent du FBI Robert G. Wright Jr., qui traite de questions de terrorisme au bureau de Chicago, découvre des preuves liant l'homme d'affaires multimillionnaire saoudien, Yassin al-Qadi, au financement des attentats à la bombe contre les ambassades américaines en Tanzanie et au Kenya, qui se sont produits deux mois plus tôt. Sa direction l'empêche d'aller plus loin, notamment d'ouvrir une enquête criminelle et de procéder à des arrestations :

> Des conversations avec le personnel du FBI indiquent qu'on lui a dit de façon informelle que son travail était trop embarrassant pour les Saoudiens.[88]

Effectivement, on n'embarrasse pas les Saoudiens à Washington. Pourtant, le dossier est de plus en plus solide, ainsi que commente Mark Flessner, procureur fédéral qui participe à l'investigation et se désole après le 11 Septembre :

> Il y avait des pouvoirs plus grands que moi au ministère de la Justice et au sein du FBI qui n'allaient tout simplement pas laisser [la construction d'une affaire criminelle] se produire. Et ce n'est pas arrivé. [...] Je pense qu'il y a eu de très graves erreurs. Et je pense que ça a peut-être coûté la vie à des gens. (ABC News, 19/12/2002).[89]

D'ailleurs, voici ce que déclare l'agent Robert Wright trois mois avant le 11 Septembre :

---

87. *White House, In Shift, Backs Inquiry on 9/11*, David Firestone et James Risen, *The New York Times*, 21 septembre 2002.
88. History Commons.org.
89. History Commons.org.

Sachant ce que je sais, je peux dire en toute confiance que tant que les responsabilités en matière d'enquête sur le terrorisme ne seront pas retirées du FBI, je ne me sentirai pas en sécurité. Le FBI a prouvé au cours de la dernière décennie qu'il ne peut pas identifier et prévenir les actes de terrorisme contre les États-Unis et ses citoyens au pays et à l'étranger. Pire encore, il n'y a pratiquement aucun effort de la part de l'unité du FBI chargée du terrorisme international pour neutraliser les terroristes connus et présumés résidant aux États-Unis.[90]

Il ajoute :

La direction du FBI a intentionnellement et à plusieurs reprises contrecarré et entravé mes tentatives de lancer une enquête plus complète pour identifier et neutraliser les terroristes.

Ce sont de graves accusations qu'il aurait fallu, de toute évidence, approfondir et clarifier. C'est ce qui était prévu, mais

le FBI aurait « retardé la comparution de Wright devant la Commission sur le 11 Septembre jusqu'à ce qu'il soit trop tard pour qu'il comparaisse lors de son audience publique ». (US Congress, 24/7/2003 ; DebbieSchlussel(.com), 14/7/2004 ; 9/11 Commission, 24/7/2004).[91]

C'est à peine croyable. Robert G. Wright est néanmoins auditionné fin 2002 par la 9/11 Congressional Inquiry, mais son nom n'est pas cité dans le rapport final, ni celui de Yassin al-Qadi, pas plus que les enquêtes qu'il a menées.

Signalons également qu'il engage par la suite des procédures judiciaires contre le FBI, dont l'une au sujet de la publication de son manuscrit *Fatal Betrayals of the Intelligence Mission*.[92] À la date de rédaction du livre *Le FBI complice du 11 Septembre*, il semble que le sien ne soit

---

90. https://en.wikipedia.org/wiki/Robert_Wright_Jr.
91. *May 5, 2002-July 22, 2004: US Government Fails to Investigate FBI Agent Wright's Complaints*, History Commons (.org).
92. Https://fas.org/sgp/jud/wright050609.pdf.

toujours pas publié. Pourtant, il déclare que sa raison de l'écrire est d'exposer

> le manquement au devoir du Bureau dans l'arène du terrorisme. [...] En tant que nation, nous devons travailler ensemble pour retrouver le niveau de confiance que nous avions autrefois dans le FBI pour remplir sa mission vitale de protéger la sécurité et le bien-être de ses citoyens au pays et à l'étranger. (Judicial Watch, 30/5/2002).[93]

La confiance a-t-elle été restaurée ? Au peuple américain d'en décider, même si la réponse ne nous paraît pas garantie, notamment avec ce qui s'est passé avant et après les dernières élections présidentielles.

Récompenses au FBI

Colleen Rowley, parmi tant d'autres observateurs, remarque que les agents du quartier général qui ont bloqué le FBI du Minnesota sont promus après le 11 Septembre. (*Sydney Morning Herald*, 28/5/02 ; *Time*, 21/5/02).[94] En effet :

> Le directeur du FBI, M. Mueller, décerne en personne à [X][95] une citation présidentielle et une prime en espèces d'environ 25 % de son salaire. (*Salon*, 3/3/03).

> [X], chef de la National Security Law Unit du FBI et la personne qui a refusé de demander un mandat spécial pour fouiller les biens de Zacarias Moussaoui avant les attentats du 11 Septembre, fait partie des neuf récipiendaires d'un prix de la part du Bureau pour « performance exceptionnelle ». Le prix vient peu de temps après un rapport d'Enquête du Congrès sur le 11 Septembre déclarant que l'unité de [X] a donné aux agents du FBI de Minneapolis « une information inexcusablement confuse et inexacte » qui était « manifestement fausse ». (*Minneapolis Star Tribune*, 22/12/02).

---

93. History Commons.org.
94. *The Terror Timeline*, p. 221.
95. Nous ne citerons pas de nom dans cette partie, car, ce qui nous intéresse, ce ne sont pas les fonctionnaires mais les hauts dirigeants les ayant promus malgré leurs « défaillances » répétées, alors qu'elles ont manifestement contribué à l'horreur du 11 Septembre, en empêchant de l'empêcher.

L'unité de [X] a également bloqué une demande urgente des agents du FBI pour rechercher Khalid Almihdhar après que son nom fut mis sur une liste de surveillance. (Associated Press, 10/1/03).

L'agent spécial du FBI [Y], qui a retiré des informations de la demande du FBI du Minnesota pour obtenir le mandat de perquisition dans les affaires de Moussaoui, est promu au poste de superviseur sur le terrain. (*Salon*, 3/3/03).

Comme l'ont souligné le sénateur Charles Grassely (R) et d'autres, non seulement personne au gouvernement n'a été renvoyé ou puni pour le 11 Septembre, mais plusieurs ont été promus.[96]

Il faut y ajouter au moins une personne, spécialiste des opérations de renseignement à l'unité ben Laden du FBI, qui devient superviseur ensuite, bien qu'elle ait

> entravé de façon répétée l'enquête sur Almihdar et Alhazmi pendant l'été 2001.[97]

Ainsi, pourquoi le directeur Mueller a-t-il promu « en personne » des employé(e)s qui semblent avoir bloqué les actions qui auraient pu empêcher le 11 Septembre ? Remarquons toutefois que ces promotions qui posent question ne se rencontrent pas seulement au FBI mais aussi à la CIA et du côté de la Maison-Blanche. Elles paraissent encore plus incompréhensibles à la lecture des pages suivantes.

---

96. *The Terror Timeline*, pp. 555-6.
97. *January 10, 2003: Government Employees Responsible for 9/11 Failures Are Rewarded and Promoted*, History Commons.org.

Le FBI savait, n° 3
Les officiels

Nous avons constaté dans les deux chapitres précédents que, contrairement à ce que les (anciens) responsables du FBI et d'autres ne cessent de répéter depuis 2001, les attaques sur Washington et New York par Al-Qaïda au moyen d'avions de ligne détournés étaient parfaitement envisagées et devenaient de plus en plus probables au fur et à mesure où la date fatidique approchait. Des pirates de l'air avaient même déjà été identifiés.

L'étrange Attorney General John Ashcroft[98]
Après les attaques,

> il empêcha d'enquêter le FBI sur les registres d'achat d'armes pour découvrir si au moins un des terroristes avait acheté une arme.[99]

Voilà qui est étonnant de la part du ministre de la Justice, logiquement en quête de la vérité. Sans doute que la version gouvernementale de terroristes ayant réussi à détourner quatre avions avec des cutters et des couteaux était-elle suffisamment répétée pour ne pas avoir à chercher des faits qui auraient éventuellement nécessité d'autres explications ? Pourtant, lorsque Tom Burnett, passager du vol 93, appelle sa femme Deena, il lui indique qu'un des pirates possède une arme à feu. Elle appelle tout de suite le 911 et répète l'information, ainsi que l'enregistrement de sa conversation le confirme.[100] Les terroristes disposaient donc au moins d'un pistolet, pas seulement de couteaux

---

98. L'Attorney général aux États-Unis correspond à notre ministre de la Justice.
99. *Ashcroft drawn into row over September 11*, Julian Borger, *The Guardian*, 21 mai 2002.
100. *The Terror Timeline*, p. 409.

et de cutters. L'enquête du FBI aurait dû s'y intéresser. Il y aurait aussi eu une arme à feu à bord du vol 11.[101]

Une information troublante concernant John Ashcroft sort en mai 2002 : il aurait reçu du FBI une note d'alerte quelque temps auparavant le 11 Septembre et il est rapporté qu'il décide alors de ne plus prendre de vols commerciaux. Voici comment David Ray Griffin résume cette situation dans *11 Septembre, omissions et manipulations de la commission d'enquête* :

> Cette information a fortement retenu l'attention. « Il est évident que le FBI savait que quelque chose se préparait », se lamente le *San Francisco Chronicle*. « Le FBI a, à l'évidence, conseillé à Ashcroft de se tenir à l'écart des vols commerciaux. Nous, les citoyens ordinaires, il ne nous restait qu'à avoir de la chance. » Dan Rather, de CBS, interroge : « Pourquoi cet avertissement n'a-t-il pas été largement diffusé auprès du public ? »[102] Voilà une question à laquelle de nombreux Américains aimeraient avoir la réponse. Un journaliste de l'agence Associated Press raconte que lorsque la question fut posée à Ashcroft, il est sorti de son bureau pour éviter de répondre.[103]

> Finalement, l'on aurait sans doute découvert ce qu'Ashcroft avait à dire sur le sujet puisque, la Commission ayant le pouvoir de réquisition, elle aurait pu le forcer à répondre à ses questions. Le sujet est évidemment de toute première importance puisque des articles de presse comme celui du *Chronicle* ont avancé que le FBI avait à coup sûr plus de renseignements sur les attaques à venir qu'il ne l'a admis, notamment à propos des avions de ligne. Pourtant, si le lecteur se penche sur les vingt-six passages du rapport de la Commission sur le 11 Septembre qui concernent Ashcroft,[104] ils n'y trouveront rien sur ce point.[105]

---

101. *The Terror Timeline*, p. 510.
102. Associated Press, 16 mai 2002; *San Francisco Chronicle*, 3 juin 2002; *Washington Post*, 27 mai 2002.
103. Associated Press, 16 mai 2002.
104. Bien que l'un des Commissaires a effectivement interrogé Ashcroft sur ce sujet lors d'une session publique, cet échange fut évidemment l'un des points considérés comme insuffisamment importants pour être inclus dans le rapport final.
105. *11 Septembre, omissions et manipulations de la commission d'enquête*, David Ray Griffin, éd. Carnot, mars 2005, p. 62. Je fus l'éditeur de ce livre pour la version en langue française, traduit par Pierre-Henri Bunel.

Comment admettre que cette information cruciale pour comprendre l'enchaînement des événements et la chaîne des responsabilités est purement et simplement ignorée par ceux chargés de faire toute la vérité sur ce crime de masse ? Que savait le FBI à l'avance pour donner un tel conseil à l'Attorney general Ashcroft ? Ces questions n'auront jamais de réponse, car, faute d'enquête, il suffit d'affirmer que cet avertissement n'avait rien à voir avec Al-Qaïda et le détournement potentiel d'avions, comme le fait, par exemple, Mark Covallo, un porte-parole du département de la Justice au *Guardian*, le 16 mai 2002,[106] pour que le dossier soit définitivement classé. Dommage, car, ainsi que le fait remarquer le *Guardian*,

> M. Ashcroft arrêta de prendre des vols commerciaux en juillet, juste au moment où le « bruissement » des services de renseignement au sujet d'une possible frappe d'Al-Qaïda sur le sol des États-Unis devenait de plus en plus fort.[107]

Le journaliste du *Guardian* n'est pas dupe ; qui peut d'ailleurs l'être ? Surtout qu'au même moment, Ashcroft déclare

> dans un discours prononcé le 11 juillet lors d'un sommet national sur la préparation de la National Governors Association : « Notre première priorité est la prévention des attaques terroristes. »[108]

Vraiment ? Ce point est extrêmement grave, car Ashcroft semble s'appliquer à lui-même des mesures de protection en conséquence d'informations qu'il apprend du FBI dans le cadre de ses fonctions, mais que fait-il pour protéger le peuple américain, alors qu'il est ministre de la Justice ? N'est-ce pas la définition de la félonie ? Quelles instructions a-t-il donné au FBI pour lutter contre cette menace ? Quelles mesures a-t-il réellement mises en œuvre au titre de la « prévention » citée dans son discours ? Quelles ressources a-t-il déployées ? Quelles agences et administrations a-t-il alertées ? A-t-il prévenu du péril la Federal

---

106. *US asks : just what did Bush know*, Julian Borger, *The Guardian*, 17 mai 2002.
107. *Ashcroft drawn into row over September 11*, Julian Borger, *The Guardian*, 21 mai 2002.
108. *How Sept. 11 Changed Goals Of Justice Dept.*, Adam Clymer, *The New York Times*, 28 février 2002.

Aviation Administration (FAA) et les principales compagnies aériennes ? Ne serait-il pas temps de lui poser (enfin) ces questions ?

Willie Brown aussi, et combien d'autres ?

C'est d'autant plus incompréhensible que, apparemment, John Ashcroft n'est pas le seul à bénéficier d'une information du même genre. Ainsi, le *San Francisco Chronicle* des 12 et 14 septembre 2001[109] rapporte que Willie Brown, le maire de San Francisco, reçoit l'avertissement d'être prudent pendant son vol vers New York par le personnel de sécurité de l'aéroport huit heures avant les attaques.

Comme Willie Brown ne fut pas auditionné non plus par la Commission, il est impossible de savoir quelle est la teneur exacte de l'alerte qu'il reçut et quelle était la source originelle de cette alerte.

Il déclare toutefois par la suite qu'il ne s'agissait pas réellement d'une alerte, simplement d'être prudent, comme ils le lui recommandent régulièrement et que, de toute façon, il a pris son vol pour New York.

D'autres informations du même genre sont publiées : le magazine *Newsweek*, par exemple, informe que le 10 septembre,

> un groupe de hauts responsables du Pentagone a soudainement annulé ses plans de voyage pour le lendemain matin, apparemment pour des raisons de sécurité.[110]

C'est le type même de nouvelle qui n'a aucune consistance et ne sert à rien, à part jeter un trouble inutile et nourrir les théories du complot : qui sont ces « hauts responsables du Pentagone » et pourquoi « apparemment », si ce n'est pour avouer que c'est de la spéculation journalistique ? À moins qu'il s'agisse de jeter un écran de fumée pour protéger l'Attorney general Ashcroft de ce qui pourrait être considéré comme de la félonie ?

---

109. *11 Septembre – Omissions et manipulations de la Commission d'enquête*, p. 70.
110. *Bush: 'We're At War'*, Evan Thomas et Mark Hosenball, *Newsweek*, 2002.

Le procureur David Schippers

David Griffin rapporte que

> deux jours après le 11 Septembre, le procureur David Schippers déclare publiquement que, plus de six semaines avant le jour fatidique, les agents du FBI l'ont informé d'attaques à venir sur le « sud de Manhattan ». Les renseignements étaient très précis, déclare Schippers, avec la date, les objectifs et les sources de financement des terroristes. Il ajoute que les enquêteurs du FBI lui ont raconté que leurs recherches ont été interrompues sur ordre du siège, qui les a menacés de poursuites s'ils portaient leurs informations à la connaissance du public.[111]

Comment est-il possible que DES agents du FBI connaissent plusieurs semaines à l'avance l'essentiel des informations concernant le 11 Septembre, y compris le jour et les cibles, en tout cas suffisamment pour l'empêcher ? Comment est-il possible ensuite que le siège leur interdise d'en parler, donc d'agir ?! Et, de plus, en les menaçant de poursuites ? C'est absolument incompréhensible et grave comme accusation. Qui au siège a pu donner de tels ordres ? Et dans quel but ?

Avec de telles informations, comment conclure autrement que le FBI savait et que le siège – qui que ce soit, en attendant de connaître le nom des coupables – est complice du 11 Septembre, pas seulement par son silence et son inaction coupables, ou ce qui s'apparente à du sabotage contre les actions des autres divisions, ainsi que nous l'avons montré dans les pages précédentes ?

David Schippers précise également qu'il appelle John Ashcroft à partir du 15 juillet pour l'alerter, mais que ce dernier ne l'a jamais rappelé. Il ne peut être prétexté qu'il est un inconnu, puisqu'à partir d'avril 1998, il est Chief Investigative Counsel au US House Judiciary Committee lors de la procédure concernant le scandale sexuel du président Clinton et la demande d'*impeachment*. Ce rôle le projette sous les feux de la rampe. Seul un subordonné d'Ashcroft le rappelle, mais sans suite.

Ces déclarations publiques d'un procureur des États-Unis, qui, même si elles ne remettent pas totalement en cause la version gouvernementale du 11 Septembre, posent néanmoins de sérieuses questions sur l'im-

---

111. *11 Septembre – Omissions et manipulations de la Commission d'enquête*, p. 63.

plication de la hiérarchie du FBI. Sans surprise, la Commission n'a pas jugé utile d'interroger David Schippers. Son nom ne figure pas même dans le rapport final. Dommage, car son témoignage sous serment aurait manifestement contribué à établir des faits passés sous silence et à édifier l'opinion publique, et pas seulement américaine.

Trois agents et... quasiment tout le bureau !

Qui sont ces Fédéraux menacés de poursuites par « leur » FBI parce qu'ils en savent trop mais ne doivent pas avertir le public ? Malgré le comportement incompréhensible de leur hiérarchie, ces agents alertent un procureur, mais il n'a pas plus de succès qu'eux face au ministère de la Justice. Tandis qu'il est invité dans le *Alex Jones Show*, il déclare qu'une partie d'entre eux est prête à témoigner sur ce qu'ils savent, mais qu'ils souhaitent d'abord obtenir une protection légale du gouvernement.

Évidemment, il ne leur est accordé aucune protection de la sorte, donc ils demeurent inconnus. D'ailleurs, ainsi que le fait remarquer David Griffin,

> on aurait aussi pu penser que la Commission aurait à cœur d'identifier et d'interroger sous serment, éventuellement avec détecteur de mensonge, les agents du FBI qui ont contacté Schippers. D'autant plus que ses déclarations ont été confirmées dans le journal conservateur, *The New American*. D'après l'article, trois agents du FBI interrogés par l'auteur ont déclaré que « les renseignements fournis à Schippers étaient connus de tout le Bureau avant le 11 Septembre ». L'un d'entre eux aurait ajouté que certains enquêteurs du FBI, qui font partie des « types qui ont le plus de métier prédirent exactement ce qui allait se passer le 11 Septembre ». Cet agent aurait aussi raconté que « tout le Bureau savait que Washington ne tenait pas compte de ces avertissements ».

« Washington », bien sûr, cela signifie le QG du FBI où Thomas Pickard est directeur et Dale Watson chef du contre-terrorisme. Watson a déclaré à la Commission qu'il « avait eu la nette sensation que quelque chose allait se produire mais que le renseignement sur la menace était "nébuleux" » (p. 265). La Commission n'aurait-elle pas dû tenir à confronter Pickard et Watson à la déclaration loin d'être nébuleuse de ces enquêteurs du FBI ? Pourtant, lorsqu'on regarde tous les passages du rapport qui parlent de Pickard et Watson, on ne trouve trace ni de questions qu'on leur aurait posées au sujet desdits comptes-rendus, ni d'audition de ces enquêteurs du FBI.[112]

La conclusion de David Griffin est sans appel :

La commission Kean-Zelikow conclut que les terroristes sont parvenus à « mettre à profit les profondes failles institutionnelles internes à notre gouvernement » (p. 265). Cette conclusion inter-médiaire prépare aux recommandations de la conclusion générale du rapport dans laquelle la Commission préconise de profonds changements institutionnels. Mais elle ignore une évidence : les échecs sont imputables non à des failles institutionnelles mais aux actions – ou aux non-actions – de personnalités identifiées, John Ashcroft, Thomas Pickard et Dale Watson. »[113]

Il pourrait même y être ajouté le nom de Robert S. Mueller, nommé une semaine auparavant. Certes, que pouvait-il faire en un laps de temps aussi court ? Empêcher les attentats s'il avait disposé des mêmes informations que les agents de terrain, car quelques jours pouvaient s'avérer suffisants – peut-il être envisagé que l'information lui ait été remontée et qu'il n'ait rien fait pour protéger le peuple américain ?

Au final, la lecture de l'article de The New American[114] est édifiante, car il confirme que les informations détaillées communiquées à David Schippers étaient largement connues au sein du Bureau. En conséquence, il paraît incompréhensible que le 11 Septembre ait pu se produire.

Et si ces agents expérimentés acceptent de témoigner auprès du jour-naliste mais seulement de façon anonyme, c'est parce qu'ils risquent

---

112. *11 Septembre – Omissions et manipulations de la Commission d'enquête*, pp. 64-5.
113. *11 Septembre – Omissions et manipulations de la Commission d'enquête*, pp. 64-5.
114. *Did We Know What Was Coming?*, William Norman Grigg, *The New American*, 11 mars 2002.

des représailles graves sur le plan personnel et professionnel. On ne peut leur donner tort lorsque l'on constate le sort indigne d'une démocratie réservé aux lanceurs d'alerte comme John Kiriakou, ancien agent de la CIA qui osa révéler les pratiques de torture de son agence, et de tant d'autres hommes et femmes courageux, sans parler de Julian Assange.

De toute façon, il semble que les agents du FBI n'étaient pas les seuls à savoir ce qui allait se produire. Ainsi, *The Terror Timeline* (p. 65) recense deux exemples de jeunes qui alertent leur professeur la veille des événements :

> Un élève de cinquième année à Dallas, Texas, annonce incidemment à son professeur : « Demain, la troisième guerre mondiale commencera aux États-Unis, et ils perdront. » L'enseignant rapporte le commentaire au FBI, mais ne sait pas s'il y a été donné suite à ce moment-là. L'élève saute les deux jours d'école suivants. L'événement peut être une coïncidence, mais le journal qui rapporte l'histoire note également que deux organismes de bienfaisance situés dans une banlieue adjacente ont fait l'objet d'une enquête en raison d'activités présumées de collecte de fonds pour des organisations terroristes islamiques. (*Houston Chronicle*, 19/9/01). Le FBI enquête et décide qu'aucune suite n'est justifiée. (*Houston Chronicle*, 1/10/01).

> Un élève de sixième année d'ascendance moyen-orientale à Jersey City, New Jersey, dit quelque chose qui alarme son professeur à l'école primaire Martin Luther King Jr. « Essentiellement, il [l'avertit] de rester loin de Manhattan sud parce que quelque chose de mauvais [va] arriver », dit le sergent Edgar Martinez, directeur adjoint des services de police de Jersey City. (*Insight*, 9/10/02).

De notre côté, étant régulièrement présent à New York après les événements, nous avons entendu la rumeur que des cadres travaillant dans le World Trade Center, notamment dans des sociétés financières, avaient été prévenus la veille de ne pas venir travailler le mardi matin 11 septembre. Il est facile de comprendre pourquoi ils n'ont pas souhaité laisser de témoignage, si c'est vrai.

Quoi qu'il en soit, rappelons que le directeur du FBI Mueller continuait de répéter une année après la tragédie :

> À ce jour, nous n'avons trouvé personne aux États-Unis, à part les pirates de l'air, ayant connaissance du complot.[115]

Il ne fallait pourtant pas chercher bien loin : au sein de ses services ! Alors, comment peut-il oser une telle déclaration, tandis que des agents du FBI connaissent à l'avance la date, les cibles et la plupart des coupables, y compris leurs sources de financement ? Incompétence et/ou mensonge de sa part ? Au lecteur de choisir. En tout cas, il y a des questions à lui poser qui exigent des réponses.

---

115. *The New Pearl Harbor*, p. 69.

Le FBI dormait

« Tuez des Américains »

Le 23 février 1998, Oussama ben Laden et Ayman al-Zawahiri co-signent une fatwa au nom du World Islamic Front for Jihad Against Jews and Crusaders[116] :

> [...] Quant aux combats pour repousser [un ennemi], ils visent à défendre le sacré et la religion, et c'est un devoir comme convenu [par l'ouléma]. Rien n'est plus sacré que la croyance, sauf repousser un ennemi qui attaque la religion et la vie.
>
> Sur cette base, et conformément à l'ordre d'Allah, nous émettons la fatwa suivante à tous les musulmans :
>
> La décision de tuer les Américains et leurs alliés – civils et militaires – est un devoir individuel pour chaque musulman qui peut le faire dans n'importe quel pays où il est possible de le faire, afin de libérer la mosquée Al-Aqsa et la mosquée sainte [La Mecque] de leur emprise, et afin que leurs armées quittent toutes les terres de l'Islam, vaincues et incapables de menacer n'importe quel musulman. Ceci est en accord avec les paroles d'Allah Tout-Puissant, « et combattez les païens tous ensemble comme ils vous combattent tous ensemble », et « combattez-les jusqu'à ce qu'il n'y ait plus de tumulte ou d'oppression, et que la justice et la foi en Allah prévalent ».
>
> [...] Cela s'ajoute aux paroles d'Allah Tout-Puissant : « Et pourquoi ne pas combattre dans le sentier d'Allah et de ceux qui, étant faibles, sont maltraités ? Femmes et enfants, dont le cri est : « Notre Seigneur, sauve-nous de cette ville, dont les gens sont oppresseurs ; et dresse celui qui nous aidera ! »
>
> O. ben Laden le déclare aux journalistes présents : « Vous verrez les résultats dans très peu de temps. »

---

116. « Le Front islamique mondial pour le jihad contre les juifs et les croisés. »

Puis les deux hommes organisent un congrès d'Al-Qaïda le 24 juin 1998. Les « résultats » de leur fatwa étaient sur le point d'arriver.

Peut-on imaginer que le FBI, qui s'occupe de terrorisme et a déjà vécu l'attentat à la bombe contre le WTC de 1993 par des fanatiques entraînés dans les camps d'Al-Qaïda en Afghanistan, n'ait pas eu connaissance de ce message pourtant médiatisé ?

Sur la liste des dix personnes les plus recherchées
Le 7 août 1998, presque simultanément, des camions piégés explosent devant les ambassades des États-Unis des capitales est-africaines Dar es Salam, en Tanzanie, et à Nairobi, au Kenya. Respectivement 11 et 213 personnes sont tuées, avec l'estimation de quatre-vingt-cinq et quatre mille blessés.

Ces attaques portent définitivement Oussama ben Laden et Ayman Al-Zawahiri à l'attention du public américain. Selon Wikipedia, « ben Laden devient la 456e personne sur la liste du FBI des dix fugitifs les plus recherchés, lorsqu'il y est ajouté le 7 juin 1999 », après avoir été inculpé de meurtre, de conspiration et d'autres charges en relation avec les attentats contre les ambassades. Une récompense de cinq millions de dollars est alors placée sur sa tête (elle atteindra vingt-cinq millions après le 11 Septembre).

Affiche de juin 1999, mise à jour en novembre 2001, avec « une récompense jusqu'à vingt-cinq millions de dollars pour des informations conduisant directement à l'arrestation ou la condamnation d'Oussama ben Laden. Deux millions sont ajoutés à travers un programme développé et financé par la Airline Pilots Association et la Air Transport Association ».

Entre amis à Dubaï

À l'été 2001, Oussama ben Laden est donc le criminel « le plus recherché » des États-Unis. Nous apprenons également que

> le gouvernement américain aurait tenté de le tuer. Pourtant, en juillet, selon plusieurs sources d'information parmi les plus respectées d'Europe, ben Laden a passé deux semaines à l'hôpital américain de Dubaï (Émirats arabes unis).[117]

Par exemple, *Le Figaro* publie le 11 octobre 2001 un article d'Alexandra Richard intitulé *Ben Laden rencontre la CIA à Dubaï* [118] :

> Dubaï [...] a été le théâtre discret d'une rencontre secrète entre Oussama ben Laden et le représentant de la CIA sur place, en juillet. Un homme, partenaire professionnel de la direction administrative de l'hôpital américain de Dubaï, affirme que l'ennemi public numéro un a séjourné dans cet établissement hospitalier du 4 au 14 juillet [2001].
>
> En provenance de l'aéroport de Quetta au Pakistan, Oussama ben Laden a été transféré dès son arrivée à Dubaï Airport. Accompagné de son médecin personnel et fidèle lieutenant [...], de quatre gardes du corps, ainsi que d'un infirmier algérien, ben Laden a été admis à l'hôpital américain, un bâtiment de verre et de marbre situé entre Al-Garhoud Bridge et Al-Maktoum Bridge.
>
> [...] Le milliardaire saoudien a été admis dans le très réputé département d'urologie du docteur Terry Callaway, spécialiste des calculs rénaux et de l'infertilité masculine. Joint par téléphone à de multiples reprises, le docteur Callaway n'a pas souhaité répondre à nos questions.

---

117. Richard Labévière, *CIA Agent Allegedly Met Bin Laden in July*, Le Figaro, 31 octobre ; Anthony Sampson, *CIA Agent Alleged to Have Met bin Laden in July*, *Guardian*, 1er novembre ; Adam Sage, *Ailing bin Laden Treated for Kidney Disease, London Times*, 1er novembre ; Agence France-Presse, 1er novembre ; Radio France International, 1er novembre ; et Reuters, 10 novembre 2001 ; cités dans The Terror Timeline, July 4-14 et July 12, 2001, et dans Ahrned, 207-09 ; The New Pearl Harbor, p. 77.
118. *La CIA aurait rencontré ben Laden en juillet*, Alexandra Richard, Le Figaro, 11 octobre 2001.

[...] Durant son hospitalisation, Oussama ben Laden a reçu la visite de plusieurs membres de sa famille, de personnalités saoudiennes et émiraties. Au cours de ce même séjour, le représentant local de la CIA, que beaucoup de gens connaissent à Dubaï, a été vu empruntant l'ascenseur principal de l'hôpital pour se rendre dans la chambre d'Oussama ben Laden.

Quelques jours plus tard, l'homme de la CIA se vante devant quelques amis d'avoir rendu visite au milliardaire saoudien. De sources autorisées, l'agent de la CIA a été rappelé par sa centrale le 15 juillet, au lendemain du départ de ben Laden pour Quetta.

C'est, évidemment, à peine croyable. Pourtant :

« Cette histoire explosive, commente Thompson, a été largement rapportée en Europe, mais à peine aux États-Unis. »[119] Après sa publication en novembre, Chossudovsky déclare, citant le commentaire du secrétaire à la Défense Rumsfeld, selon lequel trouver ben Laden serait comme « chercher une aiguille dans une botte de foin » : « Les États-Unis auraient pu ordonner son arrestation et son extradition à Dubaï en juillet dernier. Mais alors ils n'auraient pas eu de prétexte pour déclencher la guerre. »[120]

Comment est-il possible que le représentant de la CIA rende visite à l'un des individus sur la liste du FBI des fugitifs les plus recherchés ? Comment est-il possible que le FBI ne sache pas que ben Laden est soigné dans cet hôpital américain par un spécialiste américain ? Pourquoi n'a-t-il pas été arrêté lors de cette occasion unique alors qu'il est inculpé de meurtre, de conspiration, etc. ? Peut-on réellement croire que c'est parce que son arrestation aurait privé le gouvernement des États-Unis du prétexte pour déclencher une nouvelle guerre, la « guerre contre la terreur » ?

Signalons toutefois que ben Laden nie son hospitalisation à Dubaï lors d'une interview le 7 novembre 2001 accordée à Hamid Mir, que ce

---

119. *The Timeline Terror*, July 4-14, 2001, dans *The New Pearl Harbor*, p. 77.
120. Cette déclaration (citée dans Ahmed, 209) dans *Introduction à l'article du Figaro de Labévière* par Michel Chossudovsky, se trouve sur le site du Centre for Research on Globalisation (www.globalresearch.ca/articles/RIC111B.htrnl), 2 novembre 2001.

dernier publie concomitamment dans le journal en ourdou qu'il a créé en 1997, le *Daily Ausaf*, et *Dawn*. Les propos de ben Laden sont étonnants et contredisent ce qu'il a déclaré fin septembre. Il suffit toutefois d'observer les photos publiées à cette occasion pour se rendre compte qu'il s'agit manifestement de montages photographiques grossiers (cf. ci-dessous), donc que cette interview n'a probablement jamais eu lieu et est une fraude.

Cette photo avec Oussama ben Laden et Ayman al Zawahiri censée avoir été prise par le journaliste Hamid Mir lors d'une interview exclusive le 7 novembre 2001 semble clairement truquée. Entre autres erreurs, les proportions des deux visages ne sont pas respectées et l'on voit le détourage par rapport au mur dès que l'on grossit la photo.

« Mort ou vif », vraiment ?

En fait, ce qui s'est passé à Dubaï, n'est, finalement, pas si étonnant, ainsi qu'en témoignent plusieurs autres faits et déclarations. Par exemple :

En mars 2001, la Mission permanente russe auprès des Nations Unies soumet secrètement au Conseil de sécurité de l'ONU

« un rapport détaillé sans précédent sur ben Laden et ses allées et venues, y compris la liste de toutes ses bases, ses contacts gouvernementaux et ses conseillers étrangers » – assez d'informations, disaient-ils, pour le tuer. Mais l'administration Bush ne fait rien. Alex Standish, le rédacteur en chef de *Jane's Intelligence Review*, conclut plus tard que les attaques du 11 Septembre ne sont pas un échec du renseignement, mais le résultat d'une « décision politique de ne pas agir contre ben Laden ».[121]

Il est toutefois possible d'avancer l'hypothèse que cette information arrive avant le 11 Septembre, donc que les États-Unis n'ont pas autant de raisons de « liquider » ben Laden. C'est oublier toutefois les attentats meurtriers contre le WTC, les ambassades est-africaines et l'USS *Cole*. De plus, les mêmes situations se reproduisent APRÈS le 11 Septembre. David R. Griffin le résume fort bien :

En plus de cette histoire [de l'hôpital de Dubaï] qui conduit à penser que le gouvernement américain ne tenait pas autant à capturer Oussama ben Laden avant le 11 Septembre qu'il ne le prétendait, d'autres sources laissent entendre que cette attitude a continué après les attentats. Même si le président s'est distingué en déclarant qu'il voulait l'ennemi public n° 1 « mort ou vif ». Comme je l'ai souligné dans *The New Pearl Harbour*, de grands médias, dont *Newsweek*, ont publié des articles annonçant que les militaires américains ont laissé s'enfuir Oussama ben Laden et ses forces d'Al-Qaïda à quatre reprises des montagnes de Tora Bora en Afghanistan. Le général Richard Myers a, en outre, déclaré que « le but n'a jamais été de capturer ben Laden ».[2] Une autorité américaine aurait averti que si, par chance, on le capturait, « cela entraînerait l'effondrement prématuré de l'entente internationale »[3]. Ces actes et déclarations ont conduit certains critiques à soupçonner les militaires américains d'avoir délibérément permis à Oussama ben Laden et aux troupes d'Al-Qaïda de s'enfuir pour que la poursuite de la chasse puisse servir de prétexte à la réalisation des desseins des États-Unis.

121. *Jane's Intelligence Review*, 5 octobre 2001, cité dans *The Terror Timeline*, 7 mars 2001, dans *The New Pearl Harbor*, p. 76.

Voici ce qu'écrit un journaliste du *Telegraph* : « A posteriori et en tenant compte des témoignages de dizaines de participants aux opérations, la bataille de Tora Bora a plutôt l'air d'une pantalonnade. »[4][122]

Cela nous éloigne toutefois de notre sujet centré sur le FBI. Ajoutons cependant que ben Laden donne une (longue) interview publiée le 28 septembre 2001, soit dix-sept jours après les attentats, au quotidien pakistanais *Ummat*, qui sera traduite en anglais et rendue publique par le BBC World Monitoring Service le 29 septembre 2001. Il y déclare :

> J'ai déjà dit que je ne suis pas impliqué dans les attentats du 11 Septembre aux États-Unis. En tant que musulman, je fais de mon mieux pour éviter de mentir. Je n'étais pas au courant de ces attaques et je ne considère pas non plus le meurtre de femmes, d'enfants et d'autres humains comme un acte appréciable. L'islam interdit strictement de faire du mal à des femmes, des enfants et d'autres personnes innocentes. Une telle pratique est interdite, même au cours d'une bataille. [...]
>
> Qui que ce soit qui a commis l'acte du 11 Septembre, il n'est pas l'ami du peuple américain. J'ai déjà dit que nous sommes contre le système américain, pas contre son peuple, alors que dans ces attaques, c'est le peuple américain de base qui a été tué. [...]. Les États-Unis devraient s'efforcer de traquer les auteurs de ces attentats en leur sein.[123]

Les autorités américaines prétendent que la raison de cette interview est que ben Laden prend peur, à cause du châtiment qui l'attend. La lecture de l'article ne donne pas cette impression, mais admettons cette interprétation du gouvernement des États-Unis. Cependant, le

---

122. *11 Septembre – Omissions et manipulations de la Commission d'enquête*, p. 74.
Notes :
2. Ministère de la Défense, 6 avril 2002, cité dans *The New Pearl Harbor*, p. 107.
3. *The Daily Mirror*, 16 novembre 2001.
4. *The Telegraph*, 23 février 2002.
123. Le lien original de l'interview traduite sur le site de la BBC semble avoir disparu, mais elle peut être lue à l'adresse suivante, grâce à Global Research : https://www.globalresearch.ca/interview-with-osama-bin-laden-denies-his-involvement-in-9-11/24697.

FBI n'est pas définitivement convaincu de la culpabilité de ben Laden pour le 11 Septembre : il est alors inscrit sur la liste des fugitifs les plus recherchés « seulement » pour les attentats précédents. Interrogé pourquoi, Rex Tomb, Chief of Investigative Publicity au FBI, répond :

> La raison pour laquelle le 11 Septembre n'est pas mentionné sur la page d'Oussama ben Laden des personnes les plus recherchées est que le FBI n'a pas de preuve tangible reliant ben Laden au 11 Septembre.[124]

Ils ne sont pas les seuls à le constater : rappelons que les « preuves » que ben Laden a commis le 11 Septembre proviennent de deux éléments :

1) la présentation publique le 4 octobre 2001 par le Premier ministre britannique, Tony Blair, d'un document énumérant « les conclusions claires auxquelles est parvenu le gouvernement », qui commence par

> « Ce document n'a pas pour but de fournir des preuves contre Oussama ben Laden devant un tribunal. » Cette faiblesse est soulignée le lendemain par la BBC, qui déclare : « Il n'y a pas de preuve directe dans le domaine public reliant Oussama ben Laden aux attentats du 11 Septembre. Au mieux, la preuve est circonstancielle. »[125]

2) Si le document lui-même précise qu'il ne contient pas de preuve, il n'y a rien à ajouter, passons à la seconde « preuve » : la cassette vidéo des « aveux » d'Oussama ben Laden trouvée en Afghanistan en novembre 2001 par des agents des services de renseignement américains et diffusée le 13 décembre suivant par le Pentagone. En résumé, elle soulève tellement de questions que des experts n'hésitent pas à conclure qu'il s'agit d'un faux. En tout cas, pas plus que le document de Tony Blair, elle ne réussit à convaincre le FBI d'ajouter le 11 Septembre aux actes reprochés à O. ben Laden.

124. Ed Haas, *FBI says, "No Hard Evidence Connecting Bin Laden to 9/11"*, Muckraker Report, 6 juin 2006, (http://www.teamliberty.net/id267.html).
125. *Was America Attacked by Muslims on 9/11?*, David Ray Griffin, OpEdNews, 9/9/2008.

La mort de ben Laden et le FBI

Selon la version gouvernementale, Oussama ben Laden est liquidé le 2 mai 2011 par le commando n° 6 des Navy SEALs à Abbottabad, au Pakistan. Tout le monde a vu ces images avec Barack Obama, Joe Biden, Hillary Clinton et leurs équipes suivant l'opération en direct sur un écran. Sauf que nous ne voyons pas ce qu'ils regardent exactement.

De nombreuses incohérences indiquent toutefois que cette opération est probablement un montage. Ainsi, un voisin de la villa à Abbottabad témoigne à la télévision pakistanaise comment elle s'est déroulée : un seul des trois hélicoptères s'est posé, il a explosé ensuite au décollage et tous les passagers sont morts, donc le corps de ben Laden n'a pu être jeté à la mer comme annoncé triomphalement.

Il aurait sans doute été nécessaire que le FBI enquête et interroge ce voisin, d'autant plus que d'autres témoins donnent une version de l'attaque des Navy SEALs contraire à celle de Barack Obama et d'Hillary Clinton.

Cependant, le FBI n'a-t-il pas procédé à cette enquête parce qu'il sait que ben Laden est mort presque dix ans plus tôt, en décembre 2001 ? Ben Laden mort trois mois après le 11 Septembre ?! Cela peut paraître incroyable par rapport à la narration officielle, mais un journal égyptien, *Al-Wafd*, publie un article le 26 décembre 2001 annonçant ses funérailles, qui ont eu lieu dix jours plus tôt à Tora Bora.[126] Parue également dans le *Pakistan Observer*, l'information provient d'un responsable taliban, s'exprimant sous le couvert de l'anonymat, qui affirme y avoir assisté et vu le visage du chef d'Al-Qaïda avant qu'il soit enterré. Il est décédé d'une complication pulmonaire à la suite de ses problèmes rénaux.

Divers médias américains reprennent l'information, mais les autorités n'en tiennent pas compte. Néanmoins, à la surprise quasi générale, un haut responsable du FBI s'exprime sur le sujet en juillet 2002 :

> Le chef de la lutte contre le terrorisme du Federal Bureau of Investigation des États-Unis, Dale Watson, affirme qu'il pense qu'Oussama ben Laden est « probablement » mort.

---

126. Lire, par exemple, l'article *Osama's Funeral Reported in December 2001*, Global Research, 10 mai 2011.

On pense que c'est la première fois qu'un haut responsable des forces de l'ordre américaines donne publiquement son opinion sur la question de savoir si Ben Laden, le principal suspect soupçonné d'être derrière les attentats du 11 Septembre, est mort ou vivant.

« Ben Laden est-il vivant ou mort ? » M. Watson a dit : « Je ne suis pas vraiment sûr de la réponse... Personnellement, je pense qu'il n'est probablement plus parmi nous, mais je n'ai aucune preuve à l'appui. »

Ces remarques, faites lors d'une conférence des forces de l'ordre à Washington mercredi, font suite aux récentes déclarations d'un rédacteur en chef d'un journal arabe et du chef des renseignements allemands pour l'étranger selon lesquelles Ben Laden est toujours vivant.[127]

Le patron de l'antiterrorisme du FBI déclare donc en juillet 2002 que ben Laden est « probablement » mort. Une telle déclaration publique n'est évidemment pas neutre dans le contexte de l'époque, mais n'infléchit évidemment pas la stratégie et la guerre menée par les États-Unis en Afghanistan. Pourtant,

> les services britanniques ont attesté avoir surveillé son enterrement.[128]

Signalons qu'en janvier 2002, le président du Pakistan, le général Pervez Musharraf, déclare également que ben Laden est mort, suivi, en octobre, par le renseignement israélien. La CIA ferme même fin 2005 l'unité ayant pour mission de traquer Oussama ben Laden et ses principaux lieutenants, mais « les efforts pour trouver Oussama ben Laden sont plus forts que jamais », déclare Jennifer Millerwise Dyck, porte-parole de la CIA. Bien sûr, qui pouvait en douter ?[129]

---

127. *Bin Laden 'probably' dead*, BBC News World Edition, 18/07/2002.
128. *Une commission d'enquête sur la mort des soldats qui auraient tué Ben Laden*, Réseau Voltaire, 27 juillet 2013.
129. *Closes Unit Focused on Capture of bin Laden*, Mark Mazzetti, *The New York Times*, 4 juillet 2006.

D'autres annonces de la mort de ben Laden continuent en 2002, mais, pour l'administration Obama, donc les États-Unis, il est mort seulement le 2 mai 2011, près de dix ans après sa « première » mort. Le FBI n'a pas enquêté sur son « deuxième » décès.

Ben Laden porte malheur

Sous le titre *28 novembre 2001 : Ben Laden se serait échappé de Tora Bora par hélicoptère*, *The Terror Timeline* rapporte l'histoire suivante :

> Un soldat des forces spéciales américaines stationné à Fayetteville, en Caroline du Nord, affirme plus tard (anonymement) que les États-Unis ont coincé Ben Laden dans une grotte de Tora Bora ce jour-là, mais rien n'a été fait. Des soldats des forces spéciales seraient restés assis en attendant les ordres et en regardant deux hélicoptères arriver dans la zone où l'on pense que Ben Laden se trouvait, charger des passagers et repartir vers le Pakistan. Aucun autre soldat n'est venu corroborer l'histoire, mais il est admis généralement que ben Laden se trouvait dans la région de Tora Bora à l'époque. (*Fayetteville Observer*, 2/8/02).
>
> D'autres rapports indiquent que Ben Laden aurait peut-être quitté la région de Tora Bora à ce moment-là. *Newsweek* indique que de nombreux habitants « affirment que de mystérieux hélicoptères noirs sont arrivés, survolant les montagnes à basse altitude la nuit, et ont emmené les dirigeants d'Al-Qaïda ». (*Newsweek*, 11/8/02).
>
> Peut-être par coïncidence, le jour-même où cette histoire est rapportée, des mois après les faits, les médias font également état d'une vague récente de décès étranges à la même base militaire de Fayetteville. Depuis juin 2002, cinq soldats et leurs épouses sont morts dans d'apparents meurtres-suicides. Au moins trois d'entre eux étaient des soldats des Forces spéciales récemment rentrés d'Afghanistan. (*Independent*, 2/8/02).[130]

Ces soldats des Forces spéciales de Fayetteville, ont-ils vu ben Laden sauvé de sa grotte de Tora Bora par des hélicoptères, puis se sont-ils « suicidés » à leur retour, avec leurs épouses ? Qu'en pense le FBI ?

---

130. *The Terror Timeline*, p. 478.

Ben Laden porte malheur, n° 2

Si l'on s'en tient à la version gouvernementale, c'est donc le commando n° 6 des Navy SEALs qui tue Oussama ben Laden le 2 mai 2011. En Afghanistan, le 6 août suivant, une roquette des Taliban détruit en vol un hélicoptère de l'armée américaine, tuant trente-huit militaires, dont quinze membres de l'équipe des Navy SEALs n° 6 ayant participé à l'opération ben Laden trois mois plus tôt. Ils ne pourront donc jamais témoigner sur ce qui s'est réellement passé à Abbottabad.

Des noms de domaine annonciateurs

Cette partie, plus légère que ce qui précède, soulève de nouvelles questions sur le rôle que joue le FBI avant et après le 11 Septembre. En effet, huit jours plus tard, le 19 septembre 2001, un article de Jeff Johnson intitulé *Internet Domain Names May Have Warned of Attacks* commence ainsi :

> Les terroristes qui ont planifié et exécuté l'attaque du 11 Septembre sur l'Amérique ont peut-être enregistré au minimum vingt noms de domaine internet, ou adresses web, dont les experts considèrent qu'elles auraient dû alerter les autorités d'un possible assaut sur le World Trade Center à New York.[131]

Une liste de dix-sept noms est publiée dans cet article et dans le suivant qui le complète le lendemain[132] :

---

131. *Internet Domain Names May Have Warned of Attack,* Jeff Johnson, CNSNews. com, Congressional Bureau Chief, 19 septembre 2001.
132. *Investigators Can Access Internet Domain Data,* Jeff Johnson, CNSNews.com Congressional Bureau Chief, 19 septembre 2001. Tous les extraits cités dans ce paragraphe et le suivant proviennent de l'un des deux articles de Jeff Johnson.

attackamerica.com	terrorattack2001.com
attackonamerica.com	towerofhorror.com
attackontwintowers.com	tradetowerstrike.com
august11horror.com	worldtradecenter929.com
august11terror.com	worldtradecenterbombs.com
horrorinamerica.com	worldtradetowerattack.com
horrorinnewyork.com	worldtradetowerstrike.com
nycterroriststrike.com	wterroristattack2001.com
pearlharborinmanhattan.com	

Des adresses comme attackonamerica.com, attackontwintowers.com, terrorattack2001.com ou worldtradecenterbombs.com sont, rétrospectivement, lourdes de sens. D'ailleurs, Neil Livingstone, directeur de Global Options LLC, une société de Washington spécialisée dans l'investigation et la lutte contre le terrorisme, n'hésite pas à déclarer :

> Il est incroyable que des compagnies puissent procéder à l'enregistrement de tels noms de domaine, probablement sans qu'il en soit référé au FBI.

Cette affirmation nous paraît peut-être exagérée compte tenu du nombre de noms de domaines enregistrés, soit plus de 330 millions aujourd'hui rien qu'avec les principaux (les *top-level domains*, TLD), c'est-à-dire les .com, .net, .org, etc.[133] Évidemment, ce chiffre est nettement inférieur en 2000, date à laquelle ces dix-sept noms semblent avoir été achetés. Comme les données de Verisign ne remontent pas au-delà de 2010, nous avons comparé le nombre de sites internet entre 1999 et 2000 : il passe de 3 177 453 à 17 087 182, soit une augmentation de 438 %.[134] Si le nombre de domaines enregistrés a suivi la même évolution sur la période, il nous paraît difficile de tout contrôler manuellement. Il aurait alors fallu un impensable concours de circonstances pour être alerté sur cette vingtaine de noms de domaine ambigus noyés dans la masse. Neil Livingstone ajoute ensuite :

---

133. Source : Verisign, *The Verisign Domain Name Industry Brief, Q1 2018.*
134. Source : Total number of Websites, internetlivestats.com.

S'ils en ont référé au FBI, il est incroyable que ce dernier n'ait pas réagi.

Effectivement,

une porte-parole du service de presse du FBI se contente de répondre que l'agence ne commente pas l'enquête sur les attaques.

Nous ne savons pas si le FBI enquêta sur qui étaient les mystérieux acquéreurs de ces noms de domaine.

S'il ne l'a pas fait, c'est incroyable. S'il l'a fait, pourquoi ne pas avoir publié les résultats ? Même s'ils n'ont mené à aucune piste, cela aurait permis de clore ce chapitre. Dans le cas contraire, cette recherche a logiquement livré des indications précieuses, dont les noms et les coordonnées de ces étranges acheteurs, y compris celles des cartes bancaires utilisées pour payer le service. D'autres informations intéressantes ont pu être relevées, d'autant plus que quatre noms de domaine de la liste sont de nouveau enregistrés après le 11 Septembre, ainsi que le signale Jeff Johnson : attackamerica.com, attackonamerica. com, attackontwintowers.com et worldtradecenterbombs.com.

Nous l'avons vérifié, l'un d'eux est toujours enregistré, bien qu'il ne semble pas actif. En tout cas, il n'apparaît pas de site web pour ce nom. Quant à deux autres noms de domaine de la liste initiale, ils sont en vente :

Espérons qu'ils ne soient jamais achetés.

Le FBI fait taire

L'affaire Odigo, un message vital

Dans *L'Effroyable Imposture* (p. 36), Thierry Meyssan souligne que le bilan des victimes à New York est nettement inférieur à ce qu'il aurait dû être, ce qui l'amène à penser que

> malgré les apparences, les attentats ne visaient pas à provoquer des pertes humaines à échelle maximale. Au contraire, il a fallu une intervention préalable pour que de nombreuses personnes, au moins celles travaillant dans les étages supérieurs, soient absentes de leurs bureaux à l'heure dite.

Ce constat renvoie à un article publié le 26 septembre 2001 par *Haaretz*, l'un des grands quotidiens israéliens :

> Odigo, le service de messagerie instantanée, affirme que deux de ses employés ont reçu des messages deux heures avant l'attaque du 11 Septembre contre les Tours jumelles, prédisant qu'elle aurait lieu. La société coopère avec les forces de l'ordre israéliennes et américaines, dont le FBI, afin de trouver l'expéditeur original du message qui prédisait l'attaque.[135]

Basée à Herzliyya et à New York, à deux blocs du WTC, Odigo est alors l'une des plus grandes sociétés de messagerie instantanée. L'information concernant cette alerte est reprise et complétée deux jours plus tard par le *Washington Post*, qui ajoute :

> Citant une enquête en cours des forces de l'ordre, la société a refusé de révéler le contenu exact du message ou d'identifier l'expéditeur.[136]

---

135. *Odigo Says Workers Were Warned of Attack*, Yuval Dror, *Haaretz*, 26.09.2001.
136. *Instant Messages to Israel Warned of WTC Attack*, The Washington Post, 28 septembre 2001.

En effet, le FBI demande à Odigo de ne plus s'exprimer sur le sujet. La société communique au FBI l'adresse internet de l'expéditeur du message, afin qu'il soit identifié.[137] À notre connaissance, aucun détail ne sera plus jamais communiqué par la suite, ce qui n'est plus une surprise avec le FBI dès que cela peut remettre en cause la version gouvernementale. Il serait, pourtant, précieux de connaître la nature du texte envoyé et son expéditeur, d'autant plus que, ainsi que le remarque Andreas von Bülow :

> si ce qui précède est vrai, l'avion destiné au détournement n'aurait même pas été en vol au moment où le message a été reçu ![138]

Dommage qu'aucune information n'ait été communiquée sur l'alerte reçue, car, comme le fait remarquer Thierry Meyssan, cela aurait aussi permis de connaître

> les mesures prises pour limiter le nombre de personnes dans les tours. [...] Des mises en garde de toutes sortes ont pu être adressées à des occupants de la Tour Nord, même si tous ne les ont probablement pas prises au sérieux de la même manière.[139]

Cependant, il est déclaré, juste après l'intervention du FBI dans ce dossier, que le message ne faisait pas explicitement référence au WTC. Devons-nous le croire ? Pourtant, il a probablement sauvé des vies. Sans surprise, la Commission n'en fait pas état non plus dans son rapport. Effectivement, la confirmation du message et de son expéditeur aurait sans doute été trop dangereuse, car elle constitue probablement une preuve supplémentaire que des personnes savaient exactement ce qui allait se produire, donc que la version gouvernementale des événements est mensongère. Quant à la déclaration répétée du directeur du FBI, Robert Mueller, que personne d'autre que les terroristes n'était au courant à l'avance des attentats, elle continue de paraître de plus en plus dénuée de toute vérité.

Odigo est rachetée l'année suivante, en 2002, pour un montant estimé

137. *The Terror Timeline*, p. 308.
138. *Die CIA und der 11. September*, Andreas von Bülow, Piper Verlag, 2003, p. 129.
139. *L'Effroyable Imposture*, pp. 37 et 95.

à environ vingt millions de dollars par Comverse Technology, qui ferme ce service gratuit de messagerie en 2004. Le dossier Odigo est donc clos, il ne demeure maintenant que dans les archives du FBI.

Une liste de pirates imaginaire ?

Commençons cette partie essentielle sur l'identification de ceux qui ont officiellement perpétré le 11 Septembre avec l'introduction de Jay Kolar dans son étude *What We Know About the Alleged 9/11 Hijackers* :

> Le directeur du FBI, M. Mueller, a admis que son dossier contre dix-neuf pirates de l'air nommés par le FBI ne tiendrait jamais devant une cour de justice.[140] Malgré ses aveux, le FBI a refusé de modifier sa liste. Un mois seulement après que le FBI eut commencé à enquêter sur les présumés pirates de l'air, le président Bush lui-même annula l'enquête sous prétexte qu'il fallait de la main-d'œuvre pour combattre la menace de l'anthrax. Une fois cette menace dissipée, l'enquête sur les détournements d'avion fut elle-même détournée : le FBI n'est jamais revenu pour l'achever. Et le FBI n'a jamais publié les manifestes de vol originaux des compagnies aériennes après les avoir rapidement confisqués.[141]

Nous reviendrons sur cette affaire de l'anthrax dans le chapitre suivant, car elle fut décisive dans l'opération 11 Septembre, autant que les quatre avions et leurs pirates musulmans. Sur cette question majeure, plusieurs auteurs, dont Thierry Meyssan et David Griffin, soulignent que les listes des passagers publiées initialement par les compagnies aériennes ne contiennent aucun nom arabe :

> Un autre problème dans le compte rendu officiel est que, bien qu'on nous dise que quatre ou cinq des présumés pirates de l'air se trouvaient sur chacun des quatre vols, aucune preuve de cette affirmation n'a été fournie. L'histoire, bien sûr, c'est qu'ils n'ont

---

140. Nous ne savons pas dans quelle circonstance a eu lieu cette déclaration et ses termes précis, néanmoins, ainsi que nous allons le constater dans ce chapitre, elle est exacte sur le fond.

141. *What We Know About the Alleged 9/11 Hijackers*, Jay Kolar, Emerald Group Publishing, 2006.

pas forcé l'accès aux avions, mais qu'ils étaient des passagers réguliers, munis d'un billet. Si c'est le cas, leurs noms devraient figurer sur les manifestes de vol. Mais ceux qui ont été publiés ne contiennent ni les noms des pirates de l'air présumés ni d'autres noms arabes.[(29)142]

La note 29 renvoie aux liens publiés par CNN avec la liste pour chaque vol. Comme ils ne sont plus actifs, nous n'avons pas pu les consulter. Il est toutefois important de signaler qu'au moins deux professionnels, à savoir Ed Freni, directeur des opérations aériennes à l'aéroport Logan de Boston, et Robert C. Bonner, directeur des Douanes et de la protection des frontières, ont déclaré qu'ils avaient reçu les listes des passagers dans la matinée des événements et qu'elles comportaient bien les noms des terroristes. Th. Meyssan remarque néanmoins :

> Si l'on se réfère aux listes des victimes publiées par les compagnies aériennes le 13 septembre, on est surpris de ne pas y voir figurer les noms des pirates de l'air. Tout se passe comme si les criminels avaient été retirés pour ne garder que les « victimes innocentes » et les personnels d'équipage.[143]

C'est effectivement l'explication qui sera donnée par la suite : ce ne sont pas les listes des passagers qui ont été publiées, mais celles des victimes civiles. Cela pose déjà une question de méthodologie : comment sait-on qui est terroriste et qui ne l'est pas en moins de deux jours, alors qu'il n'y a aucune revendication formelle de quiconque ? Uniquement par la consonance du nom ? Thierry Meyssan poursuit sa démonstration :

> Si l'on se réfère aux communiqués des compagnies aériennes du 11 septembre [diffusés par l'agence Associated Press], on note que le vol 11 transportait quatre-vingt-un passagers, le vol 175 cinquante-six passagers, le vol 77 transportait cinquante-huit passagers, et le vol 93 trente-huit passagers.

---

142. *9/11: The Myth and the Reality*, David Ray Griffin, conférence du 30 mars 2006, http://911truth.org.
143. *L'Effroyable Imposture*, pp. 58-59.

Les chiffres publiés donnent le tableau suivant :

	Nombre de passagers		
	Au 11/09	Au 13/09	
AA11	78	81	Tour Nord
UA175	46	56	Tour Sud
AA77	51	58	Pentagone
UA93	36	38	Pennsylvanie

Note : Selon la page Wikipedia qui lui est consacrée, le vol 93 d'United Airlines transportait finalement trente-sept passagers, un de moins que dans le tableau.

La comparaison des deux colonnes permet à Thierry Meyssan de conclure ainsi :

> Il était donc matériellement impossible que le vol 11 ait transporté plus de trois terroristes et le vol 93 plus de deux [« plus d'un », après correction avec la page Wikipedia]. L'absence des noms des pirates de l'air sur les listes des passagers ne signifie donc pas qu'on les en a retirés pour faire « politiquement correct », mais tout simplement qu'ils ne se trouvaient pas parmi eux. Adieu, l'identification d'Atta par un steward grâce à son numéro de siège, 8D.

* * *

> En résumé, le FBI a inventé une liste de pirates de l'air à partir de laquelle un portrait-robot des ennemis de l'Occident a été dressé. Nous sommes priés de croire que ces pirates étaient des islamistes arabes et qu'ils agissaient en kamikazes. Exit la piste intérieure états-unienne. En réalité, nous ne savons rien, ni de l'identité des « terroristes », ni de leur mode opératoire. Toutes les hypothèses restent ouvertes. Comme dans toutes les affaires criminelles, la première question à se poser est « À qui profite le crime ? »

Quelques semaines après la parution en mars 2002 de *L'Effroyable Imposture*,

> Le *New Yorker* rapporte qu'un haut fonctionnaire du FBI reconnaît qu'il n'y a eu « aucune percée » dans l'établissement de la façon dont les équipes-suicide du 11 septembre 2001 étaient organisées et comment elles fonctionnaient. De plus, aucune des milliers de pages de documents et de disques durs informatiques saisis en Afghanistan n'a permis aux enquêteurs de mieux comprendre comment l'attaque s'est produite, ni même d'inculper un conspirateur. (*New Yorker*, 27/5/02).[144]

Le constat est-il différent dix-huit ans plus tard ? Malheureusement, il n'est plus possible de consulter les listes de passagers initialement publiées, donc de vérifier si les terroristes étaient réellement inscrits dessus, ce qu'affirment des responsables à l'époque. Nous n'analyserons pas non plus le fait qu'une partie des pirates morts dans les quatre attaques étaient… bien vivants dans leur pays. Cela pose d'ailleurs des questions sur les méthodes du FBI, et ce n'est pas le seul point qui interpelle :

> Le 11 septembre, le FBI demande aux compagnies aériennes de ne pas communiquer avec la presse. Pourtant, leur témoignage permettrait d'élucider l'absence de remplissage des avions aussi bien que l'absence des pirates de l'air sur les listes de passagers.[145]

L'interdiction ne se limite pas aux compagnies :

> Le FBI ordonne même aux autorités aériennes civiles de ne pas communiquer d'information concernant cet avion [AA77]. « Hier soir encore, les informations concernant les passagers du vol 77, son heure de décollage et ce qui s'était produit à bord étaient jalousement tenus secrets par la compagnie aérienne, les autorités aéroportuaires et les officiels de la sécurité, explique

144. *The Terror Timeline*, p. 512.
145. *L'Effroyable Imposture*, p. 95.

le *Washington Post*. Tous donnaient comme raison le fait que le FBI leur avait demandé de ne communiquer aucun détail au public. »[146]

Pourquoi empêcher les compagnies et autorités aériennes de répondre aux médias si tout est clair et qu'il n'y aucun doute sur les listes des passagers ? Or, même sur ce point où il ne devrait y avoir aucune ambiguïté, apparaissent pourtant des zones d'ombre qu'il est difficile de comprendre – lire à ce sujet l'étonnante étude comparative de Gerard Holmgren pour le vol AA11, intitulée *Media published fake passenger lists for American Airlines Flight 11*.[147] Il constate en introduction :

> Tout crime de cette ampleur fait – ou devrait faire – l'objet d'un examen rigoureux par les autorités chargées des enquêtes et de l'application de la loi, comme le FBI. Dans tout crime impliquant l'utilisation illégale d'un avion, il est évident que l'une des premières mesures prises par ces autorités est de découvrir qui se trouvait à bord.
>
> Ce n'est pas une chose difficile à faire : les compagnies aériennes conservent des dossiers bien organisés sur tous les passagers d'un vol donné. L'identité apparente de toute personne à bord de ce vol – qu'elle ait utilisé une pièce d'identité vraie ou fausse – devrait être immédiatement disponible pour les autorités.
>
> À moins que les autorités ne décident que la divulgation de ces informations risque de compromettre l'enquête, elles devraient également être facilement accessibles aux médias. Il devrait s'agir d'un simple échange de télécopies ou de courriels entre les médias et la compagnie aérienne concernée ou l'une des autorités compétentes auxquelles la compagnie aérienne a communiqué l'information. Ou peut-être des copies imprimées distribuées lors d'une conférence de presse.

Ce n'est pourtant pas ce qui s'est passé, et l'histoire de ces listes est truffée d'incohérences et d'anomalies. Elles n'ont évidemment pas

---

146. *On Flight 77: Our Plane Is Being Hijacked*, *Washington Post*, 12 septembre 2001, dans *Le Pentagate*, p. 92.
147. *Media published fake passenger lists for American Airlines Flight 11*, Gerard Holmgren, 16 mai 2004, http://portland.indymedia.org/en/2004/05/288505.shtml.

échappé à David Griffin, qui écrit dans son article *Was America Attacked by Muslims on 9/11?* à la question 8. *Le nom des pirates étaient-ils sur les listes des passagers*[148] :

> Si les présumés pirates de l'air avaient acheté des billets et étaient montés à bord, leurs noms auraient été inscrits sur les manifestes de ces vols. Et on nous dit que oui. Selon le coordonnateur de la lutte contre le terrorisme Richard Clarke, le FBI lui indique vers 10 h ce matin-là avoir reconnu les noms de certains agents d'Al-Qaïda sur les manifestes de passagers qu'il a reçus des compagnies aériennes.[77] Quant à la façon dont le FBI a lui-même obtenu sa liste, Robert Bonner, le chef des Douanes et de la protection des frontières, déclare à la Commission en 2004 :
>
> « Le matin du 11 septembre 2001, grâce à une évaluation des données relatives aux manifestes des passagers des quatre avions détournés par des terroristes, le Service de renseignement des douanes a été en mesure d'identifier les pirates de l'air probables. Dans les quarante-cinq minutes qui ont suivi les attentats, les douanes ont transmis les listes de passagers avec les noms des victimes et de dix-neuf pirates de l'air probables au FBI et à la communauté du renseignement[78]. »[149]

Cette déclaration paraît contredite en partie par Richard Clarke dans son livre *Against All Enemies: Inside America's War on Terror* (pp. 13-14), qui est informé en privé par Dale Watson, le chef de la Division antiterroriste du FBI :

> « Nous avons reçu les manifestes des passagers par les compagnies aériennes. Nous reconnaissons certains noms, Dick. C'est Al-Qaïda. » Clarke : « *Fuck*, comment ont-ils pu monter à bord ?! »

---

148. *Was America Attacked by Muslims on 9/11?*, David Ray Griffin, 9 septembre 2008, https://www.opednews.com/articles/Was-America-Attacked-by-Mu-by-David-Ray-Griffin-080909-536.html
149. Notes 77 et 78 de l'article :
77. Richard A. Clarke, *Against All Enemies: Inside America?s War on Terror* (New York: Free Press, 2004), 13.
78. "Statement of Robert C. Bonner to the National Commission on Terrorist Attacks upon the United States," 26 janvier 2004 (http://www.9-11commission.gov/hearings/hearing7/witness_bonner.htm).

Watson : « Hé, l'ami, ne tire pas sur le messager. La CIA a oublié de nous en parler. »[150]

Le FBI a donc reçu les manifestes directement par les compagnies aériennes, ce qui semble d'ailleurs la démarche la plus évidente. La déclaration de Robert Bonner est néanmoins problématique, d'autant plus qu'il la confirme deux semaines plus tard :

> Et en regardant les noms arabes et l'emplacement des sièges, les achats de billets et d'autres informations sur les passagers, il n'a pas fallu beaucoup de temps pour faire une analyse rudimentaire des liens. Les agents des douanes ont été en mesure d'identifier dix-neuf pirates de l'air probables en quarante-cinq minutes. J'ai vu la feuille à 11 h. Et cette analyse a correctement identifié les terroristes. (*New York Observer*, 15/2/2004).[151]

C'est étrange, car la liste initiale du FBI ne comporte que dix-huit noms et plusieurs doivent être changés au fur et à mesure des jours, notamment parce qu'au moins cinq « terroristes » sont en vie dans leur pays. Donc comment les Douanes peuvent-elles établir la liste précise en moins d'une heure (!) tandis que le FBI ne le peut pas, y compris à partir de la source d'information primaire et essentielle que constituent les deux compagnies aériennes ? Robert Bonner a-t-il menti, afin de tenter de valider postérieurement la théorie gouvernementale du complot ? Ainsi, David Griffin, qui détaille dans son article un nombre significatif d'incohérences au sujet des listes publiées, arrive à la conclusion suivante :

> En résumé, les manifestes des passagers ne fournissent aucune preuve crédible que des agents d'Al-Qaïda se trouvaient sur les vols.

Au passage, il fait remarquer :

---

150. HistoryCommons.org.
151. HistoryCommons.org.

Ces remplacements sur la liste initiale minent également l'affirmation selon laquelle Amy Sweeney, en donnant les numéros de siège de trois des pirates de l'air à Michael Woodward d'American Airlines, lui a permis d'identifier Atta et deux autres [vol AA11]. Cette deuxième affirmation est impossible parce que les deux autres étaient Abdul al-Omari et Satam al-Suqam[82] et remplaçaient deux hommes figurant sur la liste originale, qui, comme Adnan Bukhari, ont été retrouvés vivants après le 11 Septembre.[83] Woodward n'a pu identifier des hommes qui n'ont été ajoutés à la liste que quelques jours plus tard.[84]

Pour toutes ces raisons, l'allégation selon laquelle les noms des dix-neuf pirates de l'air présumés figuraient sur les manifestes des passagers des compagnies aériennes doit être considérée comme fausse.[152]

Des listes incluant les noms des terroristes seront publiées ultérieurement et parfois présentées comme les manifestes authentiques. C'est impossible, car, par exemple, pour le vol 77 est inscrit le nom d'Hani Hanjour, qui ne sera ajouté qu'ensuite par le FBI, ce qui n'a pas échappé au *Washington Post*, cité par David Griffin.[153] Ces documents « originaux » seront pourtant utilisés par le FBI dans le procès Moussaoui :

Ce qui est frappant dans les rapports officiels, c'est qu'il a fallu plusieurs jours pour confirmer le nombre total de pirates de l'air. Il n'y a pas d'explication à l'inscription d'un dénommé « Mosear Caned » sur la liste des pirates de l'air et à son remplacement par Hani Hanjour. L'explication de l'absence de Hanjour de la

152. Notes 82 à 84 de l'article :
82. Gail Sheehy, "Stewardess ID'd Hijackers Early, Transcripts Show," *New York Observer*, 15 février 2004 (http://www.observer.com/node/48805).
83. Satam al-Suqami a remplacé un homme nommé Amer Kamfar, et Abdulaziz al-Omari a remplacé un homme portant un nom similaire, Abdulrahman al-Omari ; voir Kolar, *What We Now Know*, 12-15.
84. Un autre problème lié à l'affirmation selon laquelle Woodward aurait identifié ces trois hommes est que les numéros de sièges utilisés pour identifier Atta et al-Omari (voir Gail Sheehy, *Steward ID'd Hijackers Early*) ne correspondaient pas aux numéros des sièges attribués à ces deux hommes (9/11CR 2).
153. *Was America Attacked by Muslims on 9/11?*. Note 91 : *Four Planes, Four Coordinated Teams*, *Washington Post*, 16 septembre 2001.

liste initiale des suspects était que Hanjour « n'était pas sur le manifeste du vol ».[42] Cela ne peut cependant pas être le cas, car le nom de Hanjour apparaît sur les manifestes de vol fournis dans le procès Moussaoui. Il s'agit là d'une contradiction évidente qui doit être expliquée.[154]

C'est sûr, nous pouvons compter sur le FBI pour obtenir cette explication !

Ce qui ajoute à la confusion est que certains passagers ne figurent pas non plus sur les premières listes, par exemple Mark Bingham sur le vol 93.[155] Nous avons également comparé les listes des passagers publiées par divers médias tels que *USA Today*, le *Boston Globe*, le *Guardian* ou même le site neverforget911.org. Nous constatons, par exemple, que pour le vol AA11, il y a des différences sur les passagers qui se trouvent à bord. Pourquoi le FBI laisse-t-il prospérer une telle confusion ? Il s'agit pourtant de victimes et de leurs proches. Il ne peut être allégué des raisons de confidentialité ou de vie privée puisque les noms sont rapidement publiés.

Ce qui est aussi troublant est la déclaration répétée de Robert Bonner que le Service de renseignement des Douanes avait correctement identifié les dix-neuf pirates de l'air en quarante-cinq minutes. Et pas le FBI ? Bien qu'ils aient reçu la liste des Douanes ? Toute la lumière reste encore à faire sur cette question fondamentale des listes, et, finalement, de savoir qui était à bord de ces quatre avions. En effet, ni le gouvernement ni le FBI n'ont jamais présenté les listes authentifiées des passagers. Pourquoi ? Parce qu'elles détruisent la version gouvernementale du 11 Septembre ?

Aucune liste, mais pas seulement...

Les listes des passagers sont toujours établies avec soin par les compagnies aériennes, entre autres pour des raisons de sécurité mais aussi d'assurance, en cas d'accident. Les cartes d'embarquement sont également importantes, car elles constituent la preuve de qui est réellement monté à bord. Ainsi, au moment de l'embarquement, le

---

154. Note 42: *Washington Post, Four Planes, Four Coordinated Teams*, http://www.washingtonpost.com, 16/9/2001, citée dans *9/11 Misinformation: Flight 'Passenger Lists' Show 'No Hijacker Names'*, By Arabesque – 3/9/2008, http://arabesque911.blogspot.com/2008/08/911-misinformation-flight-passenger.html.
155. http://911myths.com/html/the_passengers.html

personnel conserve le talon de chaque carte, sur lequel est imprimé le nom du passager. Or, ainsi que le constate Elias Davidsson dans son étude *There is no evidence that Muslims hijacked planes on 9/11* datée du 10 janvier 2008 :

> Le *Staff Report* de la Commission sur le 11 septembre,[57] qui mentionne spécifiquement que Mohammed Atta a reçu une « carte d'embarquement » à l'aéroport de Portland, ne mentionne pas les cartes d'embarquement relatives aux vols AA11, AA77, UA175 et UA93, comme si de tels documents n'existaient pas. Dans la note 62 de bas de page du chapitre I de son rapport final, la Commission mentionne avoir reçu des « copies des cartes d'embarquement électroniques pour United 93 » et dans la note 74 « copies des cartes d'embarquement pour United 93 ». Aucun de ces documents n'a été publié.[156]

Pourquoi ne pas les avoir publiées ? Et pourquoi pas pour les quatre vols ? De nouveau, qu'y a-t-il à cacher ?

Ce qui étonne également Elias Davidsson est que, dans ce genre de situation,

> Normalement, il y aurait eu au moins huit employés – deux pour chaque vol – pour détacher les talons des cartes d'embarquement des passagers et observer l'embarquement pour les quatre avions aux portes de départ. Dans les circonstances du 11 septembre 2001, on aurait pu s'attendre à lire dans les médias internationaux des interviews de ces employés, ou du moins de certains d'entre eux, sous des titres tels que « J'ai été la dernière personne à voir les passagers vivants ». Pourtant, aucun entretien de ce type n'a eu lieu à notre connaissance. La Commission ne mentionne pas l'existence d'une déposition ou d'un témoignage du personnel d'une compagnie aérienne ayant assisté à l'embarquement de tel ou tel avion. Leur identité et le rôle qu'ils ont joué le 11 septembre 2001 demeurent secrets.

---

156. Note 57 : *Staff Report*, supra n° 3, citée dans *There is no evidence that Muslims hijacked planes on 9/11,* Elias Davidsson, 10/1/2008, p. 8.

Elias Davidsson demande à American Airlines la possibilité d'intervie-wer des employés ayant vu les passagers du vol AA77. La compagnie lui répond que leur identité ne peut être révélée pour des raisons de confidentialité. C'est ce que le FBI leur a demandé de répondre ?

Aucun témoin pour ces embarquements ?

Le *Rapport* de la Commission indique que dix des dix-neuf suspects ont été sélectionnés le 11 septembre 2001 dans les aéroports par le système automatisé CAPPS pour un « contrôle de sécurité supplémentaire », dont neuf sur les deux vols American Airlines.[157] Même s'il s'agit d'un contrôle de bagages, Elias Davidsson remarque :

> Pourtant, personne parmi ceux qui ont traité les sélectionnés, ni aucun des nombreux employés de la sécurité aérienne ou des aéroports interrogés par le FBI ou la Federal Aviation Administra-tion (FAA) le 11 septembre 2001 ou ultérieurement, n'est signalé comme ayant vu les suspects.

> En ce qui concerne les vols AA11 et UA175, au départ de l'aéroport de Logan, à Boston, la Commission constate qu'« aucun des superviseurs aux points de contrôle ne se souvient des pirates de l'air ou ait signalé quoi que ce soit de suspect concernant leur contrôle ».[40]

> En ce qui concerne le vol AA77, au départ de l'aéroport de Dulles, Washington, DC, la Commission écrit que lorsque le bureau local de sécurité aérienne civil de la FAA enquête plus tard sur ces contrôles de sécurité supplémentaires, les inspecteurs ne se souviennent de rien de particulier. Ils ne se rappellent pas non plus que le moindre passager qu'ils aient contrôlé ait été un sélectionné CAPPS.[41]

> Quant au vol UA93, au départ de l'aéroport international du New Jersey, la Commission indique que « la FAA a interrogé les agents de contrôle plus tard ; aucun d'entre eux ne s'est souvenu de rien d'inhabituel ou de suspect ».[42] Selon un rapport non daté du FBI, il « a recueilli quatorze couteaux ou parties de couteau sur le site du crash du vol 93 ».[43] Pourtant, aucun agent de contrôle

---

157. Rapport de la Commission, Chapitre 1, note 2, p. 451.

ne semble avoir vu de couteau ce matin-là.[(44)] En résumé, aucun employé de la sécurité aéroportuaire n'a témoigné avoir vu l'un ou l'autre des présumés pirates de l'air.[158]

Il existe cependant au moins un témoignage parlant d'un terroriste :

> [...] un bagagiste de Globe Aviation et d'American Airlines a déclaré au FBI que l'un des pirates de l'air, Wail ou Waleed Alshehri, portait une canne en bois sous le bras quand il est monté à bord du vol 11. [...]. (*Boston Globe*, 10/10/2001).

Cela reste néanmoins étrange qu'il n'y ait pas plus de témoignages, d'autant plus que dix sur dix-neuf des terroristes ont été sélectionnés par la procédure CAPPS et ont donc fait l'objet d'un contrôle de sécurité supplémentaire, au minimum de leurs bagages. Dans quelles circonstances se sont donc produit ces embarquements ? Nous y reviendrons dans le dernier chapitre *9/11 Le FBI ment*.

Filmés par les caméras de surveillance ?

Même si aucun agent ne semble se souvenir des terroristes, sans doute ont-ils été enregistrés par les caméras de sécurité des aéroports ? En fait,

> Jusqu'à 2004, la seule vidéo disponible pour le public avec les présumés pirates de l'air dans un aéroport était un extrait d'une caméra de sécurité de l'aéroport de Portland (Maine) montrant Mohammed Atta et Abdulaziz Alomari en train de passer la

---

158. *There is no evidence that Muslims hijacked planes on 9/11,* Elias Davidsson, 10/1/2008, p. 6. Notes 40 à 44 : 40 Ibid. Chapter I, p. 2. In support of this statement, the Commission refers to interviews with six named individuals.
41 Ibid. Chapter I. p. 3. In support of this statement, the Commission refers to an interview made on April 12, 2004 with Tim Jackson, a person whose role is not indicated.
42 Ibid. Chapter I. p. 4. In support of this statement, the Commission refers to an unreleased FAA report, "United Airlines Flight 93, September 11, 2001, Executive Report," of Jan. 30, 2002.
43 Ibid. Note 82, p. 457
44 Staff Statement No. 3 to the 9/11 Commission made at the 7th Public Hearing, 26-27 January 2004, pp. 9-10.

sécurité.[(1)] Le public n'a eu accès à aucune vidéo montrant les présumés pirates de l'air à l'aéroport de Boston Logan, l'origine des vols 11 et 175, ou à l'aéroport de Newark, l'origine du vol 93.[159]

En effet, l'aéroport Logan de Boston n'est pas équipé à l'époque de ce type de matériel, il n'y a donc aucune vidéo pour les vols AA11 et UA175. Bien que la Commission écrive dans son rapport final que l'aéroport de Newark n'a pas de système de vidéo interne,[160] la suite de l'article rapporte que,

> Selon Michael Taylor, président d'American International Security Corp, l'aéroport de Newark a des caméras vidéo dans ses salles de départ. L'aéroport international de Dulles aussi. Toutefois, le FBI refuse de diffuser à partir de ces aéroports toute vidéo qui pourrait prouver que les présumés pirates de l'air sont montés à bord des vols.

Cette dernière phrase se passe de commentaire. La vidéo prise à Portland est donc la seule diffusée longtemps encore après les événements, ce qui fait remarquer à Jay Kolar :

> Grâce à ces images, le FBI a été en mesure d'identifier Atta comme étant le meneur des terroristes, bien qu'il n'ait jamais été expliqué comment le FBI a pu l'identifier aussi rapidement. Cependant, la vidéo de Portland ne constitue pas une preuve qu'Atta et al-Omari ont détourné l'avion qui s'est écrasé, puisque cette vidéo ne les montre qu'en train de prendre un vol de correspondance.[161]

Finalement :

159. *Airport Video – No Video Shows Hijackers Boarding Targeted Flights,* http://911research.wtc7.net/planes/evidence/airportvideo.html.
Note 1 : *Company Helps 9/11 Probe After Losing One of Its Own*, Boston.com.
160. *The 9/11 Commission Report*, p. 4.
161. *What We Know About the Alleged 9/11 Hijackers*, Jay Kolar, Emerald Group Publishing, 2006, p. 6.

En 2004, *USA Today* publie des images d'une « vidéo de surveillance de l'aéroport international de Washington Dulles le matin du 11 septembre 2001 », qui montre « quatre des cinq pirates de l'air mis à l'écart pour subir une surveillance supplémentaire après avoir déclenché des détecteurs de métaux ».[31] La vidéo n'est obtenue qu'à la suite d'une procédure intentée par le cabinet d'avocats « Motley Rice... représentant des familles de survivants qui poursuivent les compagnies aériennes et l'industrie de la sécurité pour leurs actions lors des attaques du 11 Septembre »[32] [...] Fait inhabituel, la vidéo n'a pas d'horodatage. Cependant, elle a été clairement montée puisque le film est ralenti et zoomé à certains endroits pour mettre l'accent sur les présumés pirates de l'air. De plus, les séquences semblent être une combinaison de deux prises de vue différentes parce qu'il y a plus d'un angle de caméra.[34]162

Elias Davidsson résume la partie de l'étude de Jay Kolar sur cette vidéo de la façon suivante :

> Sa conclusion est que quelqu'un a délibérément décidé de filmer certaines personnes passant un point de contrôle de sécurité à un moment donné afin de produire des « preuves ». L'enregistrement rendu public ne montre aucun passager passant par ce point de contrôle de sécurité. Mis à part la source douteuse de cet enregistrement, il ne montre pas qui est monté à bord de l'avion, mais seulement quelques personnes qui ont franchi un point de contrôle de sécurité à un moment inconnu.[163]

David Griffin conclut ainsi :

---

162. *9/11 Misinformation: Flight 'Passenger Lists' Show 'No Hijacker Names'*, Arabesque, 3 septembre 2008. Notes (31) à (34): (31) The Associated Press, Video shows 9/11 hijackers' security check, http://www.usatoday.com/ , July 21, 2004
(32) The Associated Press, Video shows 9/11 hijackers' security check.
(33) Bill Hutchinson, Shocking video of hijackers Set off metal detectors ; http://www.nydailynews.com/ , July 22, 2004.
(34) Court TV Online, 9/11 Hijackers Screened Before Flight , http://www.courttv.com/ (ce lien ne fonctionne plus).
163. *There is no evidence that Muslims hijacked planes on 9/11*, Elias Davidsson, 10 janvier 2008, p. 2.

[...] cette vidéo ne contient donc aucune preuve qu'elle a été prise à Dulles le 11 septembre.

[...] En résumé, la preuve vidéo que les pirates de l'air nommés se sont enregistrés dans les aéroports le 11 septembre 2001 est inexistante.[164]

Où sont les pirates de l'air ?

À la suite de ce qui précède et comme le concluent plusieurs chercheurs, si les pirates ou certains d'entre eux n'étaient pas à bord des avions, où se trouvaient-ils alors ? En dehors de ceux toujours vivants après les événements et dont les noms sont peu à peu remplacés sur la liste par d'autres par le FBI, il est difficile de le savoir pour chacun d'eux. En fait, après toutes ces années, leur parcours présente encore peu de certitudes définitives. L'un des cas les plus étonnants est Mohamed Atta, considéré comme l'un des chefs de file de l'opération 11 Septembre et pilote du vol AA11. Une vidéo le montre donc le matin du 11 septembre à l'aéroport de Portland, mais pas à Boston. Finalement, aucune preuve (vidéo, carte d'embarquement, témoignage...) n'est apportée sur ce qu'il fait à Boston jusqu'au crash du Boeing qu'il est censé avoir détourné et piloté.

Ce qui est étonnant aussi, c'est l'histoire de ses bagages et de ses allers-retours entre Portland et Boston – sur ce dernier point, il serait trop long de reprendre toute l'histoire qui est « ré-écrite » par le FBI au fur et à mesure de l'apparition d'incohérences dans les versions successives. Pour comprendre les détails, se reporter, par exemple, à *6. Did the Information in Atta's Luggage Prove the Responsibility of al-Qaeda Operatives?*, dans l'article de David Griffin *Was America Attacked by Muslims on 9/11?*, ou à l'étude de Jay Kolar, qui résume l'affaire de la façon suivante :

Aujourd'hui, il est uniformément rapporté qu'Atta et Abdul Aziz al-Omari louèrent la Nissan Altima à Boston Logan, se rendirent à Portland, y laissèrent la Nissan et prirent le vol de correspondance vers Boston. Ajoutez à ce dernier mystère inexplicable le fait qu'une autre voiture prétendument louée par Atta, une Mitsubishi

---

164. *Was America Attacked by Muslims on 9/11?*, 7. *Were al-Qaeda Operatives Captured on Airport Security Videos?*.

blanche, fut abandonnée à Boston Logan. Quand leur destination était Boston, pourquoi Atta et al-Omari louèrent-ils une voiture à Boston et la laissèrent à l'aéroport de Boston, puis louèrent une autre voiture à Boston et la laissèrent à l'aéroport de Portland, Maine, et prirent un vol pour Boston ? Toute cette histoire n'a aucun sens. Du point de vue des coupables arabes présumés, pourquoi feraient-ils tout ce qu'ils peuvent pour s'en remettre à un vol de correspondance vers Boston alors qu'ils risquent de le rater ? Ce que cette histoire suggère, cependant, c'est que tout comme celle des deux Boukhari louant la Nissan s'est avérée impossible – l'un d'eux étant mort[165] – et donc une fabrication du FBI, l'histoire d'Atta et al-Omari est aussi une fabrication et une légende.[166]

Intéressons-nous maintenant à l'histoire des bagages d'Atta, que David Griffin résume ainsi :

> J'en viens maintenant aux preuves les plus solides que Mohamed Atta et d'autres membres d'Al-Qaïda aient détour-né les avions. Ces preuves auraient été trouvées dans deux bagages d'Atta qui ont été découverts à l'intérieur de l'aéroport de Boston après les attentats. Les bagages étaient là, nous dit-on, parce que même si Atta était déjà à Boston le 10 septembre, lui et un autre agent d'Al-Qaïda, Abdul al-Omari, ont loué une Nissan bleue et sont allés à Portland, dans le Maine, et y ont passé la nuit. Ils ont pris un vol de retour à Boston tôt le lendemain matin pour prendre le vol 11 d'American, mais les bagages d'Atta n'ont pas suivi.[167]

Il y a une heure de battement entre les deux vols, c'est largement suffisant pour le transfert des bagages. Cela peut arriver toutefois qu'ils se perdent en route. D'où vient l'erreur et pourquoi ils n'ont pas été embarqués en soute n'est pas précisé par le FBI. En revanche, c'est

---

165. Ameer Boukhari est décédé en Floride le 11 septembre 2000, soit exactement un an avant les attentats, aux commandes de son petit avion dans une collision en vol avec un autre Piper.
166. *What We Know About the Alleged 9/11 Hijackers*, Jay Kolar, p. 17.
167. *Was America Attacked by Muslims on 9/11?*, 6. *Did the Information in Atta's Luggage Prove the Responsibility of al-Qaeda Operatives?*, David Griffin.

une chance incroyable pour lui, car leur contenu lui permet, ainsi qu'au gouvernement, de confirmer qu'Al-Qaïda et ben Laden sont bien les coupables du 11 Septembre :

> Selon l'affidavit du FBI signé par James Lechner, ces bagages contenaient beaucoup de matériel compromettant, notamment un ordinateur de vol portatif, des manuels de simulation de vol, deux bandes vidéo sur les Boeing, un calculateur de vol, une copie du Coran et le testament d'Atta.[168]

Ainsi que le font remarquer de nombreux observateurs et journalistes, il est étrange de 1. s'embarrasser de bagages pour commettre un attentat-suicide ; 2. ranger l'ordinateur de vol portatif et le calculateur de vol dans des bagages en soute alors qu'ils peuvent servir à bord ; 3. emporter son testament dans un avion que l'on va délibérément craser dans le World Trade Center et qui sera donc inévitablement détruit.

De plus, en quoi ces points apportent-ils la preuve de la volonté de commettre les faits qui sont attribués à Atta ? Opportunément, il est ajouté à cette liste un document de cinq pages manuscrites en arabe, sur lequel nous revenons dans le chapitre *9/9 – Le FBI fabrique de fausses preuves ?*

En conséquence, l'histoire des bagages d'Atta et de ses allers-retours entre Portland et Boston amène beaucoup d'auteurs à conclure qu'il s'agit d'une mise en scène du FBI. Au vu des faits, peut-on leur donner tort ?

D'autant plus qu'Atta est un personnage qui réserve des surprises. En effet :

19 septembre 2001 (B) : Le père d'Atta prétend que son fils a été piégé

Le père de Mohamed Atta tient une conférence de presse au Caire et fait des déclarations surprenantes. Il croit que le Mossad, l'agence d'espionnage d'Israël, a commis les attentats du 11 Septembre et a usurpé l'identité de son fils. Il prétend qu'Atta

---

168. *Was America Attacked by Muslims on 9/11?*, 6. *Did the Information in Atta's Luggage Prove the Responsibility of al-Qaeda Operatives?*, David Griffin.

était un fils à sa maman qui avait le mal de l'air, un étudiant en architecture dévoué qui parlait rarement de politique, et est donc la victime d'un complot. Il déclare que son fils lui a parlé au téléphone le 12 septembre à propos de « choses normales », soit le lendemain de sa mort.[169]

Cet appel le 12 est peut-être le mensonge d'un père éploré, mais il est facile pour le FBI de le vérifier, d'autant plus que l'Égypte est un pays ami : à quelle heure a eu lieu cet appel, de quel numéro et donc de quelle zone d'origine (peut-être s'agissait-il d'un numéro anonyme ?) et combien de temps a duré la communication ? Cette vérification aurait permis de confondre le père et de prouver que cet appel n'avait pas pu avoir lieu le 12 septembre, puisque son fils était mort la veille dans le vol AA11, ainsi que l'affirme le FBI. Pourtant, à notre connaissance, il n'a pas effectué cette démarche et semble ne pas même avoir sollicité ses homologues égyptiens. N'est-ce pourtant pas le minimum à effectuer dans une enquête criminelle, c'est-à-dire vérifier les déclarations des proches des suspects ?

L'article de *The Terror Timeline* continue ainsi :

> Atta appelait sa famille environ une fois par mois, mais ne leur disait jamais qu'il était aux États-Unis, continuant à indiquer qu'il étudiait en Allemagne. La famille d'Atta ne le revit jamais après 1999, et Atta annula un voyage pour leur rendre visite fin 2000. Son père montre même une photo de son fils, affirmant qu'il ressemble à l'homme de l'attentat terroriste, mais il n'est pas le même. (*Newsweek*, 24/9/01 ; *New York Times*, 19/9/01 ; *Chicago Tribune*, 20/9/01). Il constate aussi que l'homme photographié sur les photos publiées d'une caméra de surveillance de l'aéroport est plus corpulent que son fils. (*Cairo Times*, 20/09/01).

Le commentaire du père sur la différence physique ne peut être reconnu comme une preuve, d'autant plus qu'il est censé ne pas avoir vu son fils depuis plus d'un an. Ce dernier a donc pu changer de corpulence. D'ailleurs, dans les attentats en France de ces dernières années, la

---

169. *The Terror Timeline* p. 500.

description des terroristes par les témoins ne cadre presque jamais avec les hommes abattus ensuite par la police. Pourquoi, néanmoins, le FBI n'enquête pas sur ces déclarations suspectes du père ? Parce qu'ils savent déjà que tout est faux ?

C'est ce que laisse entendre l'étude de Jay Kolar, au paragraphe *2.3 Atta Senior Drops out of Venice Video onto FBI Cutting Room Floor*.[170] En effet, selon l'enquêteur indépendant D. Hopsicker, un pharmacien de la Barclay Pharmacy à Venice, Floride, reconnaît le père d'Atta lors de son passage dans les médias et informe le FBI qu'il est venu avec son fils dans son magasin deux semaines avant les attentats. Voici la suite du récit :

> Le FBI a récupéré la vidéo de sécurité de la pharmacie et l'a ensuite rendue. Joint par le pharmacien, l'enquêteur local indépendant D. Hopsicker (2005a) a examiné méticuleusement la bande vidéo et a trouvé les passages où le FBI a retiré Atta Senior des images pour l'après-midi du 28 août 2001, en effaçant ainsi la preuve. Le FBI n'a pas dit un mot sur les débuts cinématographiques éphémères d'Atta Senior en Floride.

Le pharmacien ne serait pas le seul à l'avoir reconnu grâce à la télévision :

> [...] selon Hopsicker, « un certain nombre de témoins crédibles ont appelé le bureau du FBI à Sarasota pour signaler avoir vu le père à Venice avec son fils dix jours à deux semaines avant l'attaque ». C'est la preuve que la bande vidéo fournie au FBI comme confirmation de la présence d'Atta Senior à Venice deux semaines avant le 11 septembre a été coupée. Combinez cette preuve avec d'autres témoignages oculaires locaux que le FBI s'est montré à Venice quelques heures seulement après les attaques, et qu'il a ensuite négligé d'informer la Commission soit du fait qu'ils étaient au courant de la présence prolongée d'Atta et compagnie avant le 11 Septembre, soit de la visite de Mohamed Atta Senior aux États-Unis et son séjour à Venice, et ce que

---

170. Traduction libre : *2.3 Atta Senior disparaît de la vidéo de Venice après qu'elle soit passée au sécateur du FBI.*

nous avons alors est la confirmation que le FBI non seulement ment mais s'est également lancé dans une vaste opération de dissimulation.

Le pharmacien ajoute d'autres informations précieuses, dont le fait que le père était accompagné de son fils et de Marwan al-Shehhi, l'un des pirates de l'air du vol UA175, et :

> que Atta Senior était là pour envoyer un fax « à un numéro du New Jersey ». Non seulement ces révélations discréditent le récit officiel du FBI sur la chronologie et les activités d'Atta en tant qu'histoire truffée de contradictions, mais elles révèlent également que le FBI a effacé et effectivement confisqué d'autres informations qui montreraient qu'Atta avait des liens avec de nombreux proches associés non arabes en Floride, ainsi que des rencontres avec des visiteurs étrangers pendant les dernières semaines des préparations pour ces attaques.

Ne serait-il pas intéressant de connaître ce numéro dans le New Jersey, d'autant plus que parmi les « proches associés », certains seraient liés au trafic de drogue ? Cette question dépasse le cadre de notre étude, mais si c'est vrai, le FBI peut-il l'ignorer ?

De même, si l'ensemble des faits relatés à Venice sont avérés, nous ne pouvons qu'être d'accord avec la conclusion de Jay Kolar sur cette partie :

> Le père d'Atta n'était pas le père innocemment inquiet que nous avons vu en interview après le 11 Septembre, niant que son fils soit jamais allé aux États-Unis ou ait participé aux attaques. Rétrospectivement, Atta Senior n'est pas non plus l'homme qu'il prétend être, et sa déclaration selon laquelle son fils lui a téléphoné le lendemain des attentats, comme preuve que son fils était toujours en vie, ne peut être acceptée.

Cependant, si le FBI a effectivement altéré et fait disparaître des preuves, cela pose de nouveau de sérieuses questions quant à son rôle dans le 11 Septembre.

Refus de test ADN par le FBI

Dans le même article,[171] à la question *9. Est-ce que des tests ADN ont identifié cinq terroristes parmi les victimes au Pentagone ?*,[172] David Griffin rapporte que les analyses ADN réalisées sur l'ensemble des victimes du vol AA77 révèlent cinq profils qui n'ont pas de correspondance avec les échantillons fournis par les familles. Il en a été déduit qu'il s'agit des cinq terroristes, conclusion que lui ne valide pas :

> Nous n'avons aucun moyen de savoir d'où viennent ces cinq corps. Pour ce qui est de l'allégation selon laquelle ils provenaient du site de l'attaque au Pentagone, nous n'avons que la parole du FBI et de l'armée, qui ont insisté pour prendre en charge les corps des personnes tuées au Pentagone et les transporter au Armed Forces Institute of Pathology.[173]

> En tout état de cause, les pirates de l'air présumés n'auraient pu être identifiés avec certitude que si des échantillons avaient été obtenus de leurs proches, et rien n'indique que cela se soit produit. En effet, on peut se demander pourquoi cela n'a pas été fait. Le FBI avait beaucoup d'informations sur les hommes identifiés comme étant les pirates de l'air. Ils auraient pu facilement trouver de la famille. Et ces proches, dont la plupart ne croyaient pas que leur propre chair et leur propre sang avaient été impliqués dans les attentats, auraient certainement été prêts à fournir l'ADN nécessaire.

D'ailleurs, c'est tout le processus d'identification des corps qui peut être questionné, ainsi que le constate Elias Davidsson dans son étude déjà citée ci-dessus :

> Selon le compte-rendu officiel, les dix-neuf pirates de l'air sont morts dans les accidents au World Trade Center, au Pentagone et sur le lieu de l'accident près de Shanksville, Pennsylvanie.

---

171. *Was America Attacked by Muslims on 9/11?*, David Ray Griffin, 9 septembre 2008, https://www.opednews.com/articles/Was-America-Attacked-by-Mu-by-David-Ray-Griffin-080909-536.html
172. *Was America Attacked by Muslims on 9/11?*
173. Nous revenons plus en détail sur le protocole très particulier qui a été mis en place pour la prise en charge des morts dans le dernier chapitre intitulé *9/11 Le FBI ment.*

Pourtant, il n'y en a aucune preuve positive. Rien n'indique qu'une chaîne de conservation appropriée[59] entre les lieux de crash et la disposition finale des dépouilles mortelles ait été établie par le FBI, comme l'exigent les affaires criminelles. La Commission ne fait référence à aucun de ces documents.

Des responsables non identifiés auxquels le *Times* (Royaume-Uni) a parlé en octobre 2001 s'attendaient à ce que les corps des suspects du 11 Septembre soient identifiés « [au minimum] par un processus d'élimination »[60]. Ils n'ont pas expliqué pourquoi ils ne s'attendaient pas à une identification *positive* de ces corps.[174]

Une identification *positive* signifie la comparaison avec des échantillons d'ADN. Elle aurait pu être faite, par exemple, pour les pirates de l'air dont le FBI récupère les bagages ou des effets personnels à leur domicile, ou par des éléments fournis par les membres des familles ayant accepté de collaborer. Ces procédures basiques dans le cadre de toute scène de crime ont-elles été respectées par le FBI ? Manifestement, cela ne fut pas le cas au Pentagone. Et pour les trois autres vols ?

La situation semble identique pour Ziad Jarrah, le pilote présumé du vol 93 :

> La famille de Jarrah a indiqué qu'elle serait prête à fournir des échantillons d'ADN aux chercheurs américains, [... mais] le FBI n'a montré aucun intérêt jusqu'à présent.[96]

David Griffin précise dans la note 96 à la fin de cette phrase qu'il a relevé cette information sur la page Wikipedia de ce pirate de l'air dans un passage qui a été supprimé en septembre 2006 et s'intitulait *Incohérences des autorités*. Voici un extrait tel qu'il apparaissait avant d'être supprimé :

> La Commission sur le 11 Septembre a conclu que Jarrah était présent et derrière les commandes de l'avion quand il s'est écra-

---

174. Note 59 : il s'agit de la définition légale de la chaîne de conservation. Note 60 : Damian Whitworth, *Hijackers' bodies set Bush grisly ethical question*, The Times (U.K.), 6 octobre 2001.

sé dans un champ à Shanksville, Pennsylvanie. Ils n'accordent aucune crédibilité à l'idée que Jarrah n'était pas le pilote. Effectivement, il n'a pas été vu depuis les attaques.

La prise d'empreintes génétiques réglerait la controverse, car des restes fragmentaires de tous les pirates de l'air ont été retrouvés. La famille de Jarrah a indiqué qu'elle serait prête à fournir des échantillons d'ADN aux chercheurs américains, mais le FBI n'a manifesté aucun intérêt jusqu'ici.[175]

La lecture du passage complet *Incohérences des autorités* est troublante, car les informations ne correspondent pas du tout au profil d'un jihadiste fanatisé prêt à mourir. Au contraire, elles témoignent même que son parcours de terroriste tel que livré par John Ashcroft et le FBI est au moins en partie faux : il n'a pas étudié dans une école à Hambourg fréquentée par deux des pirates de l'air et n'a jamais habité avec eux. Est-ce pour cette raison que le FBI aurait refusé d'effectuer des analyses ADN sur les échantillons que la famille voulait lui confier, ne voulant pas courir le risque de résultats contraires à sa version du complot ? Malheureusement, ce n'est ni la première ni la dernière fois que le FBI prouve sa volonté de ne pas faire toute la lumière sur ce qui s'est réellement passé le 11 Septembre.

Peut-être aussi parce que le FBI sait que le cas de Ziad Jarrah pose un problème majeur, dont la résolution porterait un coup fatal à la version gouvernementale du complot à cause de l'utilisation de doubles ?

Des doubles des faux pirates de l'air ?

Le fait que plusieurs d'entre eux soient vivants après le 11 Septembre devrait nous conduire à la conclusion logique que leur identité a été usurpée, puisque leur nom figure sur les listes des passagers, ainsi que le FBI l'a déclaré – il ne s'agit pas de simples homonymies, car sont aussi communiquées des photographies et d'autres informations, ce qui les distingue d'éventuels homonymes. Cependant, l'analyse des déplacements de plusieurs des terroristes amène à l'idée paraissant farfelue qu'il ne s'agit pas simplement d'usurpation d'identité mais de la création d'un programme de doubles, qui laissent d'ailleurs beaucoup de traces :

---

175. https://www.wanttoknow.info/articles/ziad_jarrah

Par exemple, les voisins des appartements Parkwood témoignent que Hanjour, al-Hazmi et al-Mihdhar sont tous restés à San Diego pendant le mois d'août, jusqu'au 8 septembre 2001. Cependant, ces récits de témoins oculaires sont contredits par d'autres observations faites en août sur la côte opposée, où ils ont obtenu leur permis de conduire à Falls Church, en Virginie, avant de retourner à Las Vegas, de traverser le pays pour retourner à Baltimore, puis de passer dix jours à Newark. Comment ont-ils pu se terrer à San Diego tout en sillonnant simultanément les États-Unis pendant tout le mois précédant les attentats ? Réponse courte : doubles. Le rôle des doubles éclaire de façon significative toute l'opération secrète du 11 Septembre qui, sans la découverte de leur existence, serait une énigme impossible.[176]

Le cas de Ziad Jarrah appartient à ces « énigmes impossibles ». Libanais d'origine, plusieurs médias rapportent en décembre 2001 qu'il fait l'objet d'un interrogatoire de quatre heures à l'aéroport de Dubaï le 30 janvier 2001, à son retour du Pakistan et d'Afghanistan, où il vient de passer « les deux mois et cinq jours précédents ». Après le 11 Septembre, des enquêteurs confirment que

> Jarrah a séjourné au moins trois semaines en janvier 2001 dans un camp d'entraînement d'Al-Qaïda en Afghanistan. (CNN, 1/8/2002).[177]

Quelle chance, un pirate de l'air qui s'est entraîné chez ben Laden ! Cette information tombe d'autant plus à pic qu'ont été publiés quelques semaines auparavant *L'Effroyable Imposture* puis *Le Pentagate*, qui mettent en question la version gouvernementale du complot, avec un article dans le *New York Times* le 22 juin 2002. Or, cet emploi du temps « officiel » de Ziad Jarrah contredit d'autres déclarations, comme celle de l'école de pilotage où il est inscrit, le Florida Flight Training Center, qui confirme qu'il y est présent jusqu'au 15 janvier 2001. Il ne peut évidemment être en même temps en Floride et dans un camp d'Al-Qaïda en Afghanistan. De plus, sa famille affirme qu'il est rentré au

---

176. *What We Know About the Alleged 9/11 Hijackers*, Jay Kolar, p. 22.
177. *The Terror Timeline*, p. 192.

Liban le 26 janvier 2001, car son père vient de subir une opération à cœur ouvert. Il lui rend visite à l'hôpital tous les jours, y compris après le 30 janvier, ce qui élimine la possibilité de subir au même moment un interrogatoire de quatre heures à Dubaï, sur le chemin du retour du Pakistan et d'Afghanistan.

Il serait très facile pour le FBI de vérifier que Ziad Jarrah était en Floride au moins jusqu'au 15 janvier, puis au Liban. Cela n'a pourtant pas été fait, alors que pèsent sur sa mémoire de lourdes accusations. Cela signifie aussi qu'un coupable n'est toujours pas identifié.

D'après ce que CNN reçoit comme information des Émirats et de services de renseignements européens,

> L'interrogatoire de Jarrah s'inscrit dans le cadre d'une opération de la CIA commencée en 1999 pour retrouver des agents présumés d'Al-Qaïda voyageant à travers les Émirats arabes unis. Ces sources ont indiqué à CNN que les responsables émiratis sont souvent informés à l'avance par les responsables américains des personnes qui traversent le pays et de celles qu'ils veulent interroger. Une source fournit à CNN un dessin de l'aéroport de Dubaï et décrit comment les personnes recherchées pour un interrogatoire sont interceptées, le plus souvent à un bureau de transit. Les responsables américains ont refusé de répondre si la CIA opérait de cette façon à l'aéroport de Dubaï. (MacVicar & Faraj, 2002).[178]

Lors de son interrogatoire, le double Ziad Jarrah indique qu'il rentre en Floride, ce qu'il ne fait pas, car il prend un vol KLM pour l'Europe le lendemain. Cette histoire prouve que la CIA ment lorsqu'elle déclare ne pas connaître Ziad Jarrah avant le 11 Septembre et ne pas avoir de raison de le surveiller, ce que confirme un responsable émirati :

> « Les Américains nous ont dit qu'il soutenait des organisations terroristes, qu'il avait des liens avec des organisations terroristes », selon la source. « Son nom nous a été donné comme quelqu'un à vérifier. [...] Il a été interrogé à la demande des États-Unis. »[179]

---

178. *What We Now Know about the Alleged 9-11 Hijackers*, Jay Kolar, p. 23.
179. *What We Now Know about the Alleged 9-11 Hijackers*, Jay Kolar, p. 24.

Un autre point mérite d'être signalé : toutes les photos publiées de Ziad Jarrah sont concordantes, sauf celle sur son passeport, qui survécut miraculeusement au crash de l'UA93 et brûla suffisamment mais pas trop, ainsi que nous le montrons sur la page suivante (nous revenons sur cette découverte « incroyable » dans le chapitre *9/9 Le FBI fabrique de fausses preuves ?*).

« Une copie partiellement brûlée du visa américain
de Ziad Jarrah retrouvé sur le site du crash du vol 93
dans le comté de Somerset, Pennsylvanie. »
Par chance, la partie du passeport qui n'a pas brûlé est la bonne !

Voici la photo du permis de conduire de Ziad Jarrah, émis le 2 mai 2001, communiquée par le Florida Department of Highway Safety and Motor Vehicles.

En la comparant à celle du passeport retrouvé par le FBI, on peut se demander s'il s'agit de la même personne ou d'une fabrication « made in FBI » ?

D'autres doubles ?

Dans son analyse de la vidéo supposément prise à l'aéroport de Dulles par une caméra de sécurité, dont nous avons parlé ci-dessus, David Griffin s'arrête sur le cas particulier d'Hani Hanjour :

> Un autre problème avec cette soi-disant vidéo de Dulles est que, bien que l'un des hommes qui la composent ait été identifié par la Commission du 11 Septembre comme étant Hani Hanjour,[75] il « ne ressemble pas du tout à Hanjour ». Alors qu'il était mince et avait une ligne capillaire qui se dégarnissait (comme le montre une photo prise six jours avant le 11 septembre 2001), l'homme de la vidéo avait un corps un peu musclé et une tête pleine de cheveux, sans ligne capillaire qui se dégarnissait[76].[180]

Jay Kolar en tire la conclusion suivante :

> La différence est donc frappante : ce n'est pas du tout Hanjour sur la photo de la vidéo de Dulles.[181]

Hani Hanjour n'est pas le seul qui interpelle sur cette vidéo de Dulles :

> La présence de Salem al-Hazmi, qui se préparerait à embarquer sur le vol 77, pose un *deuxième* problème : lui et al-Mihdhar n'auraient pas pu monter à bord de ce vol puisqu'ils sont signalés vivants après le 11 septembre 2001, et pourtant ils sont peut-être, des cinq « pirates de l'air », les plus clairement identifiés sur les images vidéo de Dulles, qui ressemblent beaucoup à leurs photographies du FBI.[182]

Effectivement, Salem al-Hazmi déclare ensuite qu'il n'est jamais allé aux États-Unis et qu'il se trouve à son travail, au complexe pétrochimique

---

180. *7. Were al-Qaeda Operatives Captured on Airport Security Videos?*, dans *Was America Attacked by Muslims on 9/11?*, David Griffin. Notes 75 et 76 :
75. 9/11CR 452n11.
76. Jay Kolar, *What We Now Know about the Alleged 9-11 Hijackers*, in Paul Zarembka, Emerald Group Publishing, *The Hidden History of 9-11* (New York: Seven Stories, 2008), 3-44, at 8 (emphasis Kolar's).
181. *What We Now Know about the Alleged 9-11 Hijackers*, Jay Kolar, p. 9.
182. *What We Now Know about the Alleged 9-11 Hijackers*, Jay Kolar, p. 7.

de Yanbou, en Arabie saoudite. En tout cas, il est en vie. Ce n'est donc pas lui sur la vidéo, bien qu'en apparence, il semble que ce soit le cas. Au total, Jay Kolar soulève cinq incohérences dans cette vidéo de Dulles, ce qui lui fait conclure :

> L'argument du gouvernement selon lequel les « pirates de l'air » étaient des agents d'Al-Qaïda de ben Laden avait comme meilleure preuve la vidéo de Dulles les montrant prétendument en train de se préparer à embarquer dans l'avion qui s'est écrasé sur le Pentagone. Nos cinq problèmes avec les preuves se combinent pour saper l'authenticité de la vidéo de Dulles et corroborer sa falsification. C'est la preuve la plus mince sur laquelle tout le poids de l'histoire officielle s'effondre. Aucune vidéo de sécurité de l'aéroport n'est apparue pour les autres vols. Par conséquent, il n'existe aucune preuve que les « pirates de l'air » aient jamais embarqué dans les avions qui se sont écrasés le 11 Septembre.[183]

Ce n'est toutefois pas « la preuve la plus mince sur laquelle tout le poids de l'histoire officielle s'effondre », comme nous allons continuer de le constater dans la suite de notre étude. Même le dossier « Hani Hanjour » est tellement inconsistant que, apparemment, le FBI s'efforce de le rendre « présentable » pour convaincre que ce Saoudien est le pilote du vol 77 contre le Pentagone. Par exemple, Mark H. Gaffney constate dans son article *How the FBI and 9/11 Commission Suppressed Key Evidence about Hani Hanjour, alleged hijack pilot of AAL 77* :

> Le dossier du FBI omet également de mentionner l'évaluation écrite [négative] de l'instructeur de Jet Tech sur les compétences en vol de Hani Hanjour. L'omission peut facilement être qualifiée de suppression de preuves parce que nous savons que le FBI avait le document en sa possession. Il a été rendu public lors du procès de Zacharias Moussaoui lorsque ce document a été déposé comme preuve. Cela signifie, bien sûr, que la Commission l'avait certainement aussi et l'a également supprimé.[184]

183. *What We Now Know about the Alleged 9-11 Hijackers*, Jay Kolar, p. 10.
184. *How the FBI and 9/11 Commission Suppressed Key Evidence about Hani Hanjour, alleged hijack pilot of AAL 77, alleged hijack pilot of AAL 77*, Mark H. Gaffney, 7 juillet 2009, http://911truth.org/hani-hanjour-evidence-suppressed-fbi-commission/.

L'auteur constate également que ce dossier du FBI a été « gonflé par quelqu'un pour présenter la meilleure facette possible ». De quoi est-il question ? Des compétences réduites d'Hani Hanjour à piloter. L'auteur enquête effectivement auprès de l'aéroport Freeway et interviewe deux des instructeurs, interrogés précédemment par le FBI, qui confirment son faible niveau :

> Le dossier omet clairement de mentionner que Hanjour a raté son évaluation en vol d'essai ! Que ce soit par incompétence ou par tromperie, le FBI échoue à présenter correctement le moindre fait.

Cette évaluation ratée s'est produite peu de temps avant le 11 Septembre. Et la version gouvernementale du complot veut nous faire croire qu'Hanjour était le pilote du vol AA77 ? Voici ce qu'en pensent deux pilotes professionnels parmi de multiples autres témoignages :

> Philip Marshall, qui a une licence de pilote pour les Boeing 727, 737, 747, ainsi que les 757 et 767, a récemment écrit un livre, *False Flag 911*, dans lequel il affirme catégoriquement que les présumés pirates du 11 Septembre, dont Hani Hanjour, n'auraient jamais pu faire voler des 767 et 757 à grande vitesse sans formation avancée et pratique des vols dans ces appareils pendant plusieurs mois. Comme Marshall l'a expliqué : « Il est extrêmement difficile d'atteindre une cible de 90 pieds [c'est-à-dire le Pentagone] avec un 757 à 800 km/h – c'est absolument impossible pour des débutants sur un avion de ligne lourd. »[185]
>
> Russ Wittenberg, pilote de ligne expérimenté de la Pan Am et de United depuis trente-cinq ans, a affirmé que les avions de ligne de Boeing n'auraient pas pu effectuer les manœuvres à grande vitesse que le gouvernement dit qu'ils ont réalisées, *peu importe qui les pilotait* (Szymanski, 2005). Wittenberg a argumenté de façon convaincante qu'il n'était pas possible pour le vol 77 d'être « descendu de 7 000 pieds en deux minutes, tout en effectuant un virage serré de 270 degrés avant de s'écraser sur le mur du premier étage du Pentagone sans toucher le gazon » (Szymanski,

---

185. *How the FBI and 9/11 Commission Suppressed Key Evidence about Hani Hanjour, alleged hijack pilot of AAL 77, alleged hijack pilot of AAL 77*, Mark H. Gaffney.

2005). Selon lui, aucune expérience de pilotage d'avions de ligne commerciaux n'aurait pu aider à accomplir une manœuvre aussi rapide sans faire décrocher le Boeing et le mettre en piqué.[186]

Nous reviendrons sur ce point dans le dernier chapitre. En tout cas, il est évident que, malgré la présentation qu'en fait le FBI dans son dossier et même s'il a obtenu un certificat de vol le 10 septembre,[187] Hani Hanjour n'avait aucune pratique du pilotage d'un 757 et était absolument incapable de produire les caractéristiques du vol AA77 telles que décrites par la version gouvernementale.

Mark H. Gaffney relève un autre point intéressant :

> Le dossier [du FBI] indique que le 5 septembre 2001, six jours à peine avant le 11 Septembre, Hanjour se présente à la First Union National Bank à Laurel, au Maryland, où il effectue quatre transactions bancaires ratées. Le dossier cite des relevés bancaires montrant qu'Hanjour n'a pas été en mesure de réaliser des demandes de solde et de retirer des fonds de son compte parce qu'il n'a pas saisi le bon code PIN, qu'il avait manifestement oublié ! Deux jours plus tard, il retourne à la banque, accompagné cette fois d'un homme non identifié, et effectue une autre tentative infructueuse pour retirer 4 900 $.
>
> Il est étonnant que le dossier du FBI ait été présenté comme authentifiant les qualifications d'Hanjour comme pilote. Le document n'y parvient pas et génère, en fait, de nouvelles questions.

Effectivement : Hani Hanjour a-t-il réellement oublié son code PIN ou s'agit-il d'un double ?

Si l'existence de doubles est avérée, au minimum pour plusieurs des terroristes déclarés par le FBI, elle soulève de multiples questions : qui pilotait, par exemple, le vol AA77 ? Que sont devenus les vrais Ziad Jarrah, Hani Hanjour… ? Etc.

---

186. *What We Now Know about the Alleged 9-11 Hijackers*, Jay Kolar, p. 20.
187. *American Airlines Flight 77*, https://en.wikipedia.org/wiki/American_Airlines_Flight_77

Rafles de musulmans

Au mépris de leurs droits fondamentaux, des centaines de musulmans sont arrêtés dans les jours qui suivent les événements et détenus « incommunicado » (sans moyens ou droit de communiquer). Ils seraient au minimum 762 à travers le pays, dont 491 dans la région de New York, à avoir été détenus en moyenne de trois à huit mois. Ils subissent de mauvais traitements, dont l'isolement pendant 23 heures par jour, des fouilles à nu régulières avec des commentaires sexuels humiliants et des insultes contre leur religion, des violences physiques, etc.[188] Les autorités judiciaires justifient ces mesures par la volonté d'empêcher de nouveaux attentats. Pourtant, à la lecture des pages précédentes, il est difficile de croire à la version gouvernementale du 11 Septembre et aux terroristes islamistes d'Al-Qaïda.

Dans ce contexte antimusulman, un témoignage au sujet de la vidéo de Dulles attire particulièrement notre attention :

> Le directeur de la sécurité de l'aéroport Ed Nelson décrit le FBI confisquant cette vidéo peu de temps après 10 heures du matin le 11 septembre et commente : « Ils ont tout de suite sorti la cassette... Ils savaient qui étaient les pirates de l'air parmi les centaines de personnes qui passaient par les postes de contrôle... **Cela m'a étonné que les pirates de l'air aient déjà été identifiés...** Les deux détecteurs de métaux étaient alors ouverts, et il y avait beaucoup de passage. C'est donc difficile d'identifier les gens. Je voulais savoir comment ils avaient eu ce type d'information. »[35] [189]

Les réponses de ces agents du FBI seraient précieuses, mais il y a peu de chance de les obtenir. En attendant, la déclaration d'Ed Nelson soulève une interrogation : et s'ils ne s'étaient pas précipités à l'aéroport après avoir identifié les « terroristes » mais pour rechercher les « faciès musulmans » afin de compléter a posteriori l'« équipe de kamikazes » ? Cela signifierait qu'ils auraient ensuite arrêté des inno-

---

188. *Lawsuit brought by Muslims rounded up after 9/11 gets go-ahead from court*, The Guardian, à partir de Associated Press New York, 21 juin 2015.
189. En gras dans le texte. Source : http://arabesque911.blogspot. com/2008/08/911-misinformation-flight-passenger.html, 28 août 2008.
Note 35 : Susan B. Trento and Joseph J. Trento, *Unsafe at any Altitude: Failed Terrorism Investigations, Scapegoating 9/11, and the Shocking Truth about Aviation Security Today*, Steerforth Publishing, October 3, 2006, p. 37.

cents, au destin fatal. Cette curieuse hypothèse permettrait toutefois d'expliquer plusieurs anomalies et incohérences, mais aussi pourquoi le FBI a interdit la publication des listes initiales des passagers et classifié l'original de cette vidéo de Dulles, jamais diffusée dans son état original. C'est d'ailleurs une habitude du FBI, ainsi que nous allons le constater dans le chapitre suivant.

En conclusion de celui-ci, reprenons le texte d'Elias Davidsson à la fin de son étude :

> Comme indiqué plus haut, les autorités américaines n'ont pas réussi à prouver que les dix-neuf individus accusés du crime de masse du 11 septembre 2001 étaient montés à bord de l'avion qu'ils auraient utilisé pour commettre ce crime. Aucune liste de passagers authentifiée, originale, portant leur nom, n'a été divulguée ; personne n'est signalé les ayant vus monter à bord de chaque avion ; aucun enregistrement vidéo ne documente leur embarquement ; aucun talon de carte d'embarquement n'existe ; et il n'y a aucune preuve que les présumés pirates de l'air sont réellement morts sur les lieux connus du crash, car leurs corps ne furent pas identifiés positivement et la chaîne d'identification des restes des personnes a été rompue. [...]
>
> Certains se demanderont peut-être pourquoi le gouvernement américain n'a pas simplement falsifié toutes les preuves nécessaires, telles que les « listes authentiques de passagers », les faux témoignages et les fausses cartes d'embarquement, afin de prouver ses allégations ? On ne peut que conjecturer pourquoi cela n'a pas été fait. Il a peut-être estimé que cela nécessiterait la participation d'un trop grand nombre de personnes à des activités criminelles, ce qui serait plus risqué que de simplement éviter de mentionner ces questions en premier lieu : jusqu'à présent, le gouvernement américain a pu compter sur les médias pour ne pas poser de questions sur le manque de preuves.[190]

Le FBI aussi. Peut-être cela va-t-il changer. Cependant, ce ne seront pas les médias mainstream qui poseront cette fois les vraies questions, puisqu'ils ne l'ont pas fait en dix-huit ans, mais le peuple américain. La réponse devrait être tout autre.

---

190. *There is no evidence that Muslims hijacked planes on 9/11*, Elias Davidsson, 10 janvier 2008, pp. 10-11.

Le trou par lequel est entré et a disparu « l'avion ».

Même la pelouse est intacte.

Un Boeing vient de percuter la façade du Pentagone...

Le FBI enterre

Cinq images et rien d'autre

L'un des mystères du 11 Septembre est la quasi-absence de photos et de vidéos de ce qui s'est produit à Washington, comme si, en ce jour particulier, aucune caméra ne fonctionnait. Même après l'attaque sur le Pentagone, peu d'images sont diffusées, alors que celles du World Trade Center le sont *ad nauseam*.

Tandis qu'enfle la controverse avec le site de Thierry Meyssan montrant qu'il est impossible qu'un Boeing 757 se soit encastré dans la façade du Pentagone (cf. photos page précédente), CNN annonce en mars 2002 montrer dans quelques jours des images prises par une caméra de sécurité du parking prouvant sans le moindre doute qu'il s'agissait du vol AA77. Commence alors l'attente, car, si les images témoignent indubitablement de la présence de l'avion de ligne, cela conforte défi-nitivement ou presque la version officielle, même si un grand nombre d'anomalies demeureront non expliquées.

C'est le 7 mars 2002 que cinq photos sont publiées. Pourquoi seulement cinq ? Et pourquoi des photos et pas la vidéo complète ? Quelle qu'en soit la raison, elles ne prouvent aucunement la présence d'un Boeing 757. Il est même possible de conclure le contraire, à savoir qu'« aucun avion ne s'est écrasé sur le Pentagone ! », ce qui est l'accroche de l'édition française de *L'Effroyable Imposture*. Comment CNN, qui diffuse ces cinq photos, ne s'en rend pas compte et peut affirmer qu'il n'y a plus de doute, que c'est bien le vol AA77 ? CNN ne signifie déjà plus « Cable News Network » mais plutôt « Cover-up[191] News Network » – avec les années, la situation ne semble pas s'être améliorée, car cette chaîne est parfois surnommée « FNN » pour « Fraud News Network » ou « Fake News Network ».

Devons-nous néanmoins admettre qu'en dehors de cette caméra du parking, aucune n'a filmé ce qui s'est passé ? À Washington DC, l'une

---

191. « Cover-up » signifie « désinformation », « dissimulation ».

des villes au monde avec les réseaux de caméras de surveillance les plus denses ? Bien sûr que non. Parce que le FBI veille.

Arrêt pressant à la station-service du Pentagone

Le 11 décembre 2001, le *Richmond Times* raconte que le journaliste Bill McKelway a interrogé José Velasquez, pompiste à la station-service Nexcomm/Citgo, sur ce qui s'est passé juste après l'attaque sur le Pentagone :

> Un employé de la station-service située de l'autre côté de la rue du Pentagone et qui ne sert que des militaires a déclaré que les caméras de sécurité de la station devraient avoir enregistré le moment de l'impact. Seulement, ajoute-t-il, « je n'ai aucune idée de ce à quoi ressemblent les images. Le FBI est arrivé dans les minutes qui ont suivi et a confisqué le film ».[192]

Dans ce cas, le FBI est étonnamment rapide, comme si c'était l'action la plus urgente à mener à cet instant. Néanmoins, en terme de procédure, il est normal que les enquêteurs saisissent les enregistrements afin de faire toute la lumière sur le crime dont ils ont la charge.

La Commission ne fait pas état de ces bandes, comme si elles n'existaient pas. D'ailleurs, David Griffin considère qu'elle aurait dû auditionner le pompiste José Velasquez, le journaliste Bill McKelway et les agents fédéraux ayant pris possession de la bande, afin de déterminer qui leur en avait donné l'ordre et à quel moment. En effet, comment se fait-il qu'ils soient arrivés à la station-service « dans les minutes qui ont suivi » afin de saisir les bandes ? La Commission aurait aussi dû demander au FBI leur restitution, mais rien de cela ne figure dans le rapport final.

Main-basse au Sheraton

La station-service n'est pas la seule à recevoir la visite empressée des agents du FBI tandis que le Pentagone vient à peine d'être frappé. Ainsi, *The Gertz Files* publie l'information suivante le 21 septembre 2001 :

---

192. Cité dans *11 Septembre, omissions et manipulations de la Commission d'enquête*, p. 48.

Nous avons appris que les enquêteurs fédéraux pourraient avoir des images vidéo de l'attentat terroriste meurtrier perpétré contre le Pentagone.

Une caméra de sécurité au sommet d'un hôtel près du Pentagone peut avoir capturé des images spectaculaires du Boeing 757 détourné alors qu'il s'écrasait sur le mur ouest du Pentagone. Les employés de l'hôtel ont regardé le film en état de choc et d'horreur plusieurs fois avant que le FBI ne confisque la vidéo dans le cadre de son enquête.

C'est peut-être la seule vidéo disponible de l'attaque.[193]

En effet, *The Gertz Files* ajoute :

Le Pentagone a déclaré aux journalistes que ses caméras de sécurité n'ont pas enregistré l'accident.

L'attaque s'est produite près de l'héliport du Pentagone, une zone qui serait normalement sous surveillance 24 heures sur 24, y compris vidéo.

L'auteur s'étonne qu'aucune caméra du Pentagone n'ait filmé l'attaque, mais puisque ce sont les militaires qui le déclarent, il n'y a plus qu'à les croire sur parole. Pour voir ce qui s'est passé, il ne reste donc que ces images de l'hôtel confisquées par le FBI, dont, rapidement, il est révélé qu'il s'agit du Sheraton National Hotel. Si l'information que « les employés de l'hôtel ont regardé le film en état de choc et d'horreur plusieurs fois » est avérée, c'est que la scène y est forcément enregistrée.

Par conséquent, c'est cette vidéo qui aurait dû être confiée à CNN en vue de sa diffusion le 7 mars 2002, car elle aurait, évidemment, confirmé une bonne fois pour toutes la version gouvernementale, en montrant le vol AA77 frappant le bâtiment. Pourtant, ce sont les cinq images douteuses de la caméra du parking du Pentagone qui sont choisies. Pourquoi ? Que montre la bande de l'hôtel Sheraton ? Une autre vérité ? Et qu'est-elle devenue depuis toutes ces années ? Est-il

---

193. Inside the Ring, *The Gertz Files*, 21/09/2001, http://web.archive.org/web/20021219062257/http://www.gertzfile.com/gertzfile/ring092101.html.

utile de préciser que le rapport de la Commission n'y fait aucunement référence, alors que ces images pourraient être décisives pour comprendre ce qui s'est réellement passé ?

Signalons que d'autres vidéos auraient également pu se révéler importantes, par exemple celles prises du ministère du Transport de l'État de Virginie, compte tenu de la position du bâtiment par rapport au Pentagone. De même que celle du Sheraton National Hotel, il semble qu'elles ne furent jamais diffusées publiquement.

Résumons la situation à fin mars 2002, c'est-à-dire six mois après le 11 Septembre : les seules images disponibles de ce qui s'est passé à Washington sont les cinq photos tirées de la vidéo de la caméra de surveillance du parking du Pentagone !

Quatre ans plus tard, la situation n'a guère évolué, ainsi que le résume le site 9-11 Research, sur sa page *Pentagon Attack Footage* :

> Il est frappant de constater qu'il n'y a ni vidéo ni preuve photographique dans le domaine public montrant un avion de ligne s'approchant ou s'écrasant sur le Pentagone. En mai 2006, les seules séquences vidéo de l'accident qui ont été diffusées sont des extraits de deux caméras de sécurité du Pentagone au nord du lieu de l'accident, l'une d'entre elles étant la source de cinq images qui ont fuité en 2002.
>
> Avec la sortie des deux clips vidéo, le Pentagone prétend avoir fourni toutes les images de l'attaque. Bien que le nombre et la position des caméras de sécurité qui surveillent le Pentagone ne soient pas connus du public, il semble peu probable que seulement deux caméras de sécurité aient capté l'attaque. N'est-il pas raisonnable de supposer qu'il y avait des douzaines, sinon des centaines, de caméras de sécurité suivant l'immense bâtiment, qui est le cœur de l'establishment militaire des États-Unis ?[194]

---

194. 9-11 Research, *Pentagon Attack Footage*, http://911research.wtc7.net/pentagon/evidence/footage.html.

Double ration pour les hôtels

Les États-Unis possèdent une loi importante pour le fonctionnement d'une démocratie, c'est le Freedom of Information Act (FOIA),[195] qui permet de soumettre une requête auprès du gouvernement et de plus de cent agences publiques pour obtenir une information qui n'est pas disponible. Puisque le FBI confisque les enregistrements vidéo et les garde au secret, il n'y a pas d'autre solution que de tenter une requête FOIA pour essayer d'en obtenir une copie – le résultat n'est pas toujours garanti.

En février 2002, le correspondant attitré de CNN pour le Pentagone, Jamie McIntyre, apprend du gérant de l'hôtel Doubletree à Arlington que, lui aussi, a eu sa vidéo confisquée par le FBI. La direction de CNN effectue alors une requête FOIA pour en obtenir une copie.

Elle est rejetée, car, à l'époque, l'enregistrement est considéré comme une preuve dans l'enquête sur Zacarias Moussaoui.

Le site 9-11 Research dresse la chronologie complète de deux autres demandes FOIA sur sa page *Pentagon Attack Footage*, ce qui n'exclut pas qu'il y en ait eu d'autres :

> 14 octobre 2004 : Scott A. Hodes, au nom de son client Scott Bingham, envoie une demande à David Hardy du FBI pour demander des vidéos « qui pourraient avoir capturé l'impact du vol 77 sur le Pentagone le 11 septembre 2001 ». La lettre de demande mentionne des bandes vidéo de la station-service Citgo et de l'hôtel Sheraton National.
>
> 3 novembre 2004 : Le FBI répond à la demande de S. Bingham en déclarant que leur recherche « n'a révélé aucun dossier répondant à votre demande d'accès à l'information ».

Avec cette réponse, qui revient à nier l'existence de ces bandes, c'est une belle preuve d'obstruction et de mensonge de la part du FBI, pourtant chargé de faire respecter la loi.

> 17 novembre 2004 : Hodes dépose un appel de la demande de son client auprès du département de la Justice des États-Unis

---

195. « Loi d'accès à l'information », signée le 4 juillet 1966 par le président Lyndon B. Johnson et entrée en vigueur l'année suivante.

(DOJ), citant des preuves que les bandes vidéo mentionnées dans la demande originale existent.

15 décembre 2004 : Christopher J. Farrell de Judicial Watch, Inc. écrit à James Hogan, à l'Office of Freedom of Information/ Security Review of the DOD, demandant que le U.S. Department of Homeland Security (DHS), le DOD et le FBI produisent tous les documents de l'organisme concerné se rapportant ou reflétant les sujets suivants :

(1) Enregistrements par caméra vidéo obtenus par un ou des fonctionnaires fédéraux et/ou les forces de l'ordre d'une station-service Nexcomm/Citgo à proximité du Pentagone le ou vers le 11 septembre 2001.

(2) Enregistrement(s) caméra(s) vidéo de sécurité du Pentagone montrant le vol 77 frappant et/ou son crash contre le Pentagone le 11 septembre 2001.

(3) Enregistrement(s) par caméra vidéo de télévision en circuit fermé (CCTV) obtenu(s) par tout fonctionnaire fédéral et/ou service de police du ministère des Transports de la Virginie (VDOT) et/ ou du Smart Traffic Center du VDOT le ou vers le 11 septembre 2001.[196]

Le début de l'année 2005 se passe en obstruction de la part des autorités, principalement du département de la Justice et du département de la Défense, afin de ne pas remettre ces bandes. De nouveau, l'une des raisons avancées est le procès en cours contre Zacarias Moussaoui. Néanmoins, la situation progresse et le 7 septembre 2005, l'agent spécial Jacqueline Maguire, de la Division antiterrorisme du bureau de Washington, signe une déclaration sur la mission qui lui a été confiée dans le cadre des requêtes FOIA permettant de faire le point définitif sur les bandes en possession du FBI :

[...]

9. Le 4 avril 2005, [...] en particulier, on m'a demandé de déterminer si le FBI possédait des bandes vidéo d'une station-service

---

196. 9-11 Research, *Pentagon Attack Footage*, http://911research.wtc7.net/pentagon/evidence/footage.html.

Citgo, ou de toute autre station-service, d'un hôtel Sheraton ou de tout autre hôtel montrant le vol 77 le 11 septembre 2001.

10. Le 6 avril 2005, j'ai répondu [...] que même si le FBI possédait d'autres bandes vidéo qui montraient le Pentagone le 11 septembre 2001, elles ne montraient que des scènes postérieures à l'impact et, par conséquent, pas l'impact du vol 77 sur le Pentagone.

11. En réponse aux questions de suivi du personnel de la RMD [Records Management Division], j'ai par la suite effectué des recherches dans une série de bases de données de preuves du FBI, y compris le système de dossiers électroniques du FBI et le Investigative Case Management System du FBI, et déterminé que le FBI possédait quatre-vingt-cinq (85) bandes vidéo qui pourraient potentiellement répondre à la demande FOIA du requérant. Ce constat est basé sur les bandes vidéo soumises au FBI dans le cadre des preuves, ou envoyées directement au laboratoire du FBI à Quantico, en Virginie, et/ou obtenues par le bureau du FBI à Washington.

12. J'ai ensuite déterminé, en examinant la chaîne de suivi et d'autres documents écrits à l'appui associés à chaque bande vidéo, que cinquante-six (56) de ces bandes ne montraient ni le bâtiment du Pentagone, ni le site du crash du Pentagone, ni l'impact du vol 77 sur le Pentagone le 11 septembre 2001.

13. J'ai personnellement regardé les vingt-neuf (29) bandes vidéo restantes. J'ai déterminé que seize (16) d'entre elles ne montraient pas le site du crash et ne montraient pas l'impact du vol 77 sur le Pentagone le 11 septembre 2001.

14. Sur les treize (13) bandes vidéo restantes, qui montraient le site du crash, douze (12) ne montraient le Pentagone qu'après l'impact du vol 77. J'ai déterminé qu'une seule bande vidéo montrait l'impact du vol 77 sur le Pentagone le 11 septembre 2001. Cette bande vidéo est le CD-ROM décrit au paragraphe 23 de la Déclaration Hardy, datée du 1er août 2005.[197]

15. Parmi les quatre-vingt-cinq (85) bandes vidéo décrites au paragraphe 11 ci-dessus, j'ai trouvé une bande vidéo enregistrée par la télévision en circuit fermé à la station-service Citgo

---

197. Il s'agit de la vidéo prise par la caméra du parking du Pentagone, que nous avons citée en début de chapitre.

d'Arlington, en Virginie. En raison de sa qualité généralement médiocre, cette bande a été apportée à l'Unité d'analyse d'images audio-vidéo médico-légale du FBI (« FAVIAU ») par un autre membre de l'équipe d'enquête de la PENTTBOM. On a demandé à FAVIAU de déterminer si la bande vidéo montrait l'impact du vol 77 sur le Pentagone le 11 septembre 2001 et, si de telles preuves existaient sur la bande vidéo, d'en développer des images fixes. Le personnel du FAVIAU a aidé le personnel de l'équipe d'enquête du PENTTBOM à déterminer que l'enregistrement vidéo ne montrait pas l'impact du vol 77 sur le Pentagone le 11 septembre 2001.

16. J'ai également effectué une recherche dans le système de dossiers électroniques du FBI, le système de gestion des dossiers d'enquête et d'autres bases de données de preuves pour toutes les bandes vidéo en possession du FBI de l'hôtel Sheraton National d'Arlington, en Virginie. Je n'ai pas trouvé une telle bande vidéo. J'en ai trouvé une prise d'une télévision en circuit interne à l'hôtel Doubletree à Arlington, en Virginie. J'ai toutefois déterminé que l'enregistrement vidéo ne montrait pas l'impact du vol 77 sur le Pentagone le 11 septembre 2001.[198]

Voilà, tout est résumé par l'agent spécial Jacqueline Maguire : le FBI a quatre-vingt-cinq vidéos en sa possession, mais pas une seule ne montre l'impact du vol 77 sur le Pentagone (à part celle prise du parking). En revanche, la bande du Sheraton National Hotel, celle que « les employés de l'hôtel ont regardée en état de choc et d'horreur plusieurs fois », n'apparaît pas dans les bases de données du FBI. Dommage qu'elle ait disparu – ou qu'on l'ait fait disparaître. Négligence ou volonté manifeste, il est impossible de le savoir, mais c'est un problème pour le FBI dans les deux cas.

Quant à la bande du ministère des Transports de la Virginie, requise par Judicial Watch dans le cadre de sa demande FOIA, elle n'est citée à aucun passage de la déclaration de l'agent spécial Maguire. Là aussi, c'est profondément regrettable, car ce bâtiment se situe dans l'axe de la trajectoire du Boeing qui a disparu à l'intérieur du Pentagone : il doit forcément être sur les images.

198. http://www.judicialwatch.org/wp-content/uploads/2013/07/A_2006_double-treeaffadavit.pdf

Arriva ce qui devait arriver… quoique

Après un combat judiciaire pour établir que le département de la Défense « n'a aucune base légale » pour refuser de rendre publiques les images, quatre bandes sont désormais visibles sur le site de Judicial Watch[199] :

1) parking du Pentagone : caméra de sécurité n° 1 ;

2) parking du Pentagone : caméra de sécurité n° 2 ;

3) vidéos des caméras de la station-service Citgo ;

4) vidéo en provenance de l'hôtel Doubletree d'Arlington.

Nous avons déjà parlé des deux premières bandes, et la troisième ne présente aucun intérêt. Voici ce que CNN déclare au sujet de la quatrième :

> Il a été spéculé que cette vidéo pourrait montrer l'avion de ligne 757 d'American Airlines avant qu'il ne s'écrase, mais un examen attentif par CNN n'a révélé que l'explosion subséquente et aucune image de l'avion.[200]

C'est exact : on ne distingue pas l'avion, car l'impact se produit à l'opposé de la caméra, masquée par le Pentagone. Pourtant, elle est parfaitement dans l'axe. Toutefois, ce qui nous paraît le plus important dans ce petit film n'est pas ce que nous voyons mais ce que nous ne voyons pas : en effet, il démarre à peine une seconde avant l'impact. Or, s'il y avait deux à trois secondes supplémentaires, nous verrions forcément l'avion plonger sur le Pentagone avant de le percuter, car les avions de ligne ne volent pas en rase-motte. Cela provient-il de l'enregistrement original, qui a démarré juste une seconde avant l'impact, ou a-t-il été volontairement tronqué par le FBI ?

Décidément, quel manque de chance avec les bandes vidéo à Washington ! Le FBI égare sans doute la plus intéressante (celle de l'hôtel Sheraton), fait comme si celle du ministère du Transport de Virginie n'existait pas, diffuse celle des deux caméras du parking qui ne montrent pas l'image de l'instant précis de l'impact, et la dernière démarre une

---

199. https://www.judicialwatch.org/cases/judicial-watch-v-federal-bureau-of-investigation-no-06-1135/
200. http://edition.cnn.com/2006/WORLD/europe/12/02/saturday/index.html

seconde avant l'impact ! De plus, cela fait peu de films au total pour la capitale du centre du monde, ou supposée telle.

L'instant d'après

En revanche, des photos sont prises à peine quelques minutes après l'attaque, avant que la façade ne s'effondre (cf. p. 142). Nous n'allons pas commenter ce point, car il nous éloigne du FBI, mais, en conclusion de cette partie, laissons la parole au Français François Grangier, expert enquête-accident aéronautique, commandant de bord, instructeur, examinateur en vol :

> Ce qu'il y a de certain quand l'on voit la photo de cette façade qui est intacte, il est évident que l'avion n'est pas passé par là. On peut imaginer qu'un avion de cette taille-là ne peut pas passer par une fenêtre en laissant l'encadrement debout. Mais il est évident que si avion il y a eu, il a tapé à un autre endroit.[201]

C'est exactement le constat à partir des premières images diffusées qui m'a convaincu de proposer à Thierry Meyssan d'écrire *L'Effroyable Imposture* puis *Le Pentagate* : un Boeing 757 ne peut pas disparaître à travers un orifice de cinq ou six mètres de large au rez-de-chaussée sans autre dégât sur la façade de l'immeuble ou même la pelouse, absolument intacte. Ce ne semble pas être l'avis du FBI, mais nous reviendrons sur le vol AA77 dans le dernier chapitre.

L'affaire de l'anthrax[202]

À partir du 18 septembre 2001, soit sept jours après les événements, des lettres contaminées au bacille du charbon sont envoyées à des médias mainstream, puis, en octobre, aux deux sénateurs démocrates Patrick Leahy et Tom Daschle, faisant cinq morts plus une vingtaine de personnes infectées. Les spores utilisées dans ces deux dernières lettres sont si sophistiquées que le Hart Senate Office Building doit être fermé plusieurs mois pour décontamination. Compte tenu des

---

201. + Clair, Canal +, 23 mars 2002, cité dans *Le Pentagate*, p. 31.
202. Le mot anglais « anthrax » devrait être traduit par « bacille du charbon » en français et non par le mot « anthrax », qui n'a pas le même sens. Néanmoins, le mot a tellement été utilisé dans les médias que nous continuerons de parler de « l'affaire de l'anthrax ».

textes (cf. photo p. 160) et du contexte, Al-Qaïda est immédiatement soupçonnée, ainsi que l'Irak, puis les deux, car seul un État peut produire une substance d'une telle complexité.

Bien que tout soit fait pour crédibiliser l'hypothèse de « l'ennemi extérieur », des scientifiques indépendants démontrent peu de temps après que les souches proviennent forcément de laboratoires américains militaires ou collaborant avec le Pentagone. La piste musulmane doit donc être exclue. Cependant, en plus des victimes, le mal est déjà fait, ainsi que le constate le Pr Graeme McQueen :

> Quels furent les effets des attaques à l'anthrax et qui en est l'auteur ?
>
> L'effet principal fut de maintenir la dynamique créée par les attentats du 11 septembre 2001. L'aspect externe de la réaction au 11 Septembre s'adressait à ceux que l'on croyait responsables, en supportant l'invasion et l'occupation de l'Afghanistan. Les premières bombes furent larguées sur l'Afghanistan le 7 octobre 2001, deux jours après le premier décès par anthrax aux États-Unis. Les attaques à l'anthrax maintinrent Al-Qaïda et l'Afghanistan dans le viseur.[203]

Le Pr McQueen ajoute que les préparatifs pour l'invasion de l'Irak de 2003 commencent dès cette période – en effet, le sénateur John McCain annonce le 18 octobre 2001 à la télévision qu'après l'Afghanistan, « la seconde étape est l'Irak »[204] –, mais il considère néanmoins que c'est sur le plan intérieur que l'affaire de l'anthrax obtient la plus grande victoire :

> Le procureur général John Ashcroft présente peu après le 11 septembre 2001 ce qu'on appellera plus tard le Patriot Act et fait clairement savoir au Congrès qu'il souhaite son adoption immédiate. Mais il y a de la résistance. La population en général et le Congrès commencent à se remettre des attentats du 11 Septembre et, ce faisant, leur volonté de sacrifier les droits civils

---

203. *9/11 Truth: War on Terror or "War on Democracy"? The Physical Intimidation of Legislatures,* Pr Graeme McQueen, Global Research, September 08, 2018.
204. *October 18, 2001:Senator McCain Says Second Phase of War on Terrorism is Iraq, Suggests Iraq May Be Responsible for Anthrax Attacks,* HistoryCommons.org.

a tendance à diminuer. Les attaques à l'anthrax sauvent la mise pour Ashcroft, en faisant en sorte que la population et le Congrès restent suffisamment intimidés pour accepter le Patriot Act. La loi est adoptée le 26 octobre 2001. Le lien entre son passage et les attaques à l'anthrax est très clair.

En effet, il y a alors deux puissants sénateurs démocrates, dont les actions ralentissent l'adoption du Patriot Act. L'un d'eux est Tom Daschle, que j'ai déjà mentionné. Le second est Patrick Leahy, président du Comité sénatorial de la magistrature. Des lettres contenant de l'anthrax leur sont envoyées immédiatement après qu'ils aient résisté à une date limite pour l'adoption du projet de loi proposé par le vice-président Dick Cheney.

Comme il est étrange qu'Al-Qaïda et l'Irak aient une haine particulière pour les sénateurs démocrates ralentissant le Patriot Act !

Mais, bien sûr, les lettres sur l'anthrax ne furent pas envoyées par Al-Qaïda et l'Irak. D'après ce que nous avons appris depuis, aucun musulman n'eut quoi que ce soit à voir avec ces attaques.

[...] les mensonges portés en octobre-novembre 2001 pour viser l'Afghanistan et l'Irak avec les attaques à l'anthrax (l'Irak comme commanditaire, Al-Qaïda comme client) appartiennent à la même batterie de mensonges utilisée pendant des années pour justifier l'attaque contre l'Irak de 2003. Les deux principales duperies étaient (a) que l'Irak possédait des « armes de destruction massive » et (b) que l'Irak était un commanditaire d'Al-Qaïda.

L'enquête est confiée au FBI. Elle va durer sept ans ! Il apparaît dès le mois d'octobre 2001 que la source des spores est inévitablement américaine et proche des militaires, ce qui implique au maximum une dizaine de laboratoires – dont l'USAMRIID, l'unité de recherche sur les armes biologiques de l'armée à Fort Detrick, Maryland – et une centaine de scientifiques, deux cents tout au plus. Malgré le nombre limité de suspects, le FBI ne les pas encore tous interrogés six mois plus tard, ce qui suscite l'étonnement et l'incompréhension, comme s'il ne voulait pas résoudre l'affaire. Serait-ce parce que les coupables semblent d'origine nationale et en lien avec l'armée ? D'ailleurs, comme pour l'ensemble de l'opération 11 Septembre, et bien que ne disposant d'aucune preuve pour étayer cette affirmation,

Le FBI annonce rapidement qu'un individu est responsable des attaques et commence alors bruyamment à rechercher ce « loup solitaire ».[205]

Ainsi, plusieurs personnes sont successivement suspectées et certaines jetées en pâture aux médias et au public. Par exemple, le FBI enquête en novembre 2001 sur trois Pakistanais travaillant à la commune de Chester, en Pennsylvanie. Ils n'ont évidemment aucune compétence pour produire de la poudre mortelle au bacille du charbon, mais cela n'empêche pas le FBI de les propulser à la une des médias, détruisant pour toujours leur réputation. Deux d'entre eux qui sont en cours d'obtention de la citoyenneté états-unienne se la voit refuser et sont obligés de quitter le pays à l'expiration de leur visa. Quant au troisième, qui l'a déjà acquise, il est placé sur une *no-fly watch list* pendant six ans, avec tout ce que cela implique comme harcèlement administratif et sécuritaire dès qu'il s'agit de prendre l'avion.

Trois scientifiques sont aussi victimes des méthodes de harcèlement du FBI, dont l'un, Steven Hatfield, perçoit près de six millions de dollars de dédommagement du gouvernement en 2008, après que le FBI a ruiné sa carrière et son image. Pourtant, il n'a jamais été arrêté ni inculpé parce qu'il n'y a pas la moindre trace de preuve ou de témoin contre lui. Les deux autres personnes, Perry Mikesell[206] et Bruce Edwards Ivins, terminent leur vie par le suicide.

À partir de la mort de ce dernier, le 29 juillet 2008, le FBI considère l'affaire de l'anthrax comme résolue. Pourtant, nombre de ses collègues déclarent qu'il n'avait pas les compétences pour produire une telle poudre et n'imaginent pas qu'il puisse être un terroriste. De plus, quel aurait pu être son motif pour une telle action criminelle ? Pourquoi aurait-il envoyé des lettres mortelles à deux sénateurs s'opposant à l'adoption du Patriot Act ?

Là encore, ce qui interpelle, ce sont les méthodes et les tactiques du FBI, fort avec les faibles. On apprend, par exemple, que :

205. *The 2001 Anthrax Deception: The Case For a Domestic Conspiracy*, Graeme Mac-Queen, Clarity Press, 2014.
206. Alors que les soupçons du FBI se portent sur lui, il devient un alcoolique enragé. Un de ses proches déclarera : « Il a bu jusqu'à la mort ». Source : *Late October 2002: Anthrax Attacks Suspect Drinks Himself to Death,* HistoryCommons.org.

Des agents du FBI font pression sur Ivins dans des lieux publics et aussi sur ses enfants. En mars, alors qu'il se trouve dans un centre commercial avec sa femme et son fils, des agents du FBI l'apostrophent : « Vous avez tué un tas de gens. » Puis ils se tournent vers sa femme et lui disent : « Savez-vous qu'il a tué des gens ? » La même semaine, Ivins dit avec colère à un ancien collègue qu'il soupçonne sa thérapeute de coopérer avec le FBI. (*Washington Post*, 6/8/2008). Une telle pression publique sur les membres de la famille d'Ivins avait commencé dès la fin de l'automne 2007.[207]

Il ne fait guère de doute qu'Ivins était un homme perturbé. Déterminer si ces troubles l'ont conduit à se suicider avant ou après la traque implacable des enquêteurs (qui montrèrent des photos des victimes de la maladie du charbon à sa fille en lui disant « c'est ton père qui a fait ça » et offrir en vain 2,5 millions de dollars US à son fils pour l'inciter à incriminer son propre père) est encore une autre question ouverte.[208]

Il venait d'ailleurs de séjourner en hôpital psychiatrique, du 10 au 23 juillet.[209] Brad Friedman, dans son article publié dans *The Guardian* que nous venons de citer, constate de façon critique que les mêmes méthodes du FBI continuent malgré le suicide de cet homme :

Le dossier contre le Dr Bruce Ivins – un chercheur en bioterrorisme fort respecté, travaillant à l'Institut de recherche médicale sur les maladies infectieuses [USAMRIID] dépendant de l'armée de terre états-unienne et situé à Fort Detrick, au Maryland – a été rendu public par le FBI dans une conférence de presse, à la suite de son suicide annoncé la semaine précédente. Au cours de cette période, on a pu assister pêle-mêle à plusieurs jours de mauvais comptes-rendus dans la presse, des fuites risibles dénuées de preuve provenant de fonctionnaires anonymes à destination de médias trop heureux de les colporter, et au scepticisme croissant

207. *March 2008: FBI Agents Pressure Anthrax Attacks Suspect Ivins and His Family*, HistoryCommons.org.
208. 'Anthrax killer' remains a mystery, Brad Friedman, *The Guardian*, 11 août 2008.
209. *July 23, 2008: Anthrax Attacks Suspect Ivins Released from Mental Hospital; FBI Does Not Arrest Him*, HistoryCommons.org.

des experts dans le domaine de la recherche en bioterrorisme, mais aussi des collègues d'Ivins ainsi que de toute personne ayant pris la peine de prêter une attention particulière au-delà des titres trompeurs.

Le problème a commencé à se révéler dès vendredi, le jour même où la mort d'Ivins a été annoncée, lorsque les experts dans le domaine de la recherche sur le terrorisme biologique ont fait une simple constatation : Ivins, le dernier supposé « tueur à l'anthrax » en date produit par le FBI (qui vient juste d'éviter un procès avec le précédent, Steven Hatfill, en lui offrant, en juin, un dédommagement de [5,82] millions de dollars US) n'avait « pas accès à l'anthrax sous forme sèche et en poudre » dans son laboratoire de Fort Detrick.

En outre, ses collègues affirment que, s'il avait essayé d'en fabriquer à partir de la version liquide disponible là-bas, il n'aurait pas été en mesure de le faire sans être remarqué. Même après que le FBI eut finalement publié mercredi quelques informations tendancieuses, le scepticisme des experts et de leurs pairs persiste.

Afin de lever ces doutes et prouver qu'il a raison, le FBI commande une étude à l'Académie nationale des sciences, qui arrive à la conclusion que l'examen scientifique ne permet pas de démontrer l'existence d'un lien concluant avec le Dr Ivins et que la source des spores impliquées dans les attentats de 2001 n'a pas été établie par la science du FBI.[210]

De toute façon, le dossier est alors clos et Robert Mueller, le directeur du FBI, avait déjà déclaré quelques jours après le suicide de Bruce Edwards Ivins :

> « Je ne m'excuse pour aucun aspect de l'enquête », avant d'ajouter qu'il serait erroné « de dire que des erreurs ont été commises ».[211]

---

210. *February 15, 2011: FBI-Funded Anthrax Science Review Does Not Find Conclusive Link to Ivins*, HistoryCommons.org.
211. *August 8, 2008: FBI Director Mueller Says No Mistakes Were Made in Anthrax Attacks Investigation*, HistoryCommons.org.

Si l'objectif initial consistait à trouver un « loup solitaire », donc à masquer les vrais criminels, alors, effectivement, aucune erreur n'a été commise. C'est même une réussite absolue : le coupable choisi par le FBI ne parlera plus. Mission accomplie.

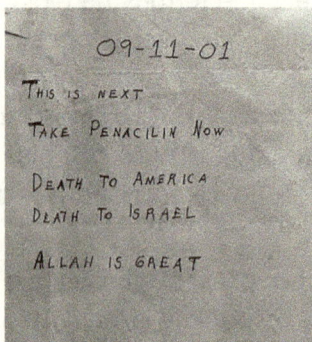

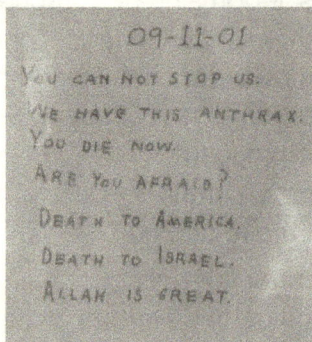

Chapitre 9/8

Le FBI laisse disparaître

Les décombres du World Trade Center

Nous n'aborderons pas dans cette partie les questions et anomalies cruciales au sujet de ce qui s'est passé à New York, comme la chute des deux tours quasiment à la vitesse de la gravité, en à peine plus de dix secondes ; les explosions entendues par les pompiers avant que les tours ne commencent à s'effondrer, ainsi que par d'autres témoins, comme William Rodriguez, concierge au WTC, qui me le confirma lors d'une rencontre à Paris en mai 2005, et validées par les relevés sismiques ; par qui, ainsi qu'il l'a déclaré, le maire Rudolph Giuliani et son équipe furent-ils prévenus que le WTC allait s'écrouler, alors que c'était imprévisible de la manière dont cela s'est produit et que les sauveteurs continuaient de monter par les escaliers ; les raisons de Larry Silverstein et des pompiers pour faire tomber la Tour n° 7 alors qu'il n'y avait des incendies qu'aux septième et douzième étages et d'intensité limitée, ne menaçant pas la structure de l'immeuble ; etc.

Ces questions, bien que fondamentales pour comprendre le 11 Septembre, n'intéressent pas la Commission, ni, sans surprise, le FBI. Pourtant, elles rendent impossible la version gouvernementale et la théorie de la destruction due aux seuls avions : il y a, au minimum, des explosifs, et pas seulement dans la Tour 7. Cela expliquerait les explosions entendues avant le début de l'effondrement.

D'ailleurs, tandis que la rédaction de ce livre touche à sa fin, une formidable nouvelle arrive des États-Unis : le procureur du district sud de New York informe les membres du Lawyers Committee for 9/11 Inquiry qu'il accepte de soumettre leur requête à un grand jury sur les crimes fédéraux non poursuivis pour l'utilisation d'explosifs et/ou d'incendiaires pré-implantés afin de détruire les trois édifices WTC1, WTC2 et WTC7. C'est, enfin, le premier pas vers une procédure indépendante sur les événements du 11 Septembre !

Nous ne nous intéresserons donc qu'à un seul point dans cette partie : le déblaiement des décombres. Parce que Ground Zero constitue indubitablement une scène de crime, l'enlèvement des débris ne peut être réalisé comme sur n'importe quel chantier : il y a un protocole à suivre afin que les organismes en charge puissent mener leur enquête. Or, la ville de New York ne le respecte pas en décidant de commencer sans délai l'enlèvement et le recyclage, c'est-à-dire la disparition des pièces à conviction. Tandis que les investigations n'ont pas encore débuté, près de 130 000 tonnes sont déjà retirées du site au 28 septembre. David Griffin fait d'ailleurs remarquer au sujet de l'acier, qu'il est vendu

> à des ferrailleurs qui l'ont ensuite exporté à l'étranger, en Corée et en Chine notamment. Ceci peut être important parce que si les colonnes ont été détruites à l'explosif, elles devraient en porter des traces. Normalement, enlever des indices d'une scène de crime est un délit fédéral. Mais, dans ce cas, le FBI a laissé les opérations se poursuivre.[212]

C'est ce que confirme Architects & Engineers for 9/11 Truth, qui regroupe plus de trois mille architectes et ingénieurs, en rappelant l'article 205.50 du Code pénal de New York :

> [...] une personne « se rend complice de crime » lorsque, avec l'intention d'empêcher, d'entraver, ou de retarder, l'arrestation ou l'identification [...] d'une personne dont elle sait qu'elle a commis un crime, ou qu'elle soupçonne d'avoir commis un crime, [...] elle supprime, par une quelconque action de dissimulation, d'altération ou de destruction, n'importe quelle preuve matérielle susceptible d'aider à découvrir ou appréhender une telle personne, ou de porter plainte contre elle.[213]

Cet article pénal pourrait aussi s'appliquer à la disparition des boîtes noires, dont seraient responsables des agents du FBI, situation que nous présentons ci-dessous. Le FBI laisse donc disparaître les pièces à

---

212. *11 Septembre – Omissions et manipulations de la Commission d'enquête*, David Ray Griffin, pp. 38-39.
213. *Documenting the Destruction of Physical Evidence at the World Trade Center*, Ted Walter, Tony Szamboti et Dennis McMahon, Architects & Engineers for 9/11 Truth, 11 avril 2018.

conviction que constituent les poutres et les colonnes en acier, malgré les protestations d'experts, du *New York Times*, de familles de victimes, etc. Rien n'arrête ni même ralentit l'enlèvement des débris.

La raison officielle alléguée est qu'il faut enlever l'acier le plus vite possible pour que les secouristes puissent accéder aux victimes éventuellement encore en vie sous les décombres. Sans doute, mais David Griffin fait remarquer :

> Ce prétexte est une raison de plus de se pencher avec attention sur l'effondrement de la Tour n° 7 : tout le monde avait évacué le bâtiment des heures avant qu'il ne s'effondre, vers 17 h 30, donc il ne pouvait pas se trouver de victimes sous les décombres. Et pourtant, on a enlevé aussi rapidement les débris d'acier de ce bâtiment.[214]

Dommage. Même s'il ne fait guère de doute après la déclaration télévisée de Larry Silverstein – lorsqu'il a utilisé le verbe « to pull » – qu'une démolition contrôlée a été déclenchée avec des explosifs, cela aurait permis d'en retrouver la trace. Cela laisse toutefois d'importantes questions sans réponse : quand et qui les a placés dans cette tour, ainsi que, probablement, dans les deux autres, et dans quel but ?

Finalement, l'élu de l'État de New York à la Chambre des représentants, Joseph Crowley, déclare au sujet des débris du WTC :

> Il y a eu tant de pièces de perdues pendant ces six derniers mois que nous ne pourrons jamais y revenir et les rapporter. Et ce n'est pas que par malchance, c'est à la limite du crime.[215]

Seulement à « la limite du crime » ?

---

214. *11 Septembre – Omissions et manipulations de la Commission d'enquête*, David Ray Griffin, pp. 38-39.
215. *Documenting the Destruction of Physical Evidence at the World Trade Center*, Ted Walter, Tony Szamboti et Dennis McMahon, Architects & Engineers for 9/11 Truth, 11 avril 2018.

Les mystérieuses boîtes noires du 11 Septembre

Les avions de ligne sont équipés de deux « boîtes noires » – en fait, de couleur orange –, quasiment indestructibles et pouvant résister aux incendies intenses (un feu de 1 100° C pendant une heure, soit la température de combustion du kérosène et nettement plus que ce qui a été estimé pour le WTC) et aux crashs les plus violents (le fait qu'elles soient placées dans la queue de l'appareil y contribue). Elles se composent de deux équipements :

- le Flight Data Recorder (FDR), chargé d'enregistrer les paramètres physiques du vol tels que l'altitude de l'avion, sa vitesse, sa trajectoire,

- et le Cockpit Voice Recorder (CVR), qui enregistre les conversations dans le cockpit et celles avec l'extérieur.

Selon le FBI et la Commission, aucune des quatre boîtes des vols AA11 et UA175 n'a été retrouvée dans les décombres du World Trade Center[216]. Est-ce surprenant, puisqu'ils ont été enlevés et recyclés si rapidement ? Après tout, il est possible de retrouver un passeport intact, le FBI en a apporté la preuve (cf. chapitre suivant), mais pas des boîtes noires ultra solides.

Pourtant, le 9/11 Consensus Panel, qui regroupe des experts indépendants,[217] rapporte que :

Les affirmations officielles ci-dessus sont contredites par un certain nombre de preuves opposées :

– Contrairement au récit officiel à propos des vols AA11 et UA175, Nicholas DeMasi, un pompier de New York qui travaillait au déblaiement de Ground Zero, et le volontaire Mike Bellone décrivent en octobre 2001 leur découverte de trois des quatre boîtes noires dans les débris des Tours jumelles. [8]

– Un mémo du 18 septembre 2001 adressé au gouverneur George Pataki par le directeur du Bureau des urgences de New York, Edward F. Jacoby Jr., mentionnait le fait que « les enquêteurs

---

216. *9/11 Commission Report*, p. 456, note 76.
217. www.consensus911.org

ont identifié le signal d'une des boîtes noires dans les débris du WTC. » [9]

– Le général Paul Kern, le général du service des commandes de matériel de l'armée US, écrit en 2002 que « des détecteurs de fréquences radio développés au CECOM [Communications Electronics Command] ont été utilisés pour retrouver les enregistreurs des « boîtes noires » des appareils qui se sont écrasés contre les deux tours. » [10][218]

L'histoire de Nicholas DeMasi et Michael Bellone est plus détaillée dans un article de William Bunch, un vainqueur du prix Pulitzer, écrit à partir du livre *Behind-the-Scenes: Ground Zero*[219] et publié dans le *Philadelphia News* du 28 octobre 2004 :

Deux hommes ayant beaucoup travaillé dans les décombres du World Trade Center prétendent avoir aidé des agents fédéraux à trouver trois des quatre « boîtes noires » des avions de ligne qui ont frappé les tours le 11 septembre, ce qui contredit le compte-rendu officiel. [...]

DeMasi, un amateur de quads, déclare qu'il en a fait don de quatre pour le nettoyage et est devenu connu sous le nom de « le gars quad ».

« À un moment donné, on m'a demandé d'emmener des agents fédéraux faire le tour du site pour chercher les boîtes noires des avions », écrit-il. « Nous nous préparions à sortir. Mon quad était garé en haut de l'escalier à l'entrée de Brooks Brothers. Nous avons chargé l'équivalent d'environ un million de dollars de

---

218. *Point Flt-4 : Mystérieuses anomalies concernant les boites noires des 4 avions du 11-Septembre*, Consensus 9/11. Notes : [8] Gail Swanson et Robert Nahas, eds., *GROUND ZERO: Behind the Scenes: A Collection of Personal Accounts* (2003); Will Bunch, "*New Coverup Revealed? Black Boxes Found,*" *Philadelphia News*, 28 octobre 2004 [9] Edward F. Jacoby, Jr., 18 sept. 2001, mémo au Gouverneur George Pataki. OEM FOIL Sec. 4, p. 16. Jacobi était le directeur du Bureau de gestion des urgences de New York, responsable de la supervision de 22 agences d'État et de près de 17 000 personnes, dont 5 200 gardes nationaux et 400 officiers de police d'Etat. [10] Général Paul J. Kern, "*AMC: Accelerating the Pace of Transformation,*" *AUSA: Army Magazine*, 2 janvier 2002. Kern a dirigé le *US Army Materiel Command* d'octobre 2001 à novembre 2004. (Wikipedia, accédé le 30 août 2014).
219. *Behind-the-Scenes: Ground Zero*, de Gail Swanson, avec l'Honorary Firefighter Mike Bellone et le pompier retraité Robert Barrett, TRAC Team, 2003.

matériel et l'avons attaché dans le quad. Au total, il y avait quatre boîtes noires. Nous en avons trouvé trois. »

Les efforts déployés pendant plusieurs jours pour localiser et interviewer DeMasi, qui, dit-on, fait maintenant partie de l'unité maritime des FDNY, n'ont pas abouti.[220]

Ce récit contredit totalement la version gouvernementale, mais il est corroboré par la déclaration de Michael Bellone, ainsi que poursuit William Bunch dans son article :

[M. Bellone] a rappelé que des agents du FBI sont arrivés un jour, au début d'octobre, pour effectuer les recherches et installer leur équipement près de Brooks Brothers. Il a dit qu'il n'était pas sorti avec eux sur le quad, mais qu'il avait observé leurs recherches.

Bellone déclara qu'à un moment, il avait vu l'équipe avec une boîte qui semblait carbonisée, mais qui était rouge-orange avec deux bandes blanches. Des photos des enregistreurs de vol sur le NTSB et d'autres sites web montrent des dispositifs orange, avec deux bandes blanches.

« Il y en a une que j'ai vue, et deux autres ont été retrouvées à des endroits différents – mais je n'étais pas là pour les deux autres », précise Bellone. Il a ajouté que les agents du FBI sont partis avec les boîtes.

Si le récit de DeMasi et Bellone est vrai, le motif qu'auraient les autorités fédérales pour prétendre qu'on ne les a pas trouvées n'est pas clair.

De la même façon, cependant, on ne voit pas très bien dans quel intérêt l'un ou l'autre homme aurait à mentir.

Il aurait été intéressant que, par exemple, le *New York Times* demande des précisions sur ce point à Michael Bellone, que certains de ses journalistes connaissent, puisqu'il apparaît au moins dans deux articles de 2002, les 24 mars et 15 juin, sous les plumes de Tina Kelley et Constance L. Hays. Il est toutefois possible qu'il ait été sollicité et qu'il

---

220. *New Cover-up revealed? 9/11 Black Boxes found*, William Bunch, *Philadelphia News*, 28 October 2004.

ait refusé, considérant que son témoignage dans le livre était déjà une contribution significative et qu'il ne souhaitait pas s'exposer plus en affirmant que le FBI avait menti. Sans preuve, il n'aurait, de toute façon, pas pu résister à la tempête qui se serait forcément abattue sur lui. De nouvelles informations sont toutefois publiées en 2016 à son sujet :

> En plus de nier que les boîtes noires furent trouvées, les représentants du gouvernement ordonnèrent aux témoins de garder le silence sur les découvertes, selon Mike Bellone. Il déclara avoir « reçu la visite d'un agent du FBI qui m'a dit que je ne devrais pas discuter de la question » de la récupération des boîtes noires. Quand il lui demanda pourquoi il devait se taire, l'agent lui répondit : « C'est quelque chose dont on ne devrait pas parler en ce moment. Vous ne devriez vraiment pas en parler. » [...]
>
> Et pourtant, ce comportement semble n'avoir aucun sens. Dave Lindorff commente : « Pourquoi le principal service de renseignement et d'application de la loi du gouvernement américain voudrait-il cacher au public non seulement les informations disponibles sur les deux vols détournés qui motivèrent et justifièrent la « guerre contre le terrorisme » du pays et ses deux guerres contre l'Afghanistan et l'Irak, mais même le fait qu'il possède les dispositifs qui pourraient contenir ces informations ? En d'autres termes, pourquoi le gouvernement supprimerait-il des informations qui auraient dû renforcer ses arguments en faveur de la « guerre contre le terrorisme » ? [24][221]

C'est, en effet, une excellente question, mais il ne faut sans doute pas attendre une réponse de la part du FBI... William Bunch poursuit ainsi son article au sujet de ces quatre boîtes noires du WTC :

> « Il est extrêmement rare qu'on ne récupère pas les enregistreurs. Je ne me souviens pas d'un autre cas domestique où nous ne les

---

221. *9/11 Black Boxes From WTC Plane Strikes Recovered By Rescuers, Authorities Covered This Up*, Shoestring, Portland Independant Media Center, 6 septembre 2006, http://portland.indymedia.org/en/2016/09/433089.shtml. Note [24] : Dave Lindorff, *9/11: Missing Black Boxes in World Trade Center Attacks Found by Firefighters, Analyzed by NTSB, Concealed by FBI*.

avons pas récupérés », déclare Ted Lopatkiewicz, porte-parole du National Transportation Safety Board, à CBS News en 2002.

Cela dit, il n'y eut jamais « un cas domestique » de cette ampleur. Cependant, une autre information vient corroborer par la suite les déclarations de Nicholas DeMasi et Michael Bellone :

> Afin de savoir ce qui est arrivé aux boîtes noires des avions qui ont percuté les Tours jumelles, le journaliste d'enquête Dave Lindorff s'entretient avec quelqu'un du National Transportation Safety Board (NTSB), l'organisme gouvernemental chargé d'enquêter sur tous les accidents survenus dans l'aviation civile américaine. Lindorff l'interroge : « Combien de ces boîtes ont-elles été trouvées ? » Le fonctionnaire du NTSB lui demande s'il veut « la vraie réponse ou la réponse officielle ». Répondant qu'il veut la vraie réponse, il lui dit : « Éh bien, ça ne doit pas être officiel. » Le fonctionnaire révèle alors : « Nous les avons toutes les quatre et... elles sont maintenant en possession du FBI, qui nous les a enlevées. »[222]

Si, effectivement, le FBI a confisqué les boîtes noires, comme il l'a fait pour les vidéos à Washington, cela explique pourquoi ce serait le seul « cas domestique » où elles n'ont pas été retrouvées. N'est-ce pas alors extrêmement grave que l'agence des États-Unis chargée de l'enquête et de l'application de la loi fasse disparaître des preuves aussi cruciales que les boîtes noires ? Qu'a à cacher le FBI de si important que personne ne doit connaître ?

Signalons également que les boîtes noires du vol AA77 ont bien été retrouvées au Pentagone, mais l'histoire présente des anomalies, sur lesquelles nous reviendrons dans le chapitre *9/11 – Le FBI ment.*

---

222. *9/11 Black Boxes From WTC Plane Strikes Recovered By Rescuers, Authorities Covered This Up*, Shoestring, Portland Independant Media Center, 6 septembre 2006, http://portland.indymedia.org/en/2016/09/433089.shtml.

La Maison des Saoud décolle

Tandis que la FAA confirme à 10 h 57 le 11 septembre que tous les vols commerciaux et privés sont interdits sur l'ensemble du territoire, les seuls autorisés à décoller et à se poser sont ceux transportant des Saoudiens, tout particulièrement des membres de la famille... ben Laden. Ils sont ensuite exfiltrés des États-Unis. Cela paraît incroyable compte tenu du contexte, ainsi que le souligne Craig Unger en page 13 de son livre *House of Bush, House of Saud* (*Chapitre 1 – The Great Escape*) :

> Une chasse à l'homme d'une ampleur sans précédent était en cours dans le monde. Des milliers de personnes venaient d'être tuées par Oussama ben Laden. N'était-il pas logique d'au moins interroger ses proches et d'autres Saoudiens qui, par inadvertance ou non, auraient pu l'aider ?
>
> De plus, le procureur général John Ashcroft avait affirmé que le gouvernement « avait la responsabilité d'utiliser tous les moyens légaux à notre disposition pour empêcher de nouvelles activités terroristes en arrêtant les personnes qui ont violé la loi et qui pourraient constituer une menace pour l'Amérique. » Dans tout le pays, les Arabes étaient arrêtés et interrogés. En fin de semaine après les attentats, Ashcroft, à la consternation des défenseurs des libertés civiles, avait déjà élaboré un ensemble de propositions visant à élargir les pouvoirs du FBI pour détenir les étrangers, les mettre sur écoute et tracer les circuits de capitaux destinés aux terroristes. Certains suspects seraient détenus jusqu'à une dizaine de mois à la base navale américaine de Guantanamo, à Cuba.
>
> Dans une enquête classique pour un meurtre, il est courant d'interroger les parents du suspect principal. [...] Comment les Saoudiens ont-ils obtenu un laissez-passer ?
>
> Et un simple déni de responsabilité de la part de la famille ben Laden signifiait-il que personne parmi tous ses membres n'avait de contact ou d'information utile, quelle qu'elle soit ? Est-ce que cela signifiait que le FBI devait simplement laisser tomber toute enquête supplémentaire ? À tout le moins, les membres de la famille ne pourraient-ils pas fournir aux enquêteurs américains

des renseignements sur les finances d'Oussama, des gens qui pourraient savoir qui a pu l'aider ou Al-Qaïda ?[223]

Peut-on imaginer que cette incroyable situation puisse se produire à l'insu du FBI ? Non, bien sûr, ainsi que le confirme Richard Clarke :

> « Quelqu'un nous a soumis pour approbation la décision de laisser un avion rempli de Saoudiens, y compris des membres de la famille ben Laden, quitter le pays », explique Clarke. « Mon rôle était de dire que ce n'était pas possible tant que le FBI ne l'avait pas approuvé. Nous avons donc demandé au FBI – nous avions un lien direct avec eux – de s'assurer que tous ceux qui prenaient cet avion étaient des personnes dont le départ était correct. Et ils sont revenus et ont dit qu'ils étaient d'accord. Nous avons alors laissé partir l'avion.[224]

Sans surprise, lorsque l'affaire commence à faire du bruit dans les médias,

> Le FBI déclare officiellement qu'il n'a rien à voir avec le rapatriement des Saoudiens. « Je peux dire sans équivoque que le FBI n'a joué aucun rôle pour faciliter ces vols, d'une façon ou d'une autre. » annonce l'agent spécial John Iannarelli.[225]

Nous sommes donc priés de croire que des avions de Saoudiens, avec des ben Laden à leur bord, peuvent tranquillement voler dans le ciel américain, tandis que tous les appareils sont immobilisés au sol, et quitter le pays sans que le FBI « ne joue aucun rôle » ou simplement n'intervienne ? Un (gros) mensonge de plus de la part du Bureau ?

Les faits sont d'ailleurs vite rétablis par le prince Bandar ben Sultan, ambassadeur de l'Arabie saoudite à Washington, qui déclare sur CNN à propos de ses compatriotes :

> « En coordination avec le FBI, nous les avons tous fait sortir. »[226]

---

223. *House of Bush, House of Saud*, Craig Unger, Gibson Square, London, 2007, p. 13.
224. *House of Bush, House of Saud*, Craig Unger, p. 253.
225. *House of Bush, House of Saud*, Craig Unger, p. 10.
226. *House of Bush, House of Saud*, Craig Unger, p. 10.

Le prince Bandar emploie bien le mot « coordination ». Il est évidemment impossible que le départ de personnes clés ait pu se produire sans l'autorisation du FBI au plus haut niveau, de toute évidence en concertation avec la Maison-Blanche, au minimum avec le département d'État. Le FBI n'a donc pas jugé nécessaire d'interroger les ben Laden et les autres Saoudiens quittant le pays dans les jours suivant le 11 Septembre. Étonnant, non ?

Des suspects et témoins gênants ?

Si l'on croit la version gouvernementale du complot, l'attitude du FBI vis-à-vis des Saoudiens est incompréhensible, et pas uniquement au sujet des vols et des départs sans interrogatoire. Par exemple,

> le rapport final de l'enquête du Congrès sur le 11 Septembre conclut qu'au moins six terroristes reçurent une « assistance substantielle » d'associés présents aux U.S., bien qu'il ne soit pas « connu dans quelle mesure ces contacts aux États-Unis avaient connaissance du complot ». Ces pirates de l'air furent en relation avec au moins quatorze personnes qui étaient sous enquête du FBI avant le 11 Septembre, et quatre de ces enquêtes avaient lieu pendant que les terroristes étaient présents sur le territoire.
>
> [...] D'autres de ces contacts fournirent une assistance légale, logistique ou financière, facilitèrent l'entrée aux États-Unis et l'inscription en école de pilotage, ou étaient connus comme étant liés à des activités ou à l'entraînement [d'al-Qaïda]. (9/11 Congressional Inquiry, 24/7/2003).[227]

Suivent le nom de neuf personnes, mais :

> Aucun des personnages ci-dessus n'a été arrêté ou même publiquement accusé de quelconques charges liées à des crimes terroristes.[228]

Cela paraît surprenant, et l'on peut se demander à quoi sert le FBI s'il n'interroge pas les complices des terroristes ? Le cas d'un de

---

227. *The Terror Timeline*, p. 527-8.
228. *The Terror Timeline*, p. 527.

ces individus, Omar al-Bayoumi, est particulièrement troublant. Voici comment David Griffin résume la situation :

> En 1999, alors qu'il vit à San Diego, il rencontre deux des présumés pirates de l'air, Nawaf Alhazmi et Khalid Almihdhar, à l'aéroport de Los Angeles. Il les installe dans un appartement situé à proximité de chez lui et les aide à localiser des écoles de pilotage. Un informateur du FBI pense qu'il s'agit d'un officier de renseignement saoudien. Après le 11 Septembre, il est arrêté par des agents en Angleterre où il s'est installé deux mois plus tôt. Mais le FBI le fait relâcher parce qu'il déclare croire à sa version des faits, à savoir qu'il avait rencontré par hasard Nawaf Alhazmi et Khalid Almihdhar.

> [...] Pourtant, malgré tous les éléments à charge, le FBI clôt le dossier al-Bayoumi en affirmant que l'homme « s'est contenté de prêter pour un court laps de temps de l'argent à deux des dix-neuf pirates de l'air » et que toute l'aide qu'il leur a apportée « correspond à la coutume musulmane de bienveillance envers les étrangers [plutôt qu'à] une quelconque relation avec les services de renseignement saoudiens ».[229]

Cette explication est invraisemblable, compte tenu des informations disponibles sur lui, dont l'aide qu'il apporte aux deux terroristes et ses multiples communications avec des autorités saoudiennes. D'ailleurs, au mois d'août 2002, il est catalogué par la CIA comme « agent », avec

> la preuve indiscutable d'un soutien à ces terroristes [dont al-Bayoumi et Oussama Basnan] à l'intérieur du gouvernement saoudien.[230]

La conclusion dans le rapport du FBI sur al-Bayoumi étonne le sénateur Bob Graham, qui a coprésidé l'enquête du Congrès sur le 11 Septembre. Il demande

---

229. *11 Septembre – Omissions et manipulations de la commission d'enquête*, p. 82.
230. *Intelligence Matters: The CIA, the FBI, Saudi Arabia, and the Failure of America's War on Terror*, Bob Graham, Random House, 2004, p. 169, cité dans *11 Septembre – Omissions et manipulations de la commission d'enquête*, p. 83.

à interroger les agents qui ont rédigé ce rapport, mais le directeur du FBI, Robert Mueller, refuse.[231]

Robert Mueller, encore et toujours. Pourquoi refuse-t-il ? Quel risque y a-t-il à ce qu'un sénateur interroge des agents ?

Le traitement par le FBI du cas d'un autre soutien de ces deux terroristes ayant vécu à San Diego peut paraître encore plus incroyable :

5 octobre 2002 : Le FBI refuse de laisser l'un de ses informateurs témoigner dans l'enquête du Congrès sur le 11 Septembre

Le *New York Times* rapporte que le FBI refuse de laisser Abdussattar Shaikh, l'informateur du FBI qui a vécu avec les pirates de l'air Nawaf Alhazmi et Khalid Almihdhar au second semestre 2000, de témoigner dans le cadre de l'enquête du Congrès sur le 11 Septembre. Le FBI prétend que l'informateur n'aurait rien d'intéressant à dire. Le ministère de la Justice veut aussi en apprendre davantage sur l'informateur. (*New York Times*, 5/10/02).

Le FBI tente également d'empêcher Steven Butler, l'agent traitant de Shaikh, de témoigner, mais Butler finit par témoigner lors d'une séance secrète le 9 octobre 2002. Shaikh ne témoigne pas du tout. (*Washington Post*, 11/10/02).[232]

Le sénateur Graham apporte des informations sur le cas de Shaikh, qui font se poser de nouvelles questions sur le rôle réel que joue le Bureau dans le 11 Septembre :

« C'était un informateur du FBI, en tant qu'agent rémunéré, a confié Graham. Sa principale responsabilité était de surveiller les jeunes Saoudiens vivant dans la communauté de San Diego pour savoir s'ils envisageaient des actions qui seraient préjudiciables aux États-Unis. »

L'ancien sénateur explique que son équipe n'a jamais été en mesure de l'interroger.

---

231. *11 Septembre – Omissions et manipulations de la commission d'enquête*, p. 82.
232. *The Terror Timeline*, p. 516.

« Il a été placé sous garde protectrice immédiatement après le 11 septembre 2001 et détenu pendant près de quatre ans, après quoi il a reçu un paiement de 100 000 $ et a été déchargé de ses responsabilités », a déclaré Graham. « Il nous a été caché et, à mon avis, c'était délibéré pour que nous n'ayons pas accès aux informations dont il disposait. »[233]

Qu'est-ce que le FBI veut cacher en protégeant ces hommes et d'autres complices des dix-neuf terroristes, dont il a lui-même établi la liste ? En effet, il ne peut plus être question d'« échec » ou d'« incompétence », auxquels nous ne croyons pas un seul instant, mais bien plutôt d'un plan visant à (tenter de) faire croire à la version gouvernementale du complot par tous les moyens.

Le FBI, protecteur de la Maison des Saoud

Pour Bob Graham, c'est comme si le FBI agissait de sorte que le gouvernement saoudien ne soit pas relié aux pirates de l'air. En effet, il paraît de plus en plus inévitable de conclure à la culpabilité de l'Arabie saoudite, ce que le Bureau essaierait de cacher. Pourquoi ? Quel serait son intérêt ?

Cependant, qui peut croire sérieusement que cette monarchie, bien qu'elle souille le concept même d'« humanité » avec son soutien au terrorisme, sa guerre au Yémen, ses interventions violentes au Bahreïn, etc., serait l'organisatrice voire la commanditaire du 11 Septembre ? Si tel était le cas, il ne faudrait même pas une journée, pas même douze minutes, juste le temps de traverser la rue qui mène au palais pour la renverser.

Elle n'a aucune raison, bien au contraire, de lancer une telle opération contre son protecteur américain, qui la protège depuis 1945 et la signature du pacte du Quincy – il aurait été renouvelé en 2005 pour une nouvelle période de soixante ans. Elle sait parfaitement que les États-Unis ont le droit de vie ou de mort sur la dynastie, même si beaucoup ont vu ces images où Barack Obama se courbe devant le roi Abdallah d'une façon qui a été considérée presque indécente de la part du président de la première puissance planétaire.[234]

233. *Questions Linger Over San Diego 9/11 Hijackers' Ties to Saudi Government*, Amita Sharma, KPBS, 7 septembre 2011.
234. Voir, par exemple, la photo dans l'article *Barack Obama criticised for 'bowing' to*

En revanche, afin que la version gouvernementale du complot puisse prospérer et que restent cachés les vrais commanditaires, encore faut-il faire croire que des musulmans sont impliqués, avec des versements de fonds étrangers, du soutien logistique, etc. Certes, les « kamikazes » choisis sont incapables de piloter des avions de ligne ou même de mener une telle opération militaire sans précédent, mais ce n'est pas un problème puisque l'enquête sera inévitablement confiée au FBI, dont George W. Bush a nommé le nouveau directeur juste avant les événements. À qui d'autre d'ailleurs que les Saoudiens demander ce service, qu'ils ne sauraient refuser, sauf à l'ISI, le service de renseignement du Pakistan, grand allié des États-Unis, qui apporte aussi sa contribution ?

Comment comprendre autrement les décisions des administrations Bush puis Obama de faire tout ce qui est en leur pouvoir – par exemple, la classification des fameuses « vingt-huit pages » de rapport – afin d'empêcher que la famille royale ne soit poursuivie en justice par les proches des victimes ?

En effet, le risque serait alors qu'apparaisse clairement que le royaume, tout autant qu'Oussama ben Laden et les autres terroristes musulmans déclarés coupables, ne sont que des faux-nez, donc que les masques tombent, avec les véritables commanditaires et exécuteurs (enfin) mis à nu, en pleine lumière. Les conséquences seraient incalculables. Il est évident que le monde, pas seulement les États-Unis, en serait transformé pour longtemps. Cela n'excuse pas pour autant le FBI de ce qui s'apparente de plus en plus à de la complicité. Et cela n'exclut pas qu'un autre pays (allié) ait apporté sa contribution à l'opération. Revenons néanmoins à notre sujet sur le FBI.

King Abdullah of Saudi Arabia, Alex Spillius, *The Telegraph*, 8 avril 2009.

« Le président George W. Bush en réunion avec l'ambassadeur de l'Arabie saoudite, le prince Bandar ben Sultan, au Ranch Bush, à Crawford, Texas (27 août 2002). »
La famille royale, dont ce prince éminent est un familier des Bush, aurait donc fait perpétrer le 11 Septembre ?
Qui peut croire à cette fable ?

Le FBI fabrique de fausses preuves ?

Il est évident d'attendre de la part d'une agence chargée de faire respecter la loi qu'elle soit irréprochable, à tous les niveaux. Jusqu'à présent, il est difficile de conclure que c'est le cas du FBI, au moins pour l'enquête sur le 11 Septembre. Avec ce nouveau chapitre, c'est peut-être plus grave encore, car il y a lieu de se demander si le FBI n'a pas fabriqué de fausses preuves, ainsi que nous avons commencé à l'envisager au Chapitre 9/6 *Le FBI fait taire*. Cela constituerait un crime fédéral et établirait définitivement sa complicité dans le 11 Septembre. La « contribution » du FBI à l'opération aurait alors consisté, au minimum, à tromper le monde en cachant les vrais coupables. Il est difficile d'imaginer les conséquences que cela entraînerait si ces faits étaient avérés et révélés, pas seulement aux États-Unis.

Un texte musulman pas catholique… ou trop
Dans le chapitre 4 de *L'Effroyable Imposture* intitulé *Le FBI gesticule*, Thierry Meyssan relate que la théorie des kamikazes islamistes est confirmée par le FBI après qu'il ait découvert des documents manuscrits en arabe :

> Ils auraient été trouvés en trois exemplaires : l'un dans une valise, égarée lors d'une correspondance, appartenant à Mohamed Atta ; le second dans un véhicule abandonné à l'aéroport de Dulles par Nawaf Alhazmi, et le troisième dans les débris du vol 93 qui explosa au-dessus de Stonycreek Township (Pennsylvanie)[3].

> Note 3 : Plusieurs journaux européens ont indiqué par erreur que le FBI avait découvert ce document dans les ruines du Pentagone.[235]

---

235. *L'Effroyable Imposture*, p. 54.

Le FBI en publie une traduction en anglais,[236] reprise par la presse. Il s'agit de cinq pages contenant des conseils pieux :

1) Fais le serment de mourir et renouvelle ton intention. Rase ton corps et passe-le à l'eau de Cologne. Douche-toi.

2) Assure-toi de bien connaître tous les détails du plan, et attends-toi à la riposte, à une réaction de l'ennemi.

3) Lis al-Tawba et Anfal [des sourates martiales du Coran], réfléchis à leur signification et pense à tout ce que Dieu a promis aux martyrs.

Etc.

Dans le *Guardian*, Anne Karpf s'étonne que l'un des conseils prodigués consiste à « faire briller ses chaussures avant de rencontrer son créateur ».[237] C'est sans doute indispensable.

L'*Independent* relève d'autres points douteux :

la « note suggère une vision presque chrétienne de ce que les pirates de l'air ont pu ressentir » et est remplie de commentaires « bizarres » que les musulmans ne diraient jamais, tel que « le temps du plaisir et du gaspillage est passé ». Si la note « est authentique, alors les [pirates de l'air] croyaient en une version très exclusive de l'Islam – ou étaient étonnamment peu familiers avec leur religion ». (*Independent*, 29/9/01).[238]

Thierry Meyssan dresse le même constat :

Rédigés dans un style théologique classique, souvent empreint de références médiévales, ces documents ont grandement contribué à alimenter l'image de fanatiques que les autorités américaines ont exposés à la vindicte populaire. Pourtant, il s'agit de faux grossiers, dont toute personne au fait de l'islam saisit

---

236. Note 2 p. 54 de *L'Effroyable Imposture* sur ce document : Briefing de l'Attorney général John Ashcroft et du directeur du FBI Robert Mueller III, le 28 septembre 2001, http://www.usdoj.gov/ag/agcrisisremarks9_28.htm.
237. *Uncle Sam's Lucky Finds*, Anne Karpf, *The Guardian*, 19 mars 2002.
238. *The Terror Timeline*, p. 502.

l'incongruité. En effet, ils commencent par l'exhortation « *Au nom de Dieu, de moi-même et de ma famille.* » (sic), alors que les musulmans – à la différence des nombreuses sectes puritaines américaines – ne prient jamais en leur nom propre, ni en celui de leur famille[1]. De même, le texte comprend au détour d'une phrase un tic de langage yankee qui n'a pas sa place dans le vocabulaire coranique : « *Tu dois l'affronter et le comprendre à 100 %.* » (sic).[239]

Dans la note 1 de ce passage, Thierry Meyssan constate :

Curieusement, le journaliste vedette Bob Woodward relève cette anomalie le jour même, mais n'en tire aucune conclusion. Cf. *In Hijacker's Bags, a Call to Planning. Prayer and Death,* in *The Washington Post* du 28 septembre 2001, http://www.washingtonpost.com.

La notion « à 100 % » est, effectivement, très peu coranique, ce document sent le fake... à 100 %. Est-ce pour cette raison que le directeur du FBI, Robert Mueller, déclare ceci le 19 avril 2002 dans une conférence au Commonwealth Club of California, à San Francisco :

Les pirates de l'air n'ont laissé aucune trace écrite. Au cours de notre enquête, nous n'avons pas découvert un seul morceau de papier – que ce soit ici aux États-Unis ou dans le trésor d'information qui s'est accumulé en Afghanistan et ailleurs – qui mentionne un seul aspect du complot du 11 Septembre.[240]

« Aucune trace écrite » ? Soit il ment dans cette conférence, soit lorsqu'est présentée la version traduite en anglais du texte islamique retrouvé en trois lieux. Troisième option : il ne sait pas que ce document est un faux au moment de la présentation, mais il l'apprend par la suite (mais ne le révèle pas). Quoi qu'il en soit, si nous nous en tenons à sa conférence à San Francisco, il atteste que le document produit fin

---

239. *L'Effroyable Imposture*, p. 55.
240. https://archives.fbi.gov/archives/news/speeches/partnership-and-prevention-the-fbis-role-in-homeland-security

septembre 2001 par ses services est un faux. En tant que directeur de l'institution, même s'il ne les a pas rendues publiques, il a forcément pris des sanctions sévères contre ceux à l'intérieur de l'agence qui ont commis un forfait aussi grave.

Par ailleurs, si, malgré « le trésor d'information qui s'est accumulé », pas « un seul aspect du complot du 11 Septembre » n'y est mentionné, il devient légitime de se demander une nouvelle fois si ce sont bien les dix-neuf terroristes désignés officiellement qui ont perpétré les attentats et pas d'autres personnes qui auraient utilisé leur identité. Heureusement pour le FBI, Robert Mueller anticipe cet écueil et voici ce qu'il ajoute :

> Ce qui est ressorti de notre enquête massive est un portrait qui donne à réfléchir sur ces dix-neuf pirates de l'air qui ont mené leurs attaques avec une planification méticuleuse, un secret extraordinaire et une connaissance approfondie du fonctionnement de l'Amérique.

> Les plans ont vu le jour et ont été financés à l'étranger, il y a cinq ans déjà. [...]

> Pendant qu'ils étaient ici, les pirates de l'air ont fait tout ce qu'ils ont pu pour rester hors de portée de nos radars. Ils n'ont contacté aucun sympathisant terroriste connu. Ils n'ont commis aucun crime grave. Ils s'habillaient et se comportaient comme des Américains, faisant leurs courses et mangeant dans des endroits comme Walmart et Pizza Hut, tout en se fondant dans le décor. Lorsque quatre d'entre eux ont reçu des contraventions pour excès de vitesse dans les jours précédant le 11 Septembre, ils sont restés calmes et n'ont éveillé aucune suspicion. Comme aucun d'eux n'était un terroriste connu, les forces de l'ordre n'avaient aucune raison de les interroger ou de les détenir.

> [...] Les pirates de l'air n'avaient ni ordinateur, ni portable, ni support de stockage d'aucune sorte. Ils utilisaient des centaines de téléphones publics et de téléphones cellulaires différents, souvent avec des cartes d'appel prépayées qui sont extrêmement difficiles à retracer. Et ils se sont assuré que tout l'argent qui leur était envoyé pour financer leurs attaques était viré en petites quantités pour éviter d'être repérés.

Bref, les terroristes avaient réussi à exploiter les failles et les vulnérabilités de nos systèmes, à rester hors de vue et à ne laisser personne savoir ce qu'ils faisaient au-delà d'un cercle très fermé.

Ce « cercle très fermé » ne l'était pas tant puisqu'il comprenait de nombreux… agents du FBI, comme nous l'avons vu dans le chapitre *9/4 – Le FBI savait, n° 3*. Quasiment tout sent le faux dans cette déclaration et le portrait qu'il dresse des pirates de l'air. Il suffit de lire *The Terror Timeline* pour être assuré du contraire de ce qu'il dit. Par exemple, p. 191 :

> **Juin 2000 : Des pirates de l'air ouvrent de nombreux comptes bancaires en Floride ; transactions non suivies**
>
> Mohamed Atta et d'autres pirates de l'air commencent à ouvrir des comptes bancaires en Floride. Au moins trente-cinq comptes sont ouverts, dont quatorze à la Sun Trust Bank. Tous sont ouverts avec de faux numéros de sécurité sociale (certains avec des numéros composés au hasard), mais aucun des comptes n'est vérifié ou interrogé par les banques. (*New York Times*, 10/7/02). Un virement des Émirats arabes unis trois mois plus tard, d'un montant total de 69 985 dollars, incite la banque à faire une « déclaration de transactions suspectes » au Financial Crimes Enforcement Network du Trésor américain. Apparemment, il n'y a pas d'enquête sur cette transaction. (*Financial Times*, 29/11/01).

De même, selon Mueller, les terroristes n'avaient aucun ordinateur portable ? C'est pourtant le siège du FBI qui a trafiqué la demande de mandat envoyée par le bureau de Minneapolis pour pouvoir justement lire… l'ordinateur de Z. Moussaoui. Etc. Quelle peut encore être la crédibilité du directeur Mueller après de tels propos ? D'ailleurs, ce texte musulman soi-disant retrouvé en trois exemplaires et présenté au public n'est pas le seul document produit par le FBI dont l'authenticité est à questionner.

Des passeports blindés

C'est sans doute l'une des histoires les plus grossières, pour ne pas dire « ridicules » si le 11 Septembre n'était pas une telle tragédie, livrées par le FBI et répétées par les médias.

Lors d'une audience publique qui se tient le 26 janvier 2004 à la Commission sur le 11 Septembre, au Sénat, Susan Ginsburg, « qui dirige la partie de l'enquête qui porte sur le sujet de l'audience d'aujourd'hui », déclare :

> Débutons par les passeports. Quatre des passeports des pirates de l'air ont survécu en tout ou en partie. Deux ont été retrouvés sur les lieux du crash du vol 93 United Airlines en Pennsylvanie. Ce sont les passeports de Ziad Jarrah et Saeed al Ghamdi. L'un d'eux appartenait à un pirate de l'air sur le vol 11 d'American Airlines. C'est le passeport de Satam al Suqami. Un passant l'a ramassé et l'a donné à un détective de la police de New York peu avant l'effondrement des tours du World Trade Center. Un quatrième passeport a été retrouvé dans des bagages qui avaient raté le vol de correspondance entre Portland et Boston, soit le vol 11 d'American Airlines. C'est le passeport d'Abdul Aziz al Omari.[241]

Commençons par ce dernier, qui ne présente guère d'intérêt dans le cadre de notre étude, pour remarquer que s'il est resté dans ses bagages, comment ce terroriste a-t-il pu embarquer ? Avait-il avec lui un autre passeport au même nom ? Passons au troisième cas, nettement plus intéressant.

L'histoire publique de la découverte de ce passeport commence le 18 septembre 2001. Barry Mawn, directeur du bureau du FBI à New York, explique que :

> la police et le FBI ont effectué une fouille quadrillée des rues près du site du World Trade Center à la recherche d'indices […].
>
> Les enquêteurs ont trouvé plusieurs indices, dit-il, mais il n'a pas voulu s'étendre. La semaine dernière, un passeport appartenant

241. http://www.9-11commission.gov/archive/hearing7/9-11Commission_Hearing_2004-01-26.htm

à l'un des pirates de l'air a été retrouvé dans les environs de Vesey Street, près du World Trade Center. « C'était une preuve importante pour nous », déclare Mawn.[242]

Le passeport est celui de Satam al Suqami – non de Mohammed Atta, comme indiqué initialement par plusieurs auteurs –, l'un des terroristes sur le vol AA11 qui s'est écrasé sur la Tour Nord. Un plan de la zone permet de constater que la Vesey Street est située du côté de la face qui a été percutée ; donc même si le passeport a dû voltiger au-delà d'un bloc, cela reste étonnant mais possible.

En revanche, si nous visionnons le crash tel qu'il est filmé par les frères Naudet, comment ce passeport peut-il « s'envoler » de l'avion / de la tour ? D'autant plus que cela implique aussi qu'il le fait précisément au moment où l'avion percute la façade et avant le déclenchement quasi immédiat de l'incendie, sinon il aurait brûlé. Et il est difficile d'imaginer que ce Satam al Suqami le tenait à la main – pour menacer les passagers ? –, donc il devait logiquement se trouver dans sa veste ou son sac. Comment a-t-il pu en sortir en une fraction de seconde ? Par quelle opération du Saint-Esprit ? Sinon, cela signifie qu'il a non seulement résister à l'incendie – qui fait pourtant fondre les pylônes d'acier et la structure de l'édifice –, puis à la chute de la tour, avant de « rebondir » jusqu'à la Vesey Street. C'est évidemment impossible.

Il est étonnant que le directeur du bureau du FBI à New York ne s'en étonne pas et déclare que « C'était une preuve importante pour nous ». C'est même une chance incroyable pour le Bureau que ce soit la pièce d'identité d'un pirate de l'air qui ait été retrouvée, et pas celle d'un membre d'équipage ou d'un passager. Ce passeport tombe à pic, au propre et au figuré.

Anne Karpf constate logiquement :

L'idée que [ce] passeport s'est échappé intact de cet enfer mettrait à l'épreuve la crédulité du plus fervent partisan de la répression du FBI contre le terrorisme.[243]

---

242. *Ashcroft says more attacks may be planned*, CNN Correspondents Kelli Arena, Susan Candiotti et Eileen O'Connor, CNN, 18 septembre 2001.
243 . *Uncle Sam's Lucky Finds*, Anne Karpf, *The Guardian*, 19 mars 2002.

C'est tellement improbable que la version de Susan Ginsburg de janvier 2004 est modifiée par rapport à la version initiale du FBI : il n'est plus découvert par un agent mais « un passant l'a ramassé et l'a donné à un détective de la police de New York peu avant l'effondrement des tours du World Trade Center ». Certes, même s'il n'a pas eu à « survivre » à la chute du WTC, cette histoire paraît tout autant farfelue. « Une preuve importante » fabriquée par le FBI semble une version plus proche de la vérité, non ? Afin d'attester que les coupables sont des fanatiques musulmans ?

Des passeports blindés, suite

Susan Ginsburg et la Commission nous apprennent aussi que deux autres passeports de terroristes ont été retrouvés, ceux de Ziad Jarrah et Saeed al Ghamdi, sur le site du crash du vol 93 United Airlines en Pennsylvanie. Ziad Jarrah est ce Libanais, dont le FBI n'a pas été intéressé à recevoir des fragments d'ADN tandis que sa famille l'avait proposé et qui a manifestement un double, comme nous l'avons vu au chapitre *9/6 – Le FBI fait taire*. Cédons la parole à David Griffin :

> Tout aussi absurde est l'affirmation selon laquelle le passeport de Ziad Jarrah, le pilote présumé du vol 93, aurait été retrouvé sur le lieu du crash de l'avion en Pennsylvanie[56]. La raison de l'absence d'épave, nous a-t-on dit, était que l'avion piquait à 880 km/h et, lorsqu'il a heurté le sol spongieux de la Pennsylvanie, il s'y est enfoncé profondément. Le journaliste du *New York Times*, Jere Longman, répétant sûrement ce que les autorités lui ont dit, écrit : « Le fuselage s'est replié en accordéon sur lui-même à plus de trente pieds dans le sol poreux et remblayé. C'était comme si un marbre avait été jeté dans l'eau. »[57] Nous devons donc croire, juste avant que l'avion ne s'enfonce dans la terre, que le passeport de Jarrah s'est échappé du cockpit et s'est posé sur le sol. Jarrah, fonçant à 880 km/h, avait-il la fenêtre ouverte ?[58] [244]

244. Notes 56 et 57 citées par David Ray Griffin dans *Was America Attacked by Muslims on 9/11?* :

56. Sheila MacVicar and Caroline Faraj, "September 11 Hijacker Questioned in January 2001," CNN, 1 August 2002 (http://archives.cnn.com/2002/US/08/01/cia.hijacker/index.html); 9/11 Commission Hearing, 26 January 2004.

57. 9/11CR 14; Jere Longman, *Among the Heroes: United 93 and the Passengers and Crew Who Fought Back* (New York: HarperCollins, 2002), 215.

Comme à New York, comment le passeport peut-il « s'échapper » de l'avion ? Ces observations valent aussi pour le passeport de Saeed al Ghamdi, signalé par Susan Ginsburg. Là encore, ces « preuves » produites par le FBI sont-elles crédibles ?

Les cartes d'identité aussi !

David Griffin rédige la note 58 à la fin du passage précédent, extrait de son article *Was America Attacked by Muslims on 9/11?*, de la manière suivante :

> À la lumière de l'absurdité des allégations concernant les passeports d'al-Suqami et de Jarrah, on peut supposer que les cartes d'identité de Majed Moqed, Nawaf al-Hazmi et Salem al-Hazmi, qui ont soi-disant été découvertes sur le site du Pentagone [...], y furent-elles aussi déposées.

Il tire l'information d'un rapport intitulé *9/11 And Terrorist Travel* préparé par l'équipe de la Commission, qui indique, par exemple, en page 27 :

> Les documents d'identité des frères Hazmi ont été retrouvés dans les décombres du Pentagone et semblaient authentiques après examen.[245]

Heureusement qu'elles « semblaient authentiques après examen » ! La Commission avait-elle des doutes sur la probité et l'intégrité du FBI ?

Une fausse carte de visite dans le procès contre Moussaoui ?

The Terror Timeline rapporte en page 224, sous le titre *24 septembre 2002 : une carte de visite retrouvée aide l'accusation contre Moussaoui*, que :

---

58. Cf. paragraphe suivant.
245. *9/11 And Terrorist Travel*, Staff Report of the National Commission on Terrorist Attacks Upon the United States, par Thomas R. Eldridge, Susan Ginsburg, Walter T. Hempel II, Janice L. Kephart, Kelly Moore and Joanne M. Accolla, Staff Assistant, Alice Falk, Editor, 21 août 2004.

Les procureurs fédéraux déclarent qu'une carte de visite trouvée dans l'épave du vol 93 fournit un lien entre le coupable présumé Zacarias Moussaoui et le pirate de l'air Ziad Jarrah. Soi-disant une carte de visite appartenant à Jarrah présente un numéro de téléphone écrit dessus, et Moussaoui a appelé une fois ce numéro. Il n'a pas été expliqué quel est ce numéro, à qui appartenait-il, quand Moussaoui l'a appelé, quand la carte a été trouvée, ou comment les enquêteurs savaient qu'elle avait appartenu à Jarrah. (MSNBC, 9/24/02) Il est intéressant de noter que cette découverte intervient juste au moment où l'affaire contre Moussaoui rencontre des difficultés. Par exemple, un mois plus tôt, *USA Today* rapporte que les enquêteurs n'ont pas trouvé de lien entre Moussaoui et les autres pirates de l'air. (*USA Today*, 8/29/02).

Le texte se passe de commentaire. Il conduit à penser que le FBI serait capable de fabriquer de fausses preuves pour faire condamner un homme à la peine capitale, ainsi que le réclame le Parquet lors du procès. Qui pourrait le croire ?

Le FBI perd l'argent

Cachez ces milliards que je ne saurais voir !
C'est l'un des points importants pour comprendre le 11 Septembre et démasquer les coupables et leurs complices. Dans la semaine qui suit, sortent des informations sur de gigantesques mouvements boursiers suspects de la part de spéculateurs semblant avoir connaissance à l'avance des événements, ce qui s'appelle « délits d'initiés ». En particulier, des achats massifs d'options de vente ciblent trois types d'entreprises : les deux compagnies aériennes American Airlines et United Airlines, des groupes financiers locataires au World Trade Center (Morgan Stanley Dean Witter & Co, Bank of America, Salomon Smith Barney, ou Merrill Lynch & Co, dont les bureaux sont à proximité des Tours jumelles), et le secteur de l'assurance (Marsh & McLennan, Groupe Axa, Swiss Re, Munich Re...), qui devra verser des milliards à ses clients.

Or, acheter des options de vente signifie spéculer sur la chute du cours des actions correspondantes ; ce sont des opérations à haut risque. De plus, elles semblent avoir été réalisées non seulement sur les places boursières américaines mais aussi quasiment dans le monde entier :

> L'ampleur des transactions de la part d'initiés liées au 11 Septembre 2001 n'a pas d'équivalent. Jonathan Winer, consultant chez ABC News, déclare : « C'est absolument sans précédent de voir des cas de délits d'initiés couvrant le monde entier, du Japon aux États-Unis, en passant par l'Amérique du Nord et l'Europe. »[10] [246]

En conséquence, des gouvernements commencent à enquêter sur ces éventuelles opérations délictueuses liées aux attentats, dont l'Allemagne, la Belgique, Chypre, les États-Unis, la France, l'Italie, le Japon, le Luxembourg, Monaco, les Pays-Bas, Singapour, la Suisse, etc.

---

246. *Evidence for Informed Trading on the Attacks of September 11*, Kevin Ryan, *Foreign Policy Journal*, 18 novembre 2010. Note 10 : World News Tonight, 20 September 2001.

Si elles réussissaient à traquer les auteurs [des délits d'initiés], non seulement les autorités pourraient impliquer des complices évidents dans les attentats du 11 Septembre mais elles seraient également en mesure d'attaquer en profondeur l'infrastructure d'un réseau financier parallèle et les centaines de milliards de dollars qui y circulent.[247]

Pourtant, malgré des preuves qui semblent s'accumuler, aucune de ces enquêtes ne débouche sur la moindre inculpation. D'ailleurs, la Commission traite, ou plutôt « évacue », cette question majeure en deux phrases au chapitre 5 de son rapport, pp. 171-172 :

Il y eut aussi des affirmations selon lesquelles Al-Qaïda se serait financé en jouant sur le marché des actions grâce à sa connaissance préalable des attentats du 11 Septembre. Des enquêtes approfondies par la Securities and Exchange Commission, le FBI, et d'autres agences n'ont pu découvrir de preuve que quiconque ayant eu la connaissance préalable des attentats en ait profité pour réaliser des transactions sur les marchés financiers.[130]

C'est tout. La note de bas de page n° 130 est un peu plus longue :

130. Les allégations très médiatisées de délits d'initiés avant le 11 septembre reposent généralement sur des rapports faisant état d'activités inhabituelles avant cette date sur des sociétés dont les actions ont chuté à la suite des attentats. Certains achats inhabituels ont effectivement eu lieu, mais chacun de ces échanges s'est avéré avoir une explication. Par exemple, le volume des options de vente – des investissements qui ne portent leurs fruits qu'en cas de baisse du cours d'une action – s'est envolé dans les sociétés mères de United Airlines le 6 septembre et d'American Airlines le 10 septembre, ce qui est très suspect en soi. Pourtant, une enquête plus poussée a révélé que l'échange n'avait aucun lien avec les attentats du 11 Septembre. Un seul investisseur institutionnel américain sans lien concevable avec Al-Qaïda a acheté

247. *Massive pre-attack 'insider trading' offer authorities hottest trail to accomplices*, Kyle F. Hence, globalresearch.ca, 21 avril 2002.

95 % des options de vente d'UAL le 6 septembre dans le cadre d'une stratégie commerciale qui comprenait également l'achat de 115 000 actions d'American le 10 septembre.

De même, une grande partie des transactions apparemment suspectes dans American le 10 septembre a été retracée et liée à un bulletin d'information sur la négociation d'options aux États-Unis, faxé à ses abonnés le dimanche 9 septembre, qui recommandait ces transactions. Ces exemples sont typiques des preuves examinées lors de l'enquête. La SEC et le FBI, avec l'aide d'autres organismes et de l'industrie des valeurs mobilières, ont consacré d'énormes ressources à l'enquête sur ce sujet, notamment en obtenant la collaboration de nombreux gouvernements étrangers. Les enquêteurs ont constaté que ce qui apparaissait suspect s'est à chaque fois avéré ne pas l'être.[248]

Les deux phrases du rapport sont très intéressantes, car elles témoignent une fois de plus de la partialité sinon de la malhonnêteté de la Commission : les « affirmations » ne portent pas sur le fait que c'est Al-Qaïda mais qu'il y eut des délits d'initiés massifs, les coupables restant à découvrir. Ensuite, elle se retranche derrière « la SEC, le FBI et d'autres agences » pour affirmer l'inexistence de délits d'initiés. Ce faisant, elle confirme qu'Al-Qaïda n'a pas profité des attentats du 11 Septembre sur les marchés boursiers, bien qu'étant la seule à savoir ce qui allait se passer, selon la version gouvernementale du complot. De plus, « d'énormes ressources » ayant été consacrées à cette enquête, avec « la collaboration de nombreux gouvernements étrangers », il est certain qu'Al-Qaïda n'a pas pu spéculer sur la moindre option de vente American Airlines ou United Airlines. Peut-on pourtant parler d'« enquête » en apprenant par exemple que :

Malheureusement, le régulateur britannique, The Financial Services Authority, limita son enquête en se contentant de vérifier que « ben Laden et ses sbires n'avaient pas pratiqué des opérations d'initiés ».[249]

---

248. *The 9/11 Commission Report*, p. 499.
249. *Evidence for Informed Trading on the Attacks of September 11*, Kevin Ryan, *Foreign Policy Journal*, 18 novembre 2010.

C'est le même « argument » que celui utilisé par la SEC, le FBI et la Commission : ben Laden n'a pas commis ces délits boursiers, donc ils n'existent pas, puisque ce sont des spéculateurs américains qui se sont enrichis (grâce à la mort de trois mille personnes). Que la morale soit sans valeur dans le capitalisme ne fait aucun doute, mais à quelle déchéance en est parvenu ce système qui juge les délits en fonction de la nationalité de ceux qui les commettent ? Pourtant, aucune enquête financière n'eut jamais pour enjeu la mort d'autant de personnes. D'un autre côté, reconnaître que des spéculateurs américains s'enrichirent parce qu'ils avaient connaissance à l'avance des attentats fait totalement s'effondrer la version gouvernementale du complot.

Une vérité qui dérange

Bien que la SEC et le FBI n'aient rien constaté de suspect,

> « J'ai vu la quantité d'achat d'options de vente la plus élevée que j'aie jamais vu en dix ans de suivi des marchés, en particulier sur les marchés des options », déclare John Kinnucan, directeur de Broadband Research, cité dans le *San Francisco Chronicle*.[250]

Voici quelques exemples pour les options de vente dans les jours précédant le 11 Septembre :

– UAL Corp, la maison-mère de United Airlines : les achats représentent 285 fois le volume moyen et 75 fois la totalité de toutes les transactions jamais réalisées jusqu'à cette date ;

– United Airlines : le nombre des contrats d'options de vente passés en un jour atteint 90 fois le total des trois semaines précédentes ;

– AMR, la maison-mère d'American Airlines : le 10 septembre 2001, le volume d'achat des options de vente s'élève à soixante fois le niveau quotidien et cinq fois la totalité jamais échangée sur l'option à 30 $.

Rappelons que ces produits sont extrêmement spéculatifs : si l'action ne baisse pas, c'est une perte nette pour le spéculateur. Les organismes en charge de la protection du peuple américain – le FBI, la SEC et même

---

250. *Massive pre-attack 'insider trading' offer authorities hottest trail to accomplices*, Kyle F. Hence, globalresearch.ca, 21 avril 2002.

la Commission sur le 11 Septembre – expliquent que ces mouvements peuvent paraître anormaux, mais qu'ils sont justifiés notamment par une phase de marché baissier. Kyle F. Hence fait toutefois remarquer :

> Ce qu'il y eut de plus anormal furent les énormes pics d'achats d'options de vente placés dans seulement deux des trois principales compagnies aériennes américaines. Presque toujours, si les investisseurs croient que l'industrie du transport aérien est sur le point de s'effondrer, ils vont vendre à découvert les trois principaux transporteurs. Ce n'était pas le cas ici parce que Delta n'a pas vu de pics similaires à ceux d'UAL et d'AMR.[251]

En effet, aucun volume d'achat de cette ampleur sans précédent n'est constaté sur le marché de Chicago pour les autres compagnies aériennes. Citons également deux exemples de sociétés financières :

> – Morgan Stanley Dean Witter & Co, qui occupait vingt-deux étages du World Trade Center, voit 2 157 de ses options de vente de 45 $ à échéance octobre achetées au cours des trois jours de bourse précédant le 11 Septembre, comparativement à une moyenne de 27 contrats par jour avant le 6 septembre. [...].
>
> – Merrill Lynch & Co, dont le siège social est situé près des Twin Towers, voit 12 215 options de vente de 45 $ achetées au cours des quatre jours de bourse précédant les attaques ; le volume moyen précédent était de 252 contrats par jour (une augmentation de 1 200 %).[252]

K. Hence ajoute que même si la couverture médiatique des délits a porté essentiellement sur les options de vente, il cite des exemples des divers instruments financiers utilisés par les initiés :

> Le *Wall Street Journal* rapporte le 2 octobre que le Secret Service a lancé une enquête sur le volume inhabituellement élevé d'achats de billets du Trésor américain d'une durée de cinq ans effectués

251. *Massive pre-attack 'insider trading' offer authorities hottest trail to accomplices*, Kyle F. Hence, globalresearch.ca, 21 avril 2002.
252. *Insider Trading on 9/11: Speculative Trade in "Put Options". The Financial Facts Laid Bare*, Lars Schall, Global Research, September 17, 2015.

avant les attentats. Ces opérations comprennent une transaction unique de 5 milliards de dollars. Le *Journal* note que « les bons du Trésor à cinq ans comptent parmi les meilleurs investissements en cas de crise mondiale, en particulier si elle frappe les États-Unis. Les billets sont appréciés pour leur sécurité et leur soutien par le gouvernement américain, et se redressent généralement lorsque les investisseurs fuient des investissements plus risqués, comme les actions. » La valeur de ces billets, souligne le *Journal*, a fortement augmenté après les événements du 11 Septembre.

[…] le président de la banque centrale allemande, Ernst Welteke, déclare que sa banque a mené une étude qui indique fortement du « terrorisme de délit d'initié » associé au 11 Septembre. Il déclare que ses chercheurs ont trouvé « la preuve presque irréfutable de délits d'initiés ».[8] Welteke suggère que ceux-ci ne sont pas survenus seulement sur les actions des sociétés touchées par les attaques, comme les compagnies aériennes et d'assurances, mais aussi dans l'or et le pétrole.[9] [253]

La fraude s'étend plus loin encore, presque sans limite :

Selon un rapport de Reuters du 16 décembre, des experts allemands en récupération de données engagés par des sociétés locataires du WTC extraient les données des disques durs endommagés retrouvés sur le site. L'objectif est de découvrir qui était responsable des mouvements d'argent inhabituellement importants à travers les ordinateurs du WTC dans les heures qui ont précédé l'attaque. Peter Henschel, directeur de Convar, l'entreprise en charge de cette prestation, explique : « Non seulement le volume mais aussi la taille des transactions étaient beaucoup plus élevés que d'habitude pour une journée

253. *Evidence for Informed Trading on the Attacks of September 11*, Kevin Ryan, *Foreign Policy Journal*, 18 novembre 2010. Notes :
(8) Paul Thompson and The Center for Cooperative Research, *Terror Timeline: Year by Year, Day by Day, Minute by Minute: A Comprehensive Chronicle of the Road to 9/11 – and America's Response*, Harper Collins, 2004. Also found at History Commons, *Complete 9/11 Timeline, Insider Trading and Other Foreknowledge* http://www.historycommons.org/timeline.jsp?timeline=complete_911_timeline&before_9/11=insidertrading
(9) Associated Press, *EU Searches for Suspicious Trading* , 22 September 2001, http://www.foxnews.com/story/0,2933,34910,00.html.

comme celle-ci. » Richard Wagner, un expert en récupération de données, estime que plus de 100 millions de dollars en transactions illégales semblent avoir été réalisées en urgence sur les ordinateurs du WTC avant et pendant la catastrophe.[254] « Ils pensaient que les enregistrements de leurs transactions ne pouvaient pas être retracés après la destruction des structures principales. »[255]

Nous pourrions multiplier les exemples, d'autant plus que des études et analyses sont publiées par la suite, telle celle de Marc Chesney, Remo Crameri et Loriano Mancini, de l'université de Zürich[256], qui confirme que les délits d'initiés liés au 11 Septembre furent massifs.

Faute d'enquête approfondie, il est difficile, voire impossible, d'évaluer la totalité des gains de ces spéculateurs délictueux et sans scrupule. Les estimations vont de centaines de millions à plusieurs milliards de dollars :

> Selon Phil Erlanger, ancien analyste technique principal chez Fidelity et fondateur d'une société en Floride qui suit les ventes à découvert et les opérations sur options, les initiés ont réalisé des milliards (pas seulement des millions) de profits en pariant sur la chute des actions qu'ils savaient se produire après les attaques du WTC et du Pentagone.[257]

Andreas von Bülow, ancien ministre allemand, évoque jusqu'à quinze milliards de dollars de gains.[258] Oui, mais ils n'ont pas profité à ben Laden, donc tout est normal pour les autorités, bien que :

254. *Massive pre-attack 'insider trading' offer authorities hottest trail to accomplices*, Kyle F. Hence, globalresearch.ca, 21 avril 2002.
255. *Evidence for Informed Trading on the Attacks of September 11*, Kevin Ryan, *Foreign Policy Journal*, 18 novembre 2010.
256. *Detecting Informed Trading Activities in the Options Markets*, Marc Chesney, Remo Crameri et Loriano Mancini, université de Zürich, 1er septembre 2009.
257. *Massive pre-attack 'insider trading' offer authorities hottest trail to accomplices*, Kyle F. Hence, globalresearch.ca, 21 avril 2002.
258. *Evidence for Informed Trading on the Attacks of September 11*, Kevin Ryan, *Foreign Policy Journal*, 18 novembre 2010.

Les preuves et les commentaires des traders, des analystes, des banquiers et d'autres au lendemain de l'attentat indiquent qu'il y a eu, en fait, un effort soigneusement planifié et sophistiqué pour tirer des profits massifs de la chute soudaine des actions, qui s'est produite à l'ouverture des marchés après les attaques. Il s'agit d'informations de la part d'experts et d'observations fondées sur des années d'expérience. Les implications sont absolument effrayantes. Raison de plus pour que les autorités mettent tout en œuvre pour identifier et poursuivre les responsables, et fermer le réseau financier mondial qui a facilité le plus odieux des crimes. Malheureusement, ce n'est pas exactement ce qui s'est passé.[259]

Pourtant, ainsi que le souligne Kyle F. Hence, « une véritable guerre contre le terrorisme mènerait à la saisie de milliards et non de millions de dollars ».

Un FBI au-dessus de tout soupçon ?

Nombre de ces spéculateurs furent identifiés, ils auraient dû être interrogés. Le FBI aurait pu passer un marché avec quelques-uns d'entre eux afin qu'ils révèlent leurs sources et ainsi remonter tout le réseau délictueux. Est-ce la voie choisie ? Dennis Lormel, chef de la Section des crimes financiers à la Division des enquêtes criminelles du FBI, répond le 3 octobre 2001 devant le Comité des services financiers de la Chambre des représentants à la question qui lui est posée sur les délits d'initiés :

Jusqu'à présent, aucun avertissement ou indicateur ne montre que les gens qui ont été associés à cette attaque particulière en aient profité. Cela ne veut certainement pas dire que cela ne s'est pas produit, et il y a certainement des rumeurs qui circulent à cet effet, mais nous étudions la question à fond. Ainsi que je l'ai indiqué, nous avons une équipe entièrement dédiée à cet aspect de l'enquête.[260]

---

259. *Massive pre-attack 'insider trading' offer authorities hottest trail to accomplices*, Kyle F. Hence, globalresearch.ca, 21 avril 2002.
260. http://commdocs.house.gov/committees/bank/hba75656.000/hba75656_0.HTM

Le « débat » n'ira pas plus loin, car le président de séance, l'Honorable Michael G. Oxley, déclare que « le temps du gentleman a expiré » et remercie tout le monde pour sa participation. Kyle H. Fence constate ensuite :

> À la lumière des preuves solides et convaincantes, l'insistance de Lormel à dire qu'il n'y avait « aucun avertissement ou indicateur » d'un possible délit d'initié terroriste est manifestement fausse ou, pire encore, suspecte. La plupart des informations ci-dessus, y compris les graphiques de Bloomberg documentant les pics massifs d'achats d'options de vente, étaient dans le domaine public avant son témoignage. Pourtant, Lormel a prétendu qu'il n'y avait aucune indication de transaction suspecte. Pourquoi alors plus d'une douzaine de pays et huit ou neuf agences et commissions du gouvernement américain ont-ils ouvert des enquêtes ? Comment prend-on en compte les commentaires des traders et des analystes ayant des années d'expérience et de pratique sur les marchés ?
>
> Le témoignage de Lormel, venant d'un fonctionnaire chargé de traquer et de priver les terroristes de fonds afin de protéger les Américains, n'inspire guère confiance, surtout après le pire échec de l'histoire américaine en matière de renseignement. Au contraire, de telles remarques ne font que soulever des soupçons très inconfortables et des préoccupations légitimes quant au fait que les forces derrière les murs du secret financier sont si puissantes qu'elles contrecarrent ou intimident le plus haut niveau des responsables de l'exécution de la guerre de notre nation contre le terrorisme. Ou le trafic de drogue. Ou l'évasion fiscale liée à l'affaire Enron et la fraude *corporate*.
>
> Le défi évident pour les autorités est de mettre fin à ces soupçons et de suivre la piste de l'argent jusqu'aux complices de ces attaques.[261]

Reste à savoir qui sont les complices... N'est-ce pas la mission du FBI ? Ainsi, dans son article déjà cité, Kevin Ryan relate :

---

261. http://commdocs.house.gov/committees/bank/hba75656.000/hba75656_0.HTM.

En mai 2007 est déclassifié un document de la Commission qui résume les enquêtes du FBI sur d'éventuels délits d'initiés liés au 11 Septembre.[21] Ce document a été expurgé des noms de deux agents du FBI du bureau de New York et de certains suspects qui sont apparus lors de l'enquête. Les noms des autres agents du FBI et suspects ont été laissés.[262]

L'auteur détaille ensuite certaines de ces affaires et communique des noms, des entreprises – bien que quelques-uns de ces individus semblent avoir des contacts au moins indirects avec Al-Qaïda, mais n'auraient pas, néanmoins, été interrogés par le FBI (nous vous suggérons de lire l'article complet publié par *Foreign Policy Journal*).[263] En conséquence, voici sa conclusion :

> Des gens étaient au courant à l'avance des crimes du 11 Septembre, et ils en ont profité. Ces gens sont parmi nous aujourd'hui, et nos familles et nos collectivités risquent de subir d'autres attentats terroristes et d'autres activités criminelles à but lucratif si nous ne réagissons pas face à l'évidence. Il est temps de mener une enquête internationale indépendante sur les délits d'initiés et sur ceux qui ont bénéficié des actes terroristes du 11 Septembre.

Qui peut ne pas être d'accord ? Toutefois, qu'a fait le FBI sur le sujet ? À part veiller à ce que rien ne vienne contredire la version gouvernementale du complot, malgré les preuves ?

---

262. Note 21 : 9/11 Commission memorandum.
263. *Evidence for Informed Trading on the Attacks of September 11*, Kevin Ryan, *Foreign Policy Journal*, 18 novembre 2010, https://www.foreignpolicyjournal.com/2010/11/18/evidence-for-informed-trading-on-the-attacks-of-september-11/.

Chapitre 9/11

Le FBI ment

Bien que ce titre puisse s'appliquer à la plupart des chapitres précédents, nous ajoutons d'autres éléments, tout autant voire plus
troublants encore, peut-être même choquants vu le nombre de victimes
innocentes, quant au rôle du FBI – et à sa complicité ?

Des appels téléphoniques impossibles

Les appels passés par les passagers et membres d'équipage des
avions détournés à des personnes au sol est une question centrale pour
la compréhension du 11 Septembre. Plusieurs auteurs l'ont d'ailleurs
souligné, dont Thierry Meyssan, Michel Chossudovsky, David Griffin,
qui y consacre un chapitre entier intitulé *Les appels téléphoniques des
avions du 11 Septembre : comment ils ont dupé l'Amérique* dans son
livre *9/11 Ten Years Later*. Il écrit :

> Ces appels téléphoniques ont été d'une importance capitale
> pour l'histoire officielle du 11 Septembre. Ils ont fourni la base
> principale de la double croyance que (1) les avions avaient été
> détournés et que (2) les pirates de l'air venaient du Moyen-Orient.
>
> Il existe un argument multiforme contre le compte-rendu officiel
> du 11 Septembre (selon lequel les attentats ont été perpétrés par
> des membres musulmans d'Al-Qaïda). Une partie de cet argument
> est que les « appels téléphoniques des avions » n'étaient pas
> authentiques. Le présent essai fournit divers types de preuves
> que les appels étaient, en effet, falsifiés.[264]

Le premier argument, établi par les nombreux experts qui se sont
exprimés sur ce point depuis toutes ces années, est qu'en 2001,
AUCUN téléphone portable ne peut fonctionner lorsque les avions de

---

264. *9/11 Ten Years Later*, p. 124.

ligne volent de 30 à 40 000 pieds, ainsi que le confirme, par exemple, Michel Chossudovsky :

> Selon les experts de l'industrie, le lien crucial dans la transmission de téléphonie cellulaire sans fil à partir d'un avion est l'altitude. Au-delà d'une certaine altitude, qui est généralement atteinte quelques minutes après le décollage, les appels par téléphone portable ne sont plus possibles.
>
> En d'autres termes, **compte tenu de la technologie sans fil disponible le 11 septembre 2001, ces appels cellulaires n'auraient pas pu être effectués à haute altitude.**[265]
>
> La seule façon dont les passagers auraient pu joindre leur famille et leurs amis à l'aide de leur téléphone cellulaire était si les avions volaient à moins de 8 000 pieds. Pourtant, même à basse altitude, en dessous de 8 000 pieds, la communication par téléphone cellulaire est de mauvaise qualité.
>
> La question cruciale : à quelle altitude les avions se déplaçaient-ils quand les appels ont été effectués ? [266]

Elle est effectivement essentielle, car la réponse peut prouver l'impossibilité de ces appels depuis les téléphones portables, ce qui mettrait en lumière une partie des mensonges du FBI dans son enquête. Michel Chossudovsky poursuit ainsi son article :

> Bien que les renseignements fournis par la Commission soient maigres, la chronologie du rapport ne donne pas à penser que les avions se déplaçaient constamment à basse altitude. En fait, le rapport confirme qu'un bon nombre d'appels téléphoniques ont été passés pendant que l'avion se déplaçait à des altitudes supérieures à 8 000 pieds, ce qui est considéré comme l'altitude de coupure pour la transmission téléphonique cellulaire.

---

265. En gras dans le texte.
266. *What Happened on the Planes on September 11, 2001? The 9/11 Cell Phone Calls. The 9/11 Commission "Script" Was Fabricated*, Prof Michel Chossudovsky, Global Research, 10 août 2004.

En effet, plusieurs des appels recensés sont effectués lorsque les appareils se trouvent à des altitudes élevées. C'est, par exemple, le cas de Tom Burnett, sur le vol UA93, alors apparemment à plus de 40 000 pieds, mais il réussit pourtant à avoir trois conversations avec sa femme, Deena. Or, elle affirme – elle l'a confirmé ensuite au FBI –, que son mari l'a appelée avec son cellulaire, car c'est bien son numéro qui s'est affiché, il n'y a aucun doute sur ce point :

> Mais en ce qui concerne Deena Burnett, comme nous l'avons vu, il n'y a pas d'ambiguïté, parce qu'il ne peut y avoir aucun moyen raisonnable de nier sa déclaration selon laquelle son mari l'avait appelée de son téléphone cellulaire, puisque son numéro de téléphone s'affichait. Et il n'y a aucun moyen raisonnable non plus de nier, nous l'avons également vu, que l'identifiant de l'appelant indiquait effectivement qu'elle avait été appelée depuis le téléphone cellulaire [de son mari].[267]

David Griffin précise :

> Même Deena Burnett, qui a été hôtesse de l'air, a trouvé cela troublant. Après avoir écrit dans son livre de 2006 qu'elle « a regardé l'identifiant de l'appelant et que c'était bien le numéro de téléphone cellulaire de Tom », elle a ajouté : « Je ne comprenais pas comment il pouvait m'appeler sur son téléphone cellulaire depuis les airs. » [24][268]

Comme le FBI ne comprend pas non plus et sait que c'est techniquement impossible, cinq ans plus tard, en 2006, il transforme les faits dans son rapport pour le procès Moussaoui :

> Pourquoi, à la lumière du fait que Deena Burnett avait clairement dit au FBI en 2001 que son mari avait utilisé son téléphone cellulaire pour l'appeler, le FBI a-t-il déclaré en 2006 que Tom Burnett avait utilisé les téléphones des sièges passagers ?

---

267. *9/11 Ten Years Later*, p. 132.
268. Note [24] : « Deena L. Burnett (with Anthony F. Giombetti), *Fighting Back: Living Life Beyond Ourselves* (Longwood, Florida, Advantage Inspirational Books, 2006), 61)", cité dans *9/11 Ten Years Later*, p. 132.

La réponse semble être que le FBI a décidé de rendre tous les rapports d'appels téléphoniques des avions de ligne du 11 Septembre conformes à la preuve que les téléphones cellulaires disponibles en 2001 ne fonctionnaient pas, du moins de façon fiable, à partir des avions de ligne à haute altitude. [...]

N'est-il pas surprenant que tant d'appels qui, pendant plusieurs années, étaient considérés comme des appels de téléphone cellulaire soient maintenant désignés comme des appels téléphoniques de bord par le FBI ? Est-il vraiment plausible que tous ces appels aient été passés à partir de téléphones de bord, en dépit du fait que les reportages de l'époque indiquaient qu'ils avaient été effectués de téléphones cellulaires ? Ne semble-t-il pas que le FBI a simplement modifié ses rapports pour éviter que les histoires d'appels téléphoniques ne soient discréditées par la preuve qu'il aurait été impossible de téléphoner à haute altitude ?[269]

Que peut-on penser d'une enquête réalisée dans de telles conditions, où l'organisme qui en est en charge trafique les faits les plus élémentaires en fonction des circonstances ou de ses besoins et intérêts ? Quelle confiance lui accorder ?

À partir du moment où il est prouvé que les appels de son mari reçus par Deena proviennent de son portable, est-il si compliqué pour le FBI d'obtenir de la compagnie de téléphone de Tom Burnett ses relevés de communication ? Soit ses appels n'y figurent pas, ce qui prouve qu'ils ont été falsifiés ou, alors, c'est le trajet de l'avion qui l'a été et il volait à faible altitude contrairement aux données ; soit ils y apparaissent, et c'est bien Tom Burnett qui a appelé sa femme de son portable. Il n'est plus alors nécessaire d'inventer une histoire cinq ans plus tard de communications effectuées depuis des appareils de bord. Les deux versions posent toutefois des problèmes d'incohérence paraissant insurmontables :

– si Tom Burnett (et d'autres victimes) a réellement passé les appels de son portable, il est impossible que l'avion se trouvât alors à plus de 8 000 pieds, donc où était-il vraiment ?

---

269. *9/11 Ten Years Later*, pp. 130-131.

– s'il a passé ses appels du téléphone de bord pour les passagers, il y a obligatoirement des traces sur des relevés, d'autant plus que ce service est payant, donc Tom Burnett a dû utiliser sa carte de crédit ; il est facile de contrôler ces informations.

Donc pourquoi le FBI n'a-t-il pas fourni les pièces correspondantes à l'appui de ses deux versions successives contradictoires ? Est-il même seulement imaginable qu'il n'ait pas cherché à les collecter pendant son enquête ? Il y a pourtant mort d'innocents, il ne peut être question d'une enquête bâclée.

À moins que les appels de Tom Burnett n'apparaissent ni sur ses relevés personnels ni sur ceux du téléphone de bord pour les passagers. Cela signifierait qu'il ne les a jamais passés lui-même. Nous laissons alors au lecteur le soin d'en tirer les conclusions qui s'imposent, pas seulement sur le rôle et la complicité du FBI.

D'autres incohérences téléphoniques

Les appels de Tom Burnett ne sont pas les seuls à remettre en cause l'enquête du FBI et la version gouvernementale du complot. Nous n'allons pas tous les analyser dans ces pages et conseillons aux lecteurs de se reporter aux travaux que nous avons déjà cités. Toutefois, le cas le plus connu, celui de Barbara Olson, sur le vol AA77 censé s'être écrasé sur le Pentagone, apporte une information supplémentaire intéressante à souligner.

En résumé, elle appelle de l'avion son mari au ministère de la Justice, Theodore Olson, le procureur général des États-Unis. Selon lui, elle a téléphoné à deux reprises, ce que confirment au FBI deux membres de son équipe. Pourtant, les versions varient entre un et quatre appels, en fonction des sources et des rapports. Cela n'est pas le plus important, car, même si le mari pense que sa femme a appelé de son portable, un rapport du FBI de 2004 exclut cette possibilité, en concluant :

> Tous les appels du vol 77 ont été passés via le système de téléphonie embarqué.[270]

---

270. *9/11 Ten Years Later*, p. 154.

Nous nous retrouvons donc dans le même cas que Tom Burnett, avec toutefois une énorme différence : malheureusement pour la version du FBI, tout prouve que les appels à partir des téléphones de bord étaient tout simplement impossibles, car il n'y avait aucun système de ce genre opérationnel dans l'avion AA77. Cette réalité est confirmée par plusieurs déclarations, dont voici un exemple :

> En 2004, Ian Henshall et Rowland Morgan en viennent à soup-çonner que les Boeing 757 utilisés par American Airlines n'avaient pas de téléphone de bord. En conséquence, ils demandent à American Airlines si ses « 757 [sont] équipés de téléphones que les passagers peuvent utiliser ».
>
> Un porte-parole de la compagnie répond : « Les 757 d'American Airlines n'ont pas de téléphone à bord pour les passagers. » Puis, pour vérifier la possibilité que Barbara Olson ait pu emprunter un téléphone destiné à l'équipage, ils ajoutent : « Y a-t-il des téléphones à bord sur vos 757 qui pourraient être utilisés par les passagers ou le personnel de cabine ? La réponse est : « Les 757 d'American Airlines n'ont pas de téléphone à bord, ni pour les passagers, ni pour l'équipage. L'équipage dispose d'autres moyens de communication. »[271]

Il est donc impossible que Barbara Olson ait pu parler à son mari depuis son portable (le FBI l'exclut) ou le téléphone de l'avion (American Airlines l'exclut) – d'ailleurs, des vérifications ont montré que son compte bancaire n'a pas été débité des coûts d'éventuelles communications téléphoniques payantes à bord. Donc, en résumé, elle n'a pu passer le moindre appel. Pourtant, au moins deux ont été reçus au ministère de la Justice. Alors qui a téléphoné sous son nom et a communiqué ces détails sur les terroristes, quasiment les seuls que nous ayons sur le détournement du vol AA77, dont le fait qu'ils étaient armés de couteaux et de cutters ?

Question évidemment essentielle dans le cadre de l'enquête, mais cela n'intéresse pas le FBI, qui conclut en 2006 qu'il y a eu un seul appel de Barbara Olson et qu'il a duré zéro seconde. Les témoignages de Theodore Olson et de ses collaborateurs sont donc considérés comme

---

271. *9/11 Ten Years Later*, p. 154.

nuls par le FBI. Cette décision, que Theodore Olson ait menti ou pas, est plus simple à « gérer » : ni l'appel du portable ni celui de l'avion n'étant possible, cela évite les incohérences trop voyantes, ainsi que le souligne, par exemple, David Griffin :

> Conclusion : D'une part, une combinaison d'éléments de preuve montre que Barbara Olson n'a pas passé deux appels réussis au bureau de son mari depuis le vol AA77. D'autre part, il semble impossible de nier que le bureau de Ted Olson a reçu deux appels qui semblaient provenir de Barbara Olson. En prenant ces deux points ensemble, nous devons conclure que les appels de Barbara Olson étaient en quelque sorte truqués.[272]

C'est une évidence. Alors pourquoi le FBI n'a pas enquêté sur ce point majeur, qui peut remettre en cause la version gouvernementale du complot ? La réponse est sans doute déjà dans la question.

Encore des incohérences téléphoniques

Parmi les autres appels qui interpellent, deux d'entre eux présentent une particularité supplémentaire étrange : ils ont continué APRÈS le crash du vol UA93. Commençons par celui de Jeremy Glick, qui déclare à sa femme Lyzbeth qu'il l'aime et lui demande de ne pas raccrocher. Elle patiente pendant quelques minutes, puis, comme elle ne peut supporter plus longtemps ce moment tragique, elle confie l'appareil à son père, Richard Makely. Il entend alors des sons, comme du vent, un hurlement, puis des silences. Il va rester ainsi connecté environ une heure et demie, jusque vers 10 h 45. Or, l'avion s'écrase à 10 h 03 ou 06, en tout cas une quarantaine de minutes avant la fin de la communication. Il est surprenant, malgré le fait que l'avion soit pulvérisé sous la violence du choc, que la communication ait pu continuer si longtemps. Ce qui est tout autant surprenant, c'est que Richard Makely n'a pas entendu le bruit du crash de l'avion dans le téléphone.

La situation de Todd Beamer est similaire, sauf que lui n'appelle pas sa femme qui attend leur troisième enfant ou un parent, mais des employées du groupe Verizon, Phyllis Johnson, puis Lisa Jefferson. Pas-

---

272. *9/11 Ten Years Later*, p. 159.

sons sur le fait que cette dernière déclare ne pas avoir eu le temps d'appuyer sur le bouton « Enregistrement » – la conversation dure pourtant plus d'une dizaine de minutes – tandis qu'un article de la *Pittsburgh Post-Gazette* du 19 septembre 2001 rapporte le contraire, à savoir que la communication a bien été enregistrée.[273] Si c'est vrai, pourquoi cacher cette information au public américain s'ajoute à la liste des questions bien mystérieuses que le FBI n'élucide pas.

Lisa Jefferson confirme que la connexion a duré dans le silence une quinzaine de minutes APRèS le crash et qu'elle n'a pas entendu le bruit de l'accident, comme Richard Makely. Elle affirme que la connexion ne s'est pas coupée, sinon elle aurait entendu le bip correspondant ; la ligne est simplement devenue silencieuse – ses propos sont confirmés par le fait que l'appel a duré jusqu'à 10 h 49, soit un peu plus de soixante-cinq minutes, et donc bien après le crash. Cela semble impossible pour une communication depuis les airs avec un portable. Ce silence et les autres détails sont étranges, mais voici ce qui l'est plus encore :

> 7. Le 29 septembre 2001, le FBI reçoit le détail des appels transmis par le bureau Verizon des appels mobiles de Bedminster, dans le New Jersey, qui montrait que le téléphone cellulaire de Todd Beamer avait passé dix-neuf appels après l'heure supposée du crash du vol UA93 à 10 h 03. [22] Ce fait, ajouté aux six premiers, indique soit que l'homme se présentant comme Todd Beamer n'était pas à bord du vol UA93, soit que le téléphone cellulaire de Beamer ne se trouvait pas à bord de l'appareil, soit que l'avion ne s'est pas écrasé.[274]

Sur le relevé d'appels de Todd Beamer obtenu du FBI par Intelwire.com, ces dix-neuf appels, dont le destinataire est masqué, sont tous à destination de Woodbridge, dans le New Jersey, durent une minute et commencent à 11 h 07 pour se terminer à 20 h 58.[275]

---

273. *9/11 Ten Years Later*, p. 152.
274. [22] FBI Lead Control Number NK 5381, 29/09/2001. (Le téléphone mobile de Mr. Beamer est dans la zone du New Jersey Nord [préfixe 908], par conséquent les enregistrements reflètent l'heure EDT – Eastern Time zone) cité dans *Point PC-1 : Les appels téléphoniques présumés de Todd Beamer Point PC-1 : depuis le Vol UA 93*, 9/11 Consensus Panel.
275. Intelfiles.egoplex.com/2001-09-29-FBI-phone-records.pdf.

Est-il possible d'envisager que le FBI n'ait pas cherché à savoir à qui était destiné ces appels et qui a pu les passer des heures après la mort de Todd Beamer dans le crash du vol UA93 ?

En conclusion de cette partie sur les appels téléphoniques effectués à partir des avions piratés, laissons la parole à David Griffin :

> La deuxième façon de montrer que tous les appels présumés n'étaient pas authentiques commence par quelques-uns de ces appels – comme ceux de Tom Burnett, CeeCee Lyles, Betty Ong, Todd Beamer et Barbara Olson –, qui étaient manifestement faux. Nous en arrivons ensuite au point où, si certains des appels ont été falsifiés, tous les appels ont dû l'être, car si le récit officiel – selon lequel les avions ont été détournés lors d'une opération surprise – était vrai, alors personne n'aurait été prêt à simuler le moindre appel.
>
> Quoi qu'il en soit, les « téléphones depuis les avions » qui ont été rapportés ont été au cœur des processus par lesquels les auteurs des attentats du 11 Septembre ont convaincu les Américains que ces attaques avaient été planifiées et menées par des musulmans.[276]

David Griffin parle même, en conclusion de son chapitre 5 sur ces appels qui ont trompé le peuple américain, de « crime d'État contre la démocratie ». La responsabilité et le rôle – donc la complicité ? – du FBI n'en sont que plus incommensurables.

United Airlines 93

En résumé, la narration gouvernementale pour ce vol, soutenue par l'un de ces films dont Hollywood a le secret, rapporte que les passagers se sont courageusement révoltés contre les pirates de l'air et ont fait héroïquement s'écraser l'avion en Pennsylvanie afin d'éviter qu'il détruise le Capitole, symbole de la démocratie américaine.

---

276. *9/11 Ten Years Later*, p. 169.

Si l'on écoute des témoins plutôt qu'Hollywood, c'est une tout autre histoire qui semble s'être déroulée : l'UA93 aurait été abattu par un avion militaire. Ainsi, dans *The New Pearl Harbour*, David Griffin rapporte l'information communiquée par CBS que deux chasseurs F-16 suivaient l'avion, tandis qu'un contrôleur aérien confirma qu'un F-16 le poursuivait. Au moins une demi-douzaine de témoins constatèrent la présence d'un second avion volant à basse altitude au-dessus du site du crash. Ils le décrivirent

> « comme un petit jet blanc avec des moteurs arrière et aucun marquage apparent ».[277] Le FBI prétendit qu'il s'agissait d'un Fairchild Falcon 20, un jet d'affaires, mais une femme déclara :
>
> Il était blanc, sans marquage, mais, définitivement, c'était un avion militaire... Il avait deux moteurs arrière, un gros aileron sur le dos, comme un spoiler... Définitivement, il ne s'agissait pas d'un de ces avions d'affaires. Le FBI est venu, m'a parlé pour me dire qu'il n'y avait pas d'avion aux alentours... Mais je l'ai vu, il était là avant le crash et se trouvait à 40 pieds [environ 13 m] au-dessus de ma tête. Ils ne voulaient pas de mon histoire.[278]

Elle n'est pas la seule à témoigner ainsi :

> Par exemple, un homme du coin, Dennis Decker, déclare qu'immédiatement après avoir entendu une explosion, « Nous avons regardé dans le ciel, nous avons vu un jet de taille moyenne volant à basse altitude et rapidement. Il exécuta comme un looping ou une partie de cercle, puis il tourna vite et disparut. Si vous l'aviez vu, vous n'auriez aucun doute. C'était un jet, et il devait voler vraiment très près quand le 757 est tombé. [...]. Si j'étais le FBI, je découvrirais qui pilotait cet avion. » (*Bergen Record*, 14/9/01).[279]

Oui, mais le FBI n'est pas intéressé. D'ailleurs, ainsi que Webster Griffin Tarpley le souligne,

277. *Independent*, 13 août 2002, cité dans *The New Pearl Harbor*, p. 51.
278. *The New Pearl Harbour*, p. 52.
279. *The Terror Timeline*, p. 494.

Les autorités n'ont pas fourni l'identité du propriétaire de l'avion, et n'ont pas pu justifier non plus pourquoi il était toujours en vol quelque quarante minutes après que la Federal Aviation Administration ait ordonné à tous les avions d'atterrir à l'aéroport le plus proche.[280]

D'autres témoins parlent du ou des deux bangs qu'ils ont entendus. Certains évoquent même un missile, comme Ernie Stuhl, le maire de Shanksville, qui rapporte les propos de deux concitoyens habitant à proximité du site du crash, dont un vétéran de la guerre du Vietnam.[281] L'analyse de ce qui s'est réellement produit n'entre pas dans le cadre de ces pages. En revanche, pourquoi le FBI refuse de tenir compte de ces témoignages et affirme qu'il n'y avait pas d'avion (militaire), voire essaie d'influencer les témoins en leur expliquant qu'ils n'ont pas vu ce qu'ils ont vu ? Son attitude s'ajoute-t-elle à ses mensonges ?

Le vol UA93 a-t-il pu disparaître dans ce trou, d'où rien ne dépasse ?

Qui peut croire qu'un Boeing 757 pourrait ainsi s'enfoncer dans le sol, sans que rien n'apparaisse, pas même les ailes ou la queue ?

Le 14 septembre 2001, des officiels démentent que le vol 93 ait été abattu, mais, face aux évidences qui ne cadrent pas avec l'histoire gouvernementale, ils proposent la théorie que les terroristes avaient une bombe à bord et l'ont fait exploser. Après avoir enquêté sur place, le FBI conclut toutefois qu'il n'y avait pas d'explosif.[282]

Même pour un partisan de la théorie gouvernementale du complot, s'il est doué d'un minimum de bonne foi, il est difficile de concevoir qu'un Boeing avec de telles dimensions puisse disparaître entièrement dans un trou aussi réduit, comme s'il avait été avalé par les entrailles de la Terre. Donc rien ne dépasse du sol, pourtant, des débris sont trouvés loin du site du crash. Voici des exemples :

---

280. *9/11 Synthetic Terror Made in USA*, p. 268.
281. *The Terror Timeline*, p. 447.
282. *The Terror Timeline*, p. 494.

– à Indian Lake, à près de 5 km ;

– à New Baltimore, à environ 13 km, où ils sont plus nombreux ;

– d'autres pièces sont découvertes à 9,7 km, ainsi que des restes humains ;

– une partie d'un des moteurs pesant une demi-tonne est retrouvée à 1,8 km.[283]

Malgré des champs de débris épars et lointains, jusqu'à plus de dix kilomètres, le FBI maintient l'histoire gouvernementale que l'avion a explosé par suite de l'impact avec le sol et qu'il n'a pas été abattu, la version qui paraît pourtant la plus (la seule ?) plausible. En effet, qui peut croire qu'une partie de moteur pesant 500 kg puisse se retrouver à près de 2 km ou que des pièces « volent » à près de 10 km, d'autant plus qu'il n'y avait pas de bombe à bord, ainsi que l'a confirmé le FBI ?

Il n'y a pas, d'ailleurs, que des témoins civils qui contredisent la version gouvernementale. Ainsi, l'équipe de The Terror Timeline, p. 464, rapporte ce témoignage pour le jour-même du 11 Septembre :

14 h 00 : un pilote de chasse déclare que le vol 93 a été abattu

Le major Daniel Nash, pilote de F-15, retourne à la base à peu près vers cette heure, après la poursuite du vol 175 et avoir patrouillé le ciel au-dessus de New York City. Il déclare qu'à sa descente de l'avion, « on lui a dit qu'un F-16 avait abattu un quatrième avion en Pennsylvanie ». (*Cape Code Times*, 8/21/02 ; *Aviation Week and Space Technology*, 6/3/02).

Quoi qu'il en soit, il est impossible pour le FBI de conclure que le vol UA93 a été abattu, même si c'est la vérité et qu'elle ne remet pas fondamentalement en cause la version gouvernementale du complot, car cela ouvrirait une boîte de Pandore avec une multitude de questions : pourquoi, qui a pris la décision, avec quelles responsabilités, était-ce la seule option possible, surtout si les passagers étaient en train de combattre les terroristes, comme il est raconté, etc. ?

---

283. *The Terror Timeline*, p. 492.

American Airlines 77

Les mensonges du FBI sur cet avion sont sans doute parmi les plus énormes de toute l'opération 11 Septembre. Nous avons vu, d'ailleurs, dans le chapitre 9/7, que le FBI a commencé par saisir toutes les bandes vidéo susceptibles de montrer ce qui s'est passé à Washington, et qu'il en a même perdues. Sans doute par inadvertance... Il s'agissait pourtant de preuves. Est-ce normal de la part de l'organisme chargé de l'enquête ?

Ce qui a frappé les observateurs attentifs, c'est le fait qu'un avion ait littéralement disparu par un trou au rez-de-chaussée du Pentagone d'à peine six mètres de large, sans autre dégât sur la façade et la pelouse devant le bâtiment. Pourtant, un Boeing 757 de la série 200 mesure 47,32 m de longueur, 38 m d'envergure (41,10 m avec les winglets), environ douze mètres de hauteur avec la queue lorsque le train d'atterrissage est rentré, et pèse cinquante-huit tonnes à vide.

Des experts et des debunkers autoproclamés expliquent que c'est tout à fait possible physiquement. Les plus sérieux basent leur argumentation sur une largeur d'impact d'une vingtaine de mètres, mais elle n'est telle qu'après l'effondrement de la façade, à partir de 10 h 10, c'est-à-dire plus d'une demi-heure après que l'avion ait officiellement percuté le Pentagone. Nous avons même lu des analyses d'« experts », surtout anonymes, qui expliquent que, sous la violence du choc, les ailes avec leurs réacteurs se sont repliées le long de la carlingue. C'est pourquoi elles n'ont rien endommagé en dehors des fenêtres du bas. Depuis quand les avions peuvent-ils « replier » leurs ailes ? Avec les réacteurs ? De plus, compte tenu de la vitesse de percussion de l'appareil, le mouvement se serait produit en une minuscule fraction de seconde. Malgré le poids de l'ensemble ?

C'est évidemment ridicule et ce serait risible si ce n'était pas une insulte à la mémoire des 184 personnes décédées dans cette attaque (nous enlevons les cinq terroristes), dont 125 dans le Pentagone. Parmi elles, il ne se trouve aucun membre de l'US Air Force, mais principalement de l'armée de terre et de la Navy. Signalons d'ailleurs l'étonnante étude d'E.P. Heidner,[284] un ancien employé du DIA Office of Naval Intelligence (Oni), qui conclut que cette partie du Pentagone ne fut pas visée par

---

284. *Collateral Damage: U.S. Covert Operations and the Terrorist Attacks on September 11, 2001*, EP Heidner, 28 June, 2008, https://wikispooks.com/w/images/d/db/Collateral_Damage_-_part_1.pdf.

hasard mais précisément parce qu'elle abritait le bureau de l'Oni, dont trente-neuf membres sur quarante sont tués. Ils enquêtaient sur un crime financier de 240 milliards $ par des membres de l'appareil d'État. Masquer ces opérations et faire disparaître les preuves serait, selon E.P. Heidner et d'autres auteurs, la cause centrale du 11 Septembre. Avec cette hypothèse, la destruction des trois immeubles du WTC était également indispensable pour faire arrêter des enquêtes, dont, semble-t-il, celle du FBI sur Barrick Gold, leader mondial des mines aurifères dans lequel Adnan Kashoggi fut un pilier.

Peut-être que la mort après torture, d'après les premières informations publiées, de son neveu Jamal dans le consulat saoudien à Ankara ne serait pas liée au seul fait qu'il aurait été un opposant au régime ben Salmane – l'était-il suffisamment pour que le commanditaire prenne un tel risque ? A-t-il été torturé pour le faire (aussi) révéler des informations sur les stocks d'or pillés en Asie par les Japonais dans les cinquante années avant la fin de la seconde guerre mondiale ? En effet, il semble qu'ils ne furent jamais rendus ni au Japon ni aux pays auxquels ils avaient été dérobés (Chine, Corée, etc.). Des intérêts privés aux États-Unis les auraient-ils accaparés au moins en partie, Barrick Gold et l'oncle Kashoggi ayant alors servi de « blanchisseuse », notamment via leurs installations en Suisse ?[285] Cela nous éloigne toutefois de l'objet de ce livre et du FBI.

Face aux doutes qu'un 757 puisse provoquer si peu de dégâts au Pentagone, la version gouvernementale du complot reçoit l'appui en 2003 de l'American Society of Civil Engineers, qui produit *The Pentagon Building Performance Report*. Une des analyses critiques les plus détaillées que nous ayons lues lui est apportée par Sami Yli-Karjanmaa, en septembre 2004, avec une mise à jour en avril 2007. Voici un extrait du résumé :

La principale conclusion à laquelle parvient notre analyse est que le ***Report* échoue dans sa tentative de démontrer que les dommages structurels causés au Pentagone le 11 septembre 2001 ont été causés par le crash d'un Boeing 757.**[286] L'objectif principal de ce rapport semble donc être de soutenir l'histoire officielle et mensongère des événements du 11 Septembre. Tou-

285. Cf. étude EP Heidner, citée dans la note précédente.
286. En caractères gras dans le texte original.

tefois, une partie des incohérences est si flagrante que l'intention de saboter l'objectif principal ne peut être exclue.

La principale conclusion repose sur neuf observations qui peuvent être divisées en deux catégories selon qu'elles concernent des événements survenus avant ou pendant le crash de l'avion. En ce qui concerne le premier groupe, la conclusion générale est que l'approche de l'avion et ses dommages ne peuvent avoir eu lieu de la manière décrite dans le rapport. Cette conclusion est étayée par les observations suivantes :

– l'angle d'approche déclaré de 42° n'est pas possible pour un B-757 ;

– le fait que l'aile droite de l'avion ait heurté un générateur ne peut expliquer l'étroitesse et la discontinuité des dommages à la façade, comme le propose le rapport ;

– les bobines de câble intactes dans la trajectoire de l'avion sont incompatibles avec l'information sur l'impact contenue dans le rapport ; et,

– il n'y a aucune preuve à l'appui de l'allégation selon laquelle le moteur gauche aurait heurté une structure de ventilation ; une telle collision n'expliquerait pas non plus l'étroitesse des dommages causés à la façade.

Sami Yli-Karjanmaa passe ensuite au second groupe d'observations :

[...] la conclusion générale est que la description par le *Report* de l'impact de l'avion et des dommages causés contredit manifestement les preuves photographiques de la scène. La description inclut des phénomènes impossibles, contradictoires et inexpliqués :

– l'allégation selon laquelle le fuselage de l'avion aurait glissé dans le premier étage n'a aucune crédibilité matérielle ;

– les dommages à la façade du côté droit de l'ouverture dans le mur extérieur ne correspondent pas à la forme, à la taille et à la position signalée du prétendu B-757 ;

– les dommages à la façade du côté gauche de l'ouverture ne suggèrent pas l'impact proposé d'un B-757 ;

– l'empennage de l'avion n'a laissé aucune marque visible sur la façade, ce que le rapport n'explique aucunement ; et,

– il ne fournit aucune explication pour le trou dans le mur de l'Anneau C.

Les incertitudes liées au point d'impact allégué ainsi qu'à l'angle d'approche, à la position verticale et à l'inclinaison de l'avion n'affaiblissent pas la conclusion présentée ici selon laquelle **le Pentagone n'a pas pu être touché par un Boeing 757** de la manière décrite dans le *Report*. En effet, la modification de l'un de ces facteurs pour permettre une meilleure explication d'un dommage particulier (ou de son absence) rend les autres dommages encore moins compréhensibles.[287]

En conséquence, l'auteur de l'analyse arrive à la conclusion finale suivante :

The Pentagon Building Performance Report de l'American Society of Civil Engineers ne parvient pas à démontrer que les dommages structurels causés au Pentagone le 11 septembre 2001 ont été provoqués par le crash d'un Boeing 757. La croyance en l'histoire officielle du B-757 implique la croyance en des phénomènes physiquement impossibles et inexplicables. [...]

L'explication la plus naturelle des nombreuses erreurs contenues dans le rapport est qu'il s'inscrit dans le cadre de la campagne de désinformation menée par les autorités américaines, dont l'objectif est d'empêcher que la vérité sur le 11 Septembre ne soit révélée et de protéger ainsi les auteurs de ces atrocités.

Si l'auteur a raison, ne s'agit-il pas, inévitablement, de complicité ? Que fait alors le FBI ? D'autant plus que Pilots for 9/11 Truth[288] publie un article à peu près au même moment, soit le 26 mars 2007, après

---

287. *The ASCE's Pentagon Building Performance Report, Arrogant Deception—Or an Attempt to Expose a Cover-up?*, Sami Yli-Karjanmaa, 13 avril 2007, http://www.kolumbus.fi/sy-k/pentagon/asce_en.htm..

288. « Pilots for 9/11 Truth est une organisation de professionnels de l'aviation et de pilotes du monde entier qui se sont réunis dans un seul but. Nous nous engageons à rechercher la vérité sur les événements du 11 septembre 2001. Nous nous concentrons principalement sur les quatre vols, les manœuvres effectuées et les pilotes signalés. [...] », www.pilotsfor911truth.org.

avoir obtenu du National Transportation and Safety Board (NTSB) via la procédure du Freedom of Information Act son rapport de 2002 intitulé *Flight Path Study–American Airlines Flight 77* (*Étude du plan de vol – Vol 77 d'American Airlines*). Il se compose d'un fichier csv et d'une animation du plan de vol supposée générée à partir des enregistrements de vol. Voici la conclusion de l'article :

> Les données fournies par le NTSB contredisent le rapport de la Commission sur le 11 Septembre de plusieurs façons importantes :
>
> 1. La trajectoire d'approche et l'altitude de l'animation de la trajectoire de vol du NTSB ne tiennent pas compte des événements officiels.
>
> 2. Toutes les données d'altitude montrent que l'avion est au moins 300 pieds [environ 90 m] trop haut pour pouvoir réellement percuter les lampadaires.
>
> 3. Les données de la vitesse de descente sont en conflit direct avec la possibilité que l'avion heurte les lampadaires et soit capturé dans la vidéo de « cinq images » du département de la Défense avec un objet se déplaçant presque parallèlement à la pelouse du Pentagone.
>
> 4. L'enregistrement des données s'arrête au moins une seconde avant l'heure officielle de l'impact.
>
> 5. Si les tendances des données se poursuivaient, l'altitude de l'avion aurait été d'au moins 100 pieds [environ 30 m] trop élevée pour toucher le Pentagone.
>
> Les membres de Pilots for 9/11 Truth ont reçu ces documents du NTSB en août 2006 et ont commencé une analyse approfondie des données qu'ils contiennent. Après examen d'experts et contre-vérification, Pilots for 9/11 Truth conclut que l'information contenue dans ces documents du NTSB ne corrobore pas et, dans certains cas, contredit la position officielle du gouvernement selon laquelle le vol 77 d'American Airlines a frappé le Pentagone le matin du 11 septembre 2001.[289]

---

289. *Official Account of 9/11 Flight Contradicted by Government's Own Data*, www.pilotsfor911truth.org.

Le FBI n'a, évidemment, pas traité ces analyses troublantes qui réfutent la présence du vol AA77 sur le Pentagone. Sans doute parce que chacun sait que ce sont des fanatiques musulmans qui ont été capables de réussir tout seuls une opération sans équivalent contre le plus formidable appareil militaire et de renseignement de l'histoire.

Matière manquante

Un autre problème troublant avec la version gouvernementale au sujet de ce vol est l'apparente « disparition » de la matière, alors que, comme indiqué ci-dessus, un Boeing 757-200 pèse cinquante-huit tonnes à vide, auxquelles il faut ajouter les personnes, les bagages, le carburant, etc. C'est d'ailleurs le point clé qui m'a fait proposer à Thierry Meyssan d'écrire *L'Effroyable Imposture* puis *Le Pentagate*. Passons sur les commentaires ridicules de journaux français et peut-être ailleurs dans le monde expliquant que l'avion s'est « gazéifié ». Certes, l'aluminium peut devenir du gaz, mais cela exige une température au minimum de 3 000°, dont il est impossible d'atteindre ne serait-ce que la moitié dans un incendie au kérosène.

En tout cas, il ne leur a pas échappé que la matière est manquante, car Thierry Meyssan souligne cette observation importante dans *L'Effroyable Imposture* : à l'appui de ses doutes sur le fait que le vol AA77 ait réellement frappé l'édifice, il relate que lors de la conférence de presse au Pentagone du 12 septembre dirigée par Victoria Clarke, secrétaire adjoint à la Défense, le capitaine des pompiers du comté d'Arlington, Ed Plaugher, précise que

> ses hommes s'étaient employés à lutter contre la propagation de l'incendie dans le Pentagone, mais qu'ils avaient été tenus à l'écart du lieu précis du crash. Seules les équipes spéciales (Urban Search and Rescue) de la FEMA sont intervenues au contact de l'avion.
>
> Un dialogue surréaliste s'est alors instauré :
>
> Un journaliste : « Que subsiste-t-il de l'appareil ? »
>
> Chef Plaugher : « En premier lieu, la question de l'appareil, il y a quelques fragments de l'appareil que l'on pouvait voir de l'inté-

rieur pendant les opérations de lutte contre l'incendie dont je parlais, mais il ne s'agissait pas de débris volumineux. En d'autres termes, il n y a pas de morceaux de fuselage ni rien de cette sorte. »

(...) Le journaliste : « Commandant, il y a des petits morceaux de l'appareil *répandus* partout, jusque sur l'autoroute – des fragments minuscules. Diriez-vous que l'appareil a explosé, littéralement explosé, au moment de l'impact en raison du carburant ou... »

Plaugher : « Vous savez, je préférerais ne pas m'exprimer à ce sujet. Nous avons de nombreux témoins oculaires qui sont en mesure de mieux vous informer quant à ce qu'il est arrivé à l'appareil pendant son approche. Donc, nous ne savons pas. Moi, je ne sais pas. » (...)

Un journaliste : « *Où est* le carburant de l'avion ? »

Plaugher : « Nous avons ce que nous croyons être une flaque juste à *l'*endroit où est ce que nous pensons *être* le nez de l'avion. » (sic).

Ainsi, bien que des officiels, parlementaires et militaires prétendent avoir vu tomber l'appareil, personne n'a vu le moindre morceau d'avion, pas même le train d'atterrissage : il n'y a que des fragments non identifiables de métal.[290]

Thierry Meyssan ajoute dans *Le Pentagate* qu'il est confirmé, trois jours plus tard lors de la conférence de presse au Pentagone du 15 septembre 2001, qu'aucun morceau important de l'avion n'a été découvert et qu'on ne pouvait voir que de « petites pièces », comme le déclare alors le représentant de la Défense. Officiellement, seules les deux boîtes noires et un phare sont retrouvés. Même le débris sur la photo prise par Mark Faram ne correspond pas à une pièce de l'avion (cf. ci-dessous). Il est donc logique de résumer ainsi la situation :

Dans les premiers jours qui suivent l'attentat, les autorités ne mentionnent donc l'existence que de petits débris, de fragments métalliques non identifiables, qui pourraient provenir de tout autre chose.

---

290. *L'Effroyable Imposture*, pp. 21-22.

Nul parmi les pompiers, les architectes et les officiels du département de la Défense n'a vu le moindre morceau de fuselage sur les lieux de l'attentat – à l'exception du ministre de la Défense, Donald Rumsfeld.[291]

Photo de l'U.S. Navy Journalist 1st Class Mark D. Faram

Des témoins apparaissent par la suite, expliquant qu'ils ont aperçu des morceaux importants, y compris du fuselage, ce qui contredit la version du Pentagone. Ils ajoutent même que des photos ont été prises. Pourtant, à notre connaissance, aucune n'a jamais été publiée. Pourquoi ? Existent-elles vraiment ?

Et comment le Pentagone, qui n'a retrouvé, officiellement, qu'un phare et deux boîtes noires, a-t-il pu ne pas se rendre compte de tous ces débris de Boeing sur sa pelouse ?[292]

291. *Le Pentagate*, pp. 13-14.
292. *Le Pentagate*, p. 17.

Et même sur le site officiel du FBI,[293] sont publiées seulement les trois photos suivantes de débris :

Avec le n° de série et même le C en rouge, qui pourrait être celui d'American Airlines, bien qu'il paraisse petit par rapport à la taille d'un Boeing 757-200, il semble logique de conclure que c'est bien le vol AA77 qui s'est écrasé sur le Pentagone. Pourtant, sans tenir compte du fait que le FBI a prouvé sa capacité à fabriquer de fausses preuves dans l'opération 11 Septembre, que sont devenues les autres pièces de l'avion ? Il est facile de répondre que le FBI n'a pris ou ne montre que ces trois photos-là, mais qu'il y avait d'autres morceaux. Or, c'est impossible, puisque cela contredit toutes les déclarations du département de la Défense, y compris celles lors de la conférence de presse du 15/09. En quatre jours, les militaires eurent largement le temps de recenser toutes les pièces du Boeing retrouvées.

Ainsi, David Griffin cite dans *9/11 Ten Years Later*, à partir de la page 212, de nombreux témoignages de personnel du Pentagone déclarant qu'ils n'ont vu aucun morceau d'avion ni aucun dégât susceptible d'être causé par un Boeing 757. Pourtant, sept mois plus tard :

> La déclaration du FBI est troublante : ses agents auraient récupéré une grande partie des débris, rendant ainsi possible une reconstitution quasi complète de l'épave du Boeing. Une version confirmée par Chris Murray, porte-parole du FBI à Washington [...]. L'avion n'a donc pas été pulvérisé en une multitude de petites pièces comme l'affirmait le Pentagone en septembre 2001. [...] Non : en avril 2002, l'avion peut pratiquement être reconstitué par le FBI.[294]

---

293. FBI Records: The Vault – 9/11 Attacks and Investigation Images, https://vault.fbi.gov/9-11-attacks-investigation-and-related-materials/9-11-images.
294. *Le Pentagate*, pp. 14-15.

« Le Boeing se serait "gazéifié" à 3 000°, au rez-de-chaussée de l'immeuble, sans endommager les étages supérieurs.
La flèche blanche représente la trajectoire de l'appareil et la pointe, l'endroit où est "sorti son nez". »

dans *Le Pentagate* (XV)

Puisqu'il n'y a aucun morceau du fuselage à l'extérieur (ce que confirme d'ailleurs la vidéo de la caméra de parking, où rien ne dépasse de l'immeuble après l'explosion), qui peut croire que là s'est encastré un Boeing 757 de 47,32 m de longueur et 38 m d'envergure ? Où est passée la soixantaine de tonnes de matière de l'avion, sachant qu'elle n'a pu se gazéifier ni se volatiliser ?

En résumé, à partir du moment où le FBI déclare des mois après l'événement qu'il peut reconstituer l'avion quasiment en totalité, la question se pose de savoir qui ment : le Bureau ou le département de la Défense et les premiers témoins, dont les militaires, qui ne voient que des morceaux minuscules et aucune trace d'un avion de ligne dans le bâtiment, ainsi que le confirment toutes les photos prises ce jour-là ? Et même si ce quasi-Boeing 757 dans l'un des entrepôts du FBI était montré, cela ne servirait à rien : il est facile de frauder, en présentant des pièces qui n'appartiendraient pas au vol AA77 et en les faisant passer comme telles.

Néanmoins, notons que le FBI est capable de retrouver les pièces d'un avion que personne n'a vues là où il est censé les avoir ramassées et d'en faire un avion quasiment complet.

Aucun terroriste dans le cockpit

Le 27 novembre 2009, Pilots For 9/11 Truth publie sur son site internet un article court mais percutant, intitulé *11 Septembre : Le détournement de l'avion sur le Pentagone impossible – La porte du poste de pilotage fermée pendant tout le vol* :

> Des données récemment décodées fournies par un chercheur indépendant et programmeur informatique australien exposent des preuves alarmantes qu'il est impossible que le détournement signalé à bord du vol 77 d'American Airlines ait eu lieu.[295]

Les preuves en question portent sur l'analyse d'un paramètre de vol intitulé « Flight Deck Door », qui indique si la porte du poste de pilotage a été ouverte. Ces données sont communiquées pour le vol AA77 par le National Transportation Safety Board (NTSB), agence officielle. Voici la suite de l'article :

> Le matin du 11 septembre 2001, le vol 77 d'American Airlines quitte l'aéroport international de Dulles à destination de Los Angeles à 8 h 20, heure de la côte Est. Selon les rapports et les données, un détournement se produit entre 08:50:54 et 08:54:11, puis les pirates de l'air auraient percuté le Pentagone à 09:37:45. Rapporté par CNN, selon Ted Olson, son épouse Barbara Olson l'a appelé de l'avion en déclarant : « ... tous les passagers et le personnel de bord, y compris les pilotes, ont été déplacés à l'arrière de l'avion par des pirates de l'air armés... » Toutefois, selon les données de vol fournies par le NTSB, la porte du poste de pilotage n'a jamais été ouverte en vol. Comment les pirates de l'air ont-ils pu accéder au poste de pilotage, faire sortir les pilotes et diriger l'avion sur le Pentagone si la porte du poste de pilotage est restée fermée ?

C'est une excellente question qu'aurait dû se poser le FBI dans le cadre de son enquête. Il n'est pas trop tard pour confirmer si l'analyse des données par ce chercheur australien et Pilots For 9/11 Truth est exacte ou non. En effet, ce simple paramètre remet en cause, à lui seul, la

---

295. http://pilotsfor911truth.org/forum/index.php?showtopic=18405

version gouvernementale du vol 77, donc l'ensemble de cette version du complot. Au passage, il paraît indispensable de vérifier ces données aussi pour les trois autres vols.

Pas de code de détournement d'avion

Grâce à leur transpondeur, un système d'émission-réception qui aide à leur identification par les radars et limite le risque de collision, les avions commerciaux peuvent envoyer des « codes squawk », qui se composent de quatre chiffres. Leur signification dépend des pays, mais trois codes correspondant à des signaux de détresse sont universels, afin d'alerter rapidement les contrôleurs partout dans le monde :

- – 7500 : situation de détournement ;
- – 7600 : panne radioélectrique ;
- – 7700 : cas de détresse.

Ces codes sont évidemment connus de tous les pilotes mais, pourtant, AUCUN des quatre avions détournés n'a émis de squawk 7500. Comme cela semble impossible dans une telle situation de la part de pilotes expérimentés, il a été évoqué qu'ils avaient été tellement pris par surprise qu'ils n'avaient pas même bénéficié des quelques secondes suffisantes pour « squawker ».

Or, nous savons que ce n'est pas le cas pour au moins le vol UA93, grâce au FBI, qui diffuse une séquence sonore lors du procès Moussaoui où l'on entend les pilotes crier « Mayday ! Mayday ! Mayday ! » au moment où les terroristes s'introduisent dans le cockpit, puis, trente secondes plus tard, « Mayday ! Sortez d'ici ! Sortez d'ici ! »[296]

Cela prouve, d'une part, qu'ils sont alors en vie et, d'autre part, qu'ils auraient eu le temps d'envoyer le code 7500 avant que les pirates réussissent à entrer. Cependant, ils ne l'ont pas fait, ce qui reste incompréhensible.

Avec le vol AA77, où il n'y a pas eu de squawk 7500 et le paramètre Flight Deck Door qui montre que la porte n'a pas été ouverte, alors que Theodore Olson déclare que sa femme a précisé que les pilotes avaient été regroupés par les terroristes au fond de l'appareil avec les passagers, comment croire encore à la version gouvernementale du

---

296. *9/11 Ten Years Later*, p. 29.

détournement d'avion ? Est-il concevable que le FBI, chargé pourtant de l'enquête, ne constate pas ces incohérences et impossibilités de cette version du complot ?

Émissions lointaines après crash

En plus du transpondeur, qui peut toutefois être débranché par le pilote, avec pour effet la disparition de l'avion de certains écrans radars, il existe l'Aircraft Communication Addressing and Reporting System ou Acars, un mode de communications codées avec les stations au sol. Les messages transmis concernent la gestion du trafic aérien et celle des opérations de la compagnie aérienne. Cela permet, par exemple, de contrôler automatiquement l'état de l'avion pendant le vol et donc au centre de maintenance de prévoir les interventions techniques à effectuer à l'atterrissage. Voici un complément d'information par la page Wikipedia :

> Si l'ACARS n'émet pas de messages pendant un temps donné, le système au sol peut émettre un « ping » d'interrogation qui déclenche une réponse automatique. Enfin, le système permet d'émettre des messages manuels à partir du cockpit et de recevoir les réponses sur une imprimante.[297]

Un point essentiel à souligner est que le système est conçu pour que le routage des messages s'effectue par la station terrestre la plus proche, comme le principe des téléphones mobiles qui utilisent l'antenne relais à proximité et en changent au fur et à mesure du trajet. Ainsi, pour un avion partant de Chicago pour Houston, les messages Acars seront échangés via les différentes stations survolées et pas uniquement celle de Chicago ou Houston.

Les messages Acars pour le vol UA175 ont été obtenus par le Freedom of Information Act (FOIA). Voici l'analyse de ces données Acars par PilotsFor911Truth.org :

> Ce message est envoyé le 11 septembre à 1259Z (8 h 59 heure de la côte Est) au vol United 175, numéro de queue N612UA,

---

297. Wikipedia.fr, Aircraft Communication Addressing and Reporting System.

acheminé par la station terrestre de MDT (aéroport international de Harrisburg, aussi connu sous le nom de Middleton).[298]

```
DDLXCXA SFOLM CHI58R
SFOFRSAM
.SFOLMUA 111259/JER
CMD
AN N612UA/GL MDT
- QUSFOLMUA 1UA175
BOSLAX
I HEARD OF A REPORTED
INCIDENT ABOARD YOUR
ACFT. PLZ VERIFY ALL
IS NORMAL....THX 777SAM
SFOLM JERRY TSEN

;09111259 108575 0543
```

Harrisburg/
Middleton (MDT)

Ainsi, à 8 h 59, le vol UA175, qui va pourtant officiellement s'écraser dans quatre minutes sur la Tour Sud du World Trade Center, se trouve en Pennsylvanie ! La distance entre Harrisburg et New York est d'environ 250 km, et un Boeing 767 ne peut la parcourir en un laps de temps aussi court. À 9 h 03, au moment du crash, deux autres messages Acars sont envoyés à l'avion et de nouveau routés par la station d'Harrisburg, ce qui signifie qu'il s'y trouve toujours à proximité. Sinon, ils auraient forcément été délivrés par celle de New York compte tenu de l'approche du WTC. Comment l'avion peut-il être à deux endroits en même temps ?

```
DDLXCXA CHIAK CH158R
.CHIAKUA 111303/ED
CMD
AN N612UA/GL MDT
- QUCHIYRUA 1UA175 BOSLAX
- MESSAGE FROM CHIDD -
HOW IS THE RIDE. ANY THING
DISPATCH CAN DO FOR YOU...
CHIDD ED BALLINGER

;09111303 108575 0545
```

```
DDLXCXA CHIYR CH158R
.CHIYRUA 111303/AD
CMD
AN N612UA/GL MDT
- QUCHIYRUA 1UA175 BOSLAX
- MESSAGE FROM CHIDD -
NY APROACH LOOKIN FOR YA
ON 127.4
CHIDD AD ROGERS

;09111303 108575 0546
```

Plus étonnant encore, vingt minutes plus tard, à 9 h 23, alors que le Boeing se consume dans la Tour Sud, un nouvel Acars lui est envoyé, mais il est délivré par... Pittsburgh (PIT), soit à environ 500 km à l'ouest de New York, donc dans la direction opposée et encore plus loin

---

298. *Acars Confirmed – 9/11 Aircraft Airborne Long After Crash – United 175 in the Vicinity of Harrisburg and Pittsburgh, PA*, PilotsFor911Truth.org.

qu'Harrisburg. Il est techniquement **impossible** qu'un message routé à un avion se trouvant à New York puisse lui être distribué via Pittsburgh, la distance est beaucoup trop grande et, de toute façon, c'est la station la plus proche qui aurait transmis, donc celle de New York :

```
DDLXCXA CHIAK CH158R
.CHIAKUA DA 111323/ED
CMD
AN N612UA/GL PIT
- QUCHIYRUA 1UA175 BOSLAX
- MESSAGE FROM CHIDD -
/BEWARE ANY COCKPIT
INTROUSION: TWO AIRCAFT
IN NY . HIT TRADE C
NTER BUILDS...
CHIDD ED BALLINGER

;09111323 108575 0574
```

D'ailleurs, Pilots For 911 Truth interroge une experte d'Arinc, un fournisseur du protocole de communication du réseau Acars, qui préfère rester anonyme – il est facile de comprendre pourquoi à la lecture de sa réponse :

> Quand on lui a dit que le message Acars avait été acheminé par Pittsburgh après que l'avion se soit déjà écrasé dans la Tour Sud, voici ce qu'elle répondit : « Il n'y a aucune chance que ce message passe par Pittsburgh si l'avion s'est écrasé à New York. »

La seule conclusion qui s'impose est que le véritable vol UA175 n'est pas l'avion qui s'est écrasé dans la Tour Sud. Le FBI ne peut ignorer ces faits.

Ce vol n'est d'ailleurs pas le seul des quatre avions à entièrement contredire la version gouvernementale du complot telle qu'elle est validée par le FBI. Les messages Acars ont également été analysés pour le vol UA93, déclaré s'être écrasé à Shanksville, en Pennsylvanie. Ils témoignent que l'avion se trouve à plus de 800 km du lieu du crash au moment où il est censé se produire. Avant de continuer, le lecteur, sans doute interloqué par ce qu'il est en train de lire, peut penser que ces données ont échappé au FBI et qu'il n'en a pas eu connaissance. Voici la réponse de Pilots For 911 Truth :

Le 28 janvier 2002, M. Winter[299] accorde une entrevue au FBI au quartier général de United près de Chicago, IL(1). Au cours de cet entretien, il passe en revue une liste de messages Acars expliquant le contenu et quels messages ont été reçus ou rejetés. Les messages fournis ci-dessous sont les plus significatifs et les plus fatals à ce qu'a dit la Commission sur le 11 Septembre. Deux messages ont été acheminés par les stations au sol de Fort Wayne (FWA), en Indiana, suivis de deux autres messages qui sont acheminés par Champaign, dans l'Illinois (CMI). [...]

Il y a dix stations au sol plus proches de la trajectoire de vol que FWA, encore plus si l'on inclut la station au sol CMI à Champaign, IL, qui se trouve à plus de 800 km du cratère de Shanksville. Cependant, selon M. Winter, United 93 a reçu des messages de la station au sol de CMI à Champaign, IL, plus de sept minutes après l'accident présumé.[300]

L'article se poursuit avec une copie de l'analyse des messages Acars par Michael Winter :

Continuation of FD-302 of   Michael J. Winter   , On 01-28-2002 , Page 3

Message #13 was sent to the aircraft from UAL San Francisco, CA line maintenance to the ACARS screen and also activated the audible signal. The RGS for the message was near Toledo. OH as designated "TOL" in the line "AN N591UA/GL TOL....".

Messages #14 and #15 were sent to the aircraft from CHIDD using the RGS near Toledo. OH. The messages were sent to the ACARS printer.

Messages #16 and #17 were sent to the aircraft from CHIDD using the RGS near Ft. Wayne, IN FWA as designated in the line "AN N591UA/GL FWA...". The messages were sent to the ACARS printer.

Messages #18 and #19 were sent to the aircraft from CHIDD using the RGS near Champaign, IL CMI as designated in the line "AN N591UA/GL CMI....". Both messages were sent to the printer and Message #19 also activated an audible signal in the aircraft.

Messages #20 to #24 were sent to the aircraft from CHIDD. However, all of the messages were rejected indicating the aircraft did not receive them.

Also present during part of this interview was David Knerr, Manager Flight Dispatch Automation, UAL WHQ.

[PDF page 3]

---

299. À l'époque, Michael J. Winter est manager de la régulation des vols pour United Airlines.
300. It Is Conclusive – 9/11 Aircraft Airborne Well After Crash – United 93 in the Vicinity of Fort Wayne, Indiana And Champaign, Illinois at Time of Shanksville Alleged Crash, PilotsFor911Truth.org.

Nous constatons que les messages 18 et 19 ont bien été délivrés par la station de Champaign, distante de Shanksville de 870 km, le 19 activant même un signal sonore dans l'avion. Quant aux messages 20 à 24, ils sont rejetés, l'avion ne les a donc pas reçus. En effet, le système est conçu pour que l'émetteur sache si son message a été délivré et soit automatiquement averti en cas d'échec. L'article de Pilots For 911 Truth continue ainsi :

> [...] on peut déterminer que TOL [Toledo] et FWA ne sont pas les meilleures stations pour router les messages, mais l'acheminement par CMI est complètement absurde si l'avion s'écrase en fait à Shanksville. De plus, selon la reconstitution animée du NTSB, il se serait écrasé à Shanksville à 10 h 03 (4).

> Comment peut-il recevoir un message activant un signal sonore à 1410 (10 h 10 heure de la côte Est) ? C'est impossible s'il s'est écrasé à Shanksville, c'est possible s'il se trouvait dans les environs de CMI. Enfin, il est impossible qu'un avion puisse recevoir un message d'une station au sol qui se trouve à près de 870 km de distance. La portée des stations au sol est de l'ordre de 300 km, et encore, ce n'est garanti qu'au-dessus de 29 000 pieds (5).

Pilots For 9/11 Truth croise les informations sur le vol UA93 avec d'autres données :

> 28/04/09 (PilotsFor911Truth.org) - Récemment, il a été porté à notre attention que les transcriptions du contrôle du trafic aérien (ATC) révèlent que United 93 est toujours en vol après son supposé crash. Des scénarios similaires ont été proposés en ce qui concerne American 77 et American 11, qui montrent que le marqueur de l'avion continue au-delà de son point de crash présumé dans le cas d'American 11, ou au-delà du point de retournement dans le cas d'American 77. Cependant, ces deux problèmes s'expliquent facilement par le suivi radar en « mode C ». Ce n'est pas le cas de United 93.[301]

---

301. *United 93 Still Airborne After Alleged Crash – According To ATC/Radar*, http://pilotsfor911truth.org/united-93-still-airborne.html.

Suivent des explications techniques qu'il n'est pas nécessaire d'expliciter ici mais auxquelles le lecteur peut se reporter, puis une partie des transcriptions, fournies par la Federal Aviation Administration, des échanges entre divers acteurs du contrôle aérien. Voici comment Pilots For 9/11 Truth termine l'article :

> Il est impossible pour l'ATC d'avoir observé le transpondeur et l'altitude de United 93 après l'heure d'impact déclarée et au sud-est du lieu de l'accident, si United 93 s'est effectivement écrasé à Shanksville comme la Commission 9/11 voudrait vous le faire croire.

À partir de ces éléments et d'autres que nous n'avons pas repris dans ces pages, Pilots For 9/11 Truth arrive, sans surprise, à la conclusion suivante :

> **Les avions du 11 Septembre volaient longtemps après leur prétendu crash.**[302]

Toujours plus de problèmes avec les Acars

Un autre fait étonnant est la liste des messages Acars envoyés au vol UA175 par Ed Ballinger, le dispatcheur de United Airlines qui en commande tous les vols le matin du 11 Septembre. Un document officiel publié en 2009, apparemment via la procédure FOIA, présente un tableau des messages à destination et en provenance des avions United de 13 h 00 à 14 h 08 UTC, y compris les vols 175 et 93, donc ceux envoyés par Ed Ballinger et ses collègues.[303]

---

302. En gras dans le texte.
303. T7 B18 United AL 9-11 ACARS Fdr- Entire Contents- ACARS Messages 569.pdf.

ACARS Messages From Dispatch; Messages from Aircraft to Ed Ballinger and Chad McCurdy; and
Messages to Flights 93*
Sorted by time from 1300-1408Z

Time	MSG FROM	A/C	MSG TO	Route	Full text message
1350	John Dexter	N554UA	1461	MIA-ORD	NATIONAL EMERGENCY
1350	Jim Hansen	N372UA	2410	ONT-SFO	OK SFO
1350	David Hora	N872UA	717	ORD-LAS	BASED ON UR LOCATION GO TO OMA
1350	John Baehman	N618UA	1870	DFW-DFW	DID YOU GET MSG TO RETURN TO DFW
1353	Ed Ballinger	N591UA	93	EWR-SFO	LAND ASP AT NEAREST --NEAREST AIRPORT ASP ASP ON GROND ANYWERE.
░░░░	░░░░	░░░░	93	░░░░	░░░░
░░░░	░░░░	░░░░	93	░░░░	░░░░
1351	Roger Canterbury	N658UA	951	BRU-IAD	DIVERT/RETURN TO BRI..CONFIRMED.. RWC
1351	Chack Baughman	N349UA	467	BOI-DEN	NATIONWIDE GRND STOP. PLS LAND
1351	Larry Kelly	N660UA	975	LHR-SFO	REF WORLD TRADE CNTR CRASH: TWO A/C WERE HIJACKED THIS MORNING AND THEY BOTH CRASHED INTO THE WORLD TRADE CNTR IN NEW YORK ONE AA & ONE UA BOTH FLTS WERE FROM BOS. ALL A/CFT ARE ADVZD TO LIMIT COCKPIT ACCESS. A/C SECURITY ON HIGH ALERT NATION-WIDE
1351	Larry Kelly	N791UA	991	FRA-SFO	REF WORLD TRADE CNTR CRASH: TWO A/C WERE HIJACKED THIS MORNING AND THEY BOTH CRASHED INTO THE WORLD TRADE CNTR IN NEW YORK ONE AA & ONE UA BOTH FLTS WERE FROM BOS. ALL A/CFT ARE ADVZD TO LIMIT COCKPIT ACCESS. A/C SECURITY ON HIGH ALERT NATION-WIDE
1351	Larry Kelly	N206UA	985	LHR-SFO	REF WORLD TRADE CNTR CRASH: TWO A/C WERE HIJACKED THIS MORNING AND THEY BOTH CRASHED INTO THE WORLD TRADE CNTR IN NEW YORK ONE AA & ONE UA BOTH FLTS WERE FROM BOS. ALL A/CFT ARE ADVZD TO LIMIT COCKPIT ACCESS. A/C SECURITY ON HIGH ALERT NATION-WIDE
1351	Larry Kelly	N657UA	974	SFO-LHR	REF WORLD TRADE CNTR CRASH: TWO A/C WERE HIJACKED THIS MORNING AND THEY BOTH CRASHED INTO THE WORLD TRADE CNTR IN NEW YORK ONE AA & ONE UA BOTH FLTS WERE FROM BOS. ALL A/CFT ARE ADVZD TO LIMIT COCKPIT ACCESS. A/C SECURITY ON HIGH ALERT NATION-WIDE
1351	Larry Kelly	N194UA	945	FRA-ORD	REF WORLD TRADE CNTR CRASH: TWO A/C WERE HIJACKED THIS MORNING AND THEY BOTH CRASHED INTO THE WORLD TRADE CNTR IN NEW YORK ONE AA & ONE UA BOTH FLTS WERE FROM BOS. ALL A/CFT ARE ADVZD TO LIMIT COCKPIT ACCESS. A/C SECURITY ON HIGH ALERT NATION-WIDE
1351	Larry Kelly	N548UA	963	MUC-IAD	REF WORLD TRADE CNTR CRASH: TWO A/C WERE HIJACKED THIS MORNING AND THEY BOTH CRASHED INTO THE WORLD TRADE CNTR IN NEW YORK ONE AA & ONE UA BOTH FLTS WERE FROM BOS. ALL A/CFT ARE ADVZD TO LIMIT COCKPIT ACCESS. A/C SECURITY ON HIGH ALERT NATION-WIDE

Notes: Messages from aircraft are shaded.
EB – Ed Ballinger
CM – Chad McCurdy

* Because the times were not broken down into seconds, the messages from the aircraft were inserted at the beginning of each minute in this chart.

47

UASSI100036075

Déjà, ce qui interpelle, est le fait que tous les messages émis par les avions sont rendus illisibles. Ce qu'il y a à cacher dans ces messages reste un mystère. Ensuite, il est surprenant que la ligne de temps soit tronquée et se termine à 14 h 08 UTC / 10 h 08 EDT (EDT = heure de la côte Est). Pourtant, le blog spécialisé 911acars fait remarquer :

Comme beaucoup de chercheurs sur le sujet des Acars le savent, sept messages sont envoyés par les régulateurs UAL à United 93 entre 14 h 10 UTC et 14 h 20 UTC (messages 18 à 25 dans la liste de Winter) et ne sont donc pas rapportés dans ce document. Bien qu'il y ait encore un vif débat sur la question de savoir si et lesquels de ces messages ont été reçus par l'avion, il est certain et incontestable qu'ils ont été envoyés. Par conséquent, nous nous attendrions à ce que le délai se termine au moins à 14 h 30 UTC, sinon plus tard, afin que tous les messages relatifs à United 93 soient inclus dans le tableau. Fait remarquable, les messages à destination et en provenance d'autres appareils United d'importance secondaire sont inclus dans ce tableau, mais, pour une raison quelconque, les sept derniers messages destinés à United 93, l'un des quatre appareils impliqués dans les événements du 11 septembre 2001, ne le sont pas. Encore une fois, nous ne spéculerons pas ici sur les raisons d'une telle décision. Cependant, le fait que la chronologie se termine à une heure inatten-due comme 14 h 08 UTC, ainsi que l'exclusion des messages à United 93 qui sont d'une importance vitale pour la recherche sur le 11 Septembre, est quelque chose que nous n'hésitons pas à définir comme suspect.[304]

Ce texte se passe de commentaire : le maximum d'information utile est expurgé du document officiel. Dans quel but ? Normalement, il ne doit y avoir aucun secret dans ces courts messages. Ceux envoyés par les pilotes risqueraient-ils de réduire en cendres la version gouvernementale du complot ?

Nous avons étudié en détail ce document. Bien que les messages transmis par les avions soient rendus illisibles, c'est même écrit sur le document (« Messages from aircraft are shaded »), nous avons pu reconstituer la liste des avions émetteurs de ces messages. Il n'y a aucune anomalie, ce qui n'est pas surprenant, car ce document est créé manuellement (il y a même des erreurs sur des immatriculations d'avion), avec des données triées. En effet, ne sont communiquées que 1. les Acars envoyés par les régulateurs, 2. les messages des avions à Ed Ballinger et Chad McCurdy, 3. les messages destinés au vol 93.

Pourquoi ne figurent pas ceux du vol 175 ? Néanmoins, deux messages lui sont adressés à 13 h 03 (cf. p. 1 du document), c'est-à-dire à la minute précise où il percute officiellement la Tour Sud :

– Ed Ballinger écrit : « Comment se passe le vol. Quelque chose que nous puissions faire pour vous ? » ;

– AD Rogers envoie : « Approche NY apparemment pour vous sur 127.4 ».

En conséquence, si l'avion, qui se trouve alors en Pennsylvanie au lieu de New York selon la localisation du système Acars, a répondu, il est possible qu'il l'ait fait à l'attention du dernier émetteur, donc pas à Ed Ballinger mais à AD Rogers, sauf que les messages reçus par ce dispatcher ne sont, malheureusement, pas communiqués dans le document. Est-ce intentionnel ? Pourquoi ne pas avoir communiqué tous les messages Acars des quatre avions ?

---

304. *Ed Ballinger and the uplink sent to United 175 at 9:51 EDT*, http://911acars.blogspot.com/2012/03/ed-ballinger-and-uplink-sent-to-united.html, 7 mars 2012.

Sur le vol 175 apparaissent aussi des points troublants, que nous allons résumer. L'avion s'est officiellement écrasé sur la Tour Sud à 9 h 03 EDT. Ed Ballinger lui envoie néanmoins deux messages postérieurs : à 9 h 23 (vingt minutes après le crash) et 9 h 51, dans lequel il demande aux pilotes d'« atterrir dès que possible à l'aéroport le plus proche ». L'avion s'est pourtant crashé quarante-huit minutes plus tôt. Or, Ed Ballinger témoigne par la suite qu'il sait dès 9 h 24 que le vol UA175, auquel il continue néanmoins d'écrire, s'est encastré dans le WTC. Comment peut-il alors enjoindre à un avion, dont il sait qu'il s'est crashé près de cinquante minutes plus tôt, de se poser à l'aéroport le plus proche ? Ainsi que le fait remarquer le blog 911acars :

> La première question évidente soulevée par cette nouvelle preuve est « pourquoi » Ballinger devrait-il envoyer un tel ordre (« Atterrir dès que possible à l'aéroport le plus proche ») au poste de pilotage de United 175 à 9 h 51 EDT s'il ne savait pas de source quelconque que l'avion était encore en vol ?

En effet, cela semble logique. Il ressort toutefois p. 48 du document *T7 B18 United AL 9-11 ACARS Fdr- Entire Contents- ACARS Messages 569* qu'Ed Ballinger a envoyé ce message à la même minute à plus d'une dizaine d'avions, dont deux fois au vol 93. Il est donc admissible que, dans l'urgence, il l'ait adressé par erreur au 175.

En revanche, qu'il écrive au vol 93 à 10 h 40 que le… 93 et le 175 sont manquants puis qu'ils sont retrouvés une minute plus tard demeure étrange – a-t-il reçu une information entre temps ? Évidemment, ces questions ne lui sont posées ni par la Commission sur le 11 Septembre ni par le FBI. Cependant, la dissimulation ne s'arrête pas à ces deux institutions, ainsi que le fait remarquer le blog 911acars, qui conclut ainsi :

> Pourquoi ce message [le dernier, celui de 9 h 51] ne figure-t-il pas dans le registre UAL des messages de Ballinger publiés en 2009 en vertu du FOIA ? Pourquoi plusieurs pages de ce document sont-elles manquantes ? Pourquoi les messages de United 175 sont-ils complètement absents de l'« impression des journaux ARINC » rendue publique en décembre 2011 ?

Les réponses aux questions qui précèdent nous éclaireront probablement un jour sur ce qui est vraiment arrivé à United 175. Le comprendre est la clé pour comprendre ce qui s'est réellement passé le 11 Septembre.

Manifestement, telle n'est pas l'intention du FBI.

Des swaps d'avions ?

Les messages Acars prouvent que deux des quatre avions du 11 Septembre se trouvent à plus de 500 et 800 km de l'endroit où ils sont censés se crasher au même moment. C'est évidemment impossible, donc peut-il y avoir une autre explication que l'existence de deux autres appareils ?

C'est la conclusion à laquelle arrive le blog Woody Box dans son article *Two "Flight 175" taking off from Boston Logan: CONFIRMED*, qui débute ainsi :

> Ma « carrière » personnelle de chercheur sur les événements du 11 Septembre a commencé par la détection d'un double « vol 11 » à l'aéroport Logan de Boston : l'un partant du terminal B, porte 32, à 7 h 45, l'autre du terminal B, porte 26, un peu plus tard parce que le départ est retardé.[305]

Il n'explique pas pourquoi dans cet article. Signalons néanmoins ce passage de *The Timeline Terror*, p. 405 :

> Selon la Commission sur le 11 Septembre, le NEADS est contacté par le contrôle du trafic aérien de Boston. Un contrôleur dit : « Je viens d'apprendre qu'American 11 est toujours dans les airs et qu'il se dirige vers Washington... C'était un autre avion qui a manifestement percuté la tour. C'est le dernier rapport que nous ayons... Je vais essayer de vous confirmer une identité, mais je suppose qu'il est quelque part dans le New Jersey ou plus

---

305. *Two "Flight 175" taking off from Boston Logan: CONFIRMED*, Woody Box, 30 décembre 2008, http://911woodybox.blogspot.com/2008/12/two-flight-175-taking-off-from-boston.html.

au sud. » Le représentant du NEADS demande : « American 11 est un détournement ?... Et il se dirige vers Washington ? » Le contrôleur de Boston répond oui les deux fois et ajoute : « Cela pourrait être un troisième avion. » D'une manière ou d'une autre, le quartier général de la FAA déclare à Boston que le AA11 est toujours en vol, mais la Commission n'a pas été en mesure de trouver d'où venait cette information erronée.

Elle ne le peut pas s'il y a deux vols AA11. L'auteur du Woody Box poursuit ainsi son analyse :

En revanche, le départ d'United Airlines 175 à la porte d'embarquement est incontestable : 7 h 58, ce qui est également confirmé par la base de données du Bureau of Transportation Statistics (BTS).[306]

Cependant, la base de données BTS révèle une divergence étrange en ce qui concerne l'heure de décollage du vol 175, c'est-à-dire le moment où les roues de l'avion quittent la piste. Le BTS note **8 h 23**,[307] qui diffère nettement de l'heure de décollage « officielle », qui est de **8 h 14**.

Ce décollage à **8 h 14** est confirmé par la transcription radio tour de contrôle/pilote et diverses données radar. Et pour **8 h 23** ? Comment ces données sont-elles générées ?

L'heure de décollage est déclenchée automatiquement par un commutateur mécanique lorsque l'avion perd le contact avec le sol. Les données sont envoyées automatiquement à la compagnie aérienne via l'Acars et celle-ci les transmet régulièrement au BTS. Donc, apparemment, aucun échec humain n'est possible. Le fait que le départ de la porte à 7 h 58 coïncide avec l'histoire officielle suggère que les données sont valides.

Connaissant la duplication du Vol 11 à l'aéroport de Logan ainsi que la duplication du Delta 1989 à l'aéroport Hopkins de Cleveland, je suis arrivé à la conclusion inévitable que c'était un autre cas de duplication d'un avion, c'est-à-dire un « vol 175 » décollant à 8 h 14 et un autre « vol 175 » décollant à 8 h 23.

---

306. Le lien officiel du BTS communiqué à cet endroit n'est plus actif.
307. En gras dans le texte original, y compris pour les chiffres suivants.

L'auteur souligne toutefois, avec humilité, qu'il n'a pas trouvé d'analyse indépendante confirmant ses conclusions. Il ajoute ultérieurement une information confirmant le décollage à 8 h 23 d'un « vol 175 », qu'il découvre dans le livre *Touching History*[308] : Steven Miller, pilote d'US Airways sur le vol 6805, déclare qu'il se trouvait juste derrière le vol UA175 sur la piste de décollage et le regarda s'envoler. Or, après avoir effectué une vérification dans la base de données du BTS, qui révèle que le USA 6805 décolle à 8 h 28, l'auteur de l'article poursuit ainsi :

> Miller décrit explicitement qu'il a attendu trois minutes avant d'obtenir l'autorisation de décollage ; en ajoutant l'instant entre l'autorisation et le décollage réel, le vol 175 a dû décoller de la piste vers 8 h 23-8 h 24. Il est impossible que Miller ait observé un avion ayant décollé à 8 h 14.
>
> Il a peut-être vu un autre avion United ? Très peu probable. La recherche dans la base de données BTS d'autres Boeing 767 de United ne donne aucun résultat pour cette tranche horaire. Il y a toutefois une très faible possibilité qu'un Boeing 767 United non domestique ait alors décollé, car la base de données BTS ne répertorie que les vols intérieurs. Cependant, Miller lui-même déclare qu'il s'agissait du vol 175 ; soit il a entendu le numéro de vol au moment du départ, soit, comme quelqu'un volant fréquemment de Logan (ainsi qu'il le précise), il était familier avec les gros porteurs décollant à ce moment-là.

S'il existe deux vols 175, il ne peut s'agir d'une erreur, et l'un des deux ne peut être commercial mais est inévitablement militaire, car les avions de ligne sont soumis à des règles de transpondeur et d'Acars, donc ne peuvent passer « inaperçus ». À ce sujet, signalons un témoignage relevé sur l'un des forums de Pilots For 911 Truth, posté le 19 janvier 2012 :

> Je sais, d'après un vétéran de l'USAF qui l'a vu de ses propres yeux, qu'il s'est passé des choses suspectes à Binhampton, NY, aux premières heures du 11 septembre. Il est certain d'avoir été accidentellement témoin d'une opération militaire avec un

308. *Touching History*, Lynn Spencer, Free Press, 2008, p. 58.

Boeing qui s'y comportait de façon très étrange, et il est tout à fait possible qu'il s'agissait d'un drone de Boeing. Ce sont des spéculations de sa part et de la mienne, mais c'est arrivé.[309]

Ce message ajoute :

[...] les enregistrements radar montrent que les trajectoires des vols 11 et 175 se croisent au-dessus de l'ancienne base Stewart de l'Air Force, à Newburgh, NY. Ce serait l'endroit idéal pour échanger des avions si cela devait se faire.

Un swap également pour l'AA77 ?
Pilots For 9/11 Truth se pose la question dans plusieurs articles publiés sur leur site. En voici quelques extraits :

Dennis Cimino, expert en enregistrement des données de vol, a confirmé que celles fournies par le National Transportation Safety Board (NTSB) en vertu du Freedom of Information Act (FOIA) manquent de renseignements essentiels qui, selon lui, devraient être présents et relier les données à un aéronef et une flotte spécifiques. Le NTSB a fourni trois ensembles de données par l'intermédiaire du FOIA déclarant qu'ils proviennent d'American 77, immatriculation N644AA. Un fichier csv, une reconstruction d'animation et un fichier de données brutes. Rob Balsamo, de Pilots For 9/11 Truth, ainsi que de nombreux autres experts de l'aviation, y compris des enquêteurs qualifiés sur les accidents d'avion, ont analysé ces dossiers et déterminé qu'ils ne corroboraient pas un crash avec le Pentagone. Les données dépassent aussi très largement les caractéristiques et les capacités d'un 757 standard. Cette conclusion est basée sur des données, des précédents et l'analyse de nombreux experts agréés, y compris parmi ceux qui ont du temps de vol effectif dans les avions qui auraient été utilisés pour les attaques du 11 Septembre.[310]

309. http://pilotsfor911truth.org/forum/lofiversion/index.php?t21761.html.
310. *Flight Data Expert Confirmation: No Evidence Linking FDR Data to American 77 - FDR Data Exceeds Capabilities Of A 757, Does Not Support Impact With Pentagon*, http://pilotsfor911truth.org/Dennis-Cimino-AA77-FDR.html.

Dennis Cimino, expert en la matière, livre ensuite les explications techniques prouvant que les données communiquées par le NTSB ne peuvent aucunement être rattachées au AA77, donc qu'elles peuvent provenir de n'importe quel avion, ce qui est impossible en matière d'aviation civile. En conséquence,

> [...] si les données ne proviennent pas du N644AA, si elles ne corroborent pas l'impact sur le Pentagone et si elles dépassent en fait les capacités et les performances d'un 757 standard, qu'est-ce qui a pu causer les dommages au Pentagone ? C'est exactement ce que Pilots For 9/11 Truth essaie de comprendre et la raison pour laquelle il faut une nouvelle enquête véritablement indépendante. Certains veulent ignorer ces données, d'autres sans expertise tentent de les analyser en essayant de dire : « Il n'y a rien à voir ici, circulez... »

Pourtant, Pilots For 9/11 Truth refuse de « circuler » et continue les analyses de données :

> Il a été rapporté que le vol 77 d'American Airlines a quitté l'aéroport international de Washington Dulles vers 8 h 20 le matin du 11 septembre 2001, prétendument à partir du terminal Concourse D Gate 26 (1). Cependant, les données de position de l'enregistreur de données de vol fournies par le National Transportation Safety Board révèlent une tout autre histoire.[311]

L'article se poursuit avec la comparaison d'images et de graphiques montrant que l'avion n'est pas parti de la porte 26 au sud-ouest de l'aéroport, mais d'une porte un peu plus loin, située au nord de la zone, avant de conclure :

> Encore une fois, les données fournies par les organismes gouvernementaux ne crédibilisent pas leurs théories.
>
> S'agit-il d'un échange des avions avant même qu'ils aient quitté le sol ? [...] Depuis les attentats du 11 Septembre, il y a presque

---

311. *Aircraft Departure Gate Positional Data Conflicts With Government Story*, http://pilotsfor911truth.org/aa77-gate-position.html

dix ans, aucune preuve n'a été présentée jusqu'à maintenant qui corrobore la version gouvernementale des événements, ni aucune preuve reliant leurs données aux allégations qu'ils rapportent.

L'échange d'avions, s'il est avéré, pourrait avoir eu lieu avant le décollage ou lorsque le vol 77 disparaît des radars civils. En effet, la Commission sur le 11 Septembre rapporte que le transpondeur est coupé à 8 h 56 et que sa trace est perdue par les radars primaires (p. 9) – ce type de radar permet de suivre un avion même lorsque le transpondeur est coupé. C'est une tactique étrange de la part des terroristes, car couper le transpondeur revient à donner l'alerte, ce qui déclenche une chaîne de procédures qui peut conduire jusqu'à l'envoi de jets militaires pour interception ou pire. Le risque de l'envoi d'un avion de chasse intercepteur est d'autant plus grand pour les pirates que, dans l'Ohio, les contrôleurs ne disposent alors que de radars secondaires, donc le vol disparaît de leurs écrans dès la coupure du transpondeur. Les terroristes musulmans apprentis pilotes ne connaissent probablement pas ces détails du contrôle aérien de l'Ohio. Néanmoins, le résultat est que l'avion disparaît des écrans **civils** pendant ce temps.

Selon la Commission, les contrôleurs aériens de Washington remarquent à 9 h 32 sur leurs écrans radars un avion inconnu se déplaçant à vive allure en direction de la Maison-Blanche. Il n'est pas question du vol AA77, comme en témoigne l'une d'eux, Danielle O'Brien, car il ne présente pas les caractéristiques de vol d'un avion de ligne, ce qu'omet d'indiquer le rapport officiel :

> La vitesse, la manœuvrabilité, la façon dont il a effectué son virage, chacun de nous dans la salle radar, contrôleurs aériens expérimentés, chacun de nous pensait qu'il s'agissait d'un avion militaire.[312]

Ainsi que le constate Thierry Meyssan :

> Ces sources civiles confirment donc qu'un appareil non identifié, volant à vive allure et d'une grande manœuvrabilité s'est dirigé sur Washington. Par contre, elles ne disent pas qu'il s'agit d'un

---

312. *Le Pentagate*, p. 97.

Boeing 757-200 et encore moins qu'il appartient à la compagnie American Airlines. Elles pensent, au contraire, à un appareil militaire.

Ce ne sont donc ni les contrôleurs civils, ni la compagnie aérienne qui identifient cet engin comme étant le vol AA77. L'identification de l'appareil est faite exclusivement par l'armée. De nouveau, l'unique source est militaire.[313]

Ce n'est, d'ailleurs, que dans l'après-midi que :

> le rapprochement avec le vol American Airlines 77 est suggéré à la presse par des militaires anonymes. Cette « information » se répand alors dans les médias comme une rumeur. Seul le *Los Angeles Times* précise ses sources : il rapporte que des officiels « parlant sous couvert de l'anonymat » expliquent aux journalistes que le Pentagone a été frappé par le vol AA77.[314]

Pourquoi requérir l'anonymat dans une telle situation ? S'agit-il du vol AA77 ou non ? Quel est leur risque à le dire ? Et pourquoi faut-il si longtemps pour que soit annoncé qu'il s'agit du vol AA77 ? D'ailleurs, ainsi que le rappelle le blog Woody Box, la direction d'American Airlines pense initialement que le vol 77 s'est écrasé dans la Tour Sud du WTC. Il ajoute :

> Des rumeurs circulaient également qu'un avion s'était écrasé près de la frontière entre l'Ohio et le Kentucky (comme le confirme *Against All Enemies* de Richard Clarke), qui est exactement la zone où le vol 77 a disparu (voir l'animation Flight Explorer dans le lien de la transcription).[315]

Puis il conclut :

> Le vol 77 s'est écrasé ou s'est posé quelque part près de la frontière Ohio-Kentucky, et l'avion qui a été détecté par les contrôleurs de Dulles n'était pas le vol 77. [...]

---

313. *Le Pentagate*, p. 98.
314. *Le Pentagate*, p. 96.
315. *Where was Flight 77 after 8:56?*, The Woody Box, 21 août 2007.

Quoi qu'il soit arrivé au vol 77, sa trajectoire de vol officielle après 8 h 56 n'est que pure spéculation, et tout porte à croire qu'il n'est pas du tout retourné à Washington.

Nous ne sommes évidemment pas en mesure de valider ces points, seul le FBI le peut. Quoi qu'il en soit, l'hypothèse d'avions en double résout plusieurs anomalies et incohérences, dont les messages Acars avec des localisations impossibles. Pour ceux qui pensent que c'est inconcevable, pour des raisons techniques ou morales, nous leur conseillons de se reporter à l'incroyable opération Northwoods de 1962.[316]

Cette option ouvre toutefois un abîme insondable, car les apprentis pilotes musulmans supposés avoir réussi le 11 Septembre ne peuvent plus être les coupables. Avant de se poser la question fondamentale « Alors, qui ? », la première qui vient à l'esprit est : « Que sont devenus les passagers et les membres des équipages ? »

Ni vol AA11, ni vol AA77 ?

Il semblerait qu'il ait pu exister deux vols UA175 décollant de Boston à quelques minutes d'écart. Qu'en est-il des autres avions ?

Il a, par exemple, été découvert en 2003 par l'enquêteur indépendant Gerard Holmgren – et le présent auteur l'a vérifié – que, selon la base de données BTS[317] du ministère américain des Transports (DoT), le vol AA11 ne devait pas voler le 11 septembre 2001, mais seulement les jours précédents et suivants.[46] Après que cette découverte se fut répandue sur internet, le DoT ajouta précipitamment les enregistrements du vol AA11 à la date du 11 septembre, en manipulant frauduleusement les données officielles pour les faire correspondre au récit officiel concernant le crime. Si le vol AA11 n'avait pas décollé le 11 septembre 2001, cela signifierait que les passagers, l'équipage (et peut-être les pirates de l'air) sont montés à bord d'autres avions non identifiés.[318]

---

316. Par exemple, dans *L'Effroyable Imposture*, Thierry Meyssan, Carnot, p. 236 et suivantes. Elle a aussi une page Wikipedia.

317. BTS : Bureau of Transportation Statistics.

318. *There is no evidence that Muslims hijacked planes on 9/11*, Elias Davidsson, 10/1/2008, p. 7. Note 46 : Gerard Holmgren, 'Evidence that Flights AA11 and AA77 Did Not Exist on September 11, 2001', 13 November 2003. Available at http://www.serendipity.li/wot/aa_flts/aa_flts.htm.

Ce passage renvoie à l'article *Evidence that Flights AA 11 and AA 77 Did Not Exist on September 11, 2001,* de Peter Meyer.[319] Il commence par rappeler l'une des missions du BTS,

> tenu de consigner tous les vols intérieurs prévus à partir d'un aéroport américain et effectués par un transporteur représentant plus de 1 % du trafic aérien intérieur, et la base de données doit inclure tous les vols réguliers, qu'ils aient été effectués ou non, à moins que le vol ne soit annulé plus de sept jours avant la date du départ.

L'auteur montre ensuite le fonctionnement des tableaux et en vient aux vols des 10 et 11 septembre :

> Les résultats – lorsqu'un numéro d'immatriculation est marqué « UNKNOW », cela signifie vraisemblablement « UNKNOWN / INCONNU » – sont :

Date	Vol n°	Destination	Départ prévu	N° immatricu-lation	Départ effectif
Sept. 10	UA 93	San Francisco	8:00	N570UA	7:57
Sept. 11	UA 93	San Francisco	8:00	N591UA	8:01
Sept. 10	UA 175	Los Angeles	8:00	N618UA	7:59
Sept. 11	UA 175	Los Angeles	8:00	N612UA	7:58
Sept. 10	AA 11	Los Angeles	7:45	N321AA	7:41
Sept. 11	AA 11	Los Angeles	7:45	UNKNOW	0:00
Sept. 10	AA 77	Los Angeles	8:10	N632AA	8:09
Sept. 11	AA 77	Los Angeles	8:10	UNKNOW	0:00

319. http://serendipity.li/wot/aa_flts/aa_flts.htm.

D'après ces informations, les vols AA11 et AA77 étaient donc prévus pour le 11 septembre. On peut toutefois se demander pourquoi il n'y a pas de numéro d'immatriculation pour des vols réguliers. Si des avions étaient assignés à ces vols, les numéros d'immatriculation seraient connus avant le 11 septembre, mais ils sont marqués comme « inconnus ». Et si ces vols ont effectivement eu lieu, pourquoi les heures de départ effectif sont-elles indiquées par « 0:00 » ?

Mais, plus important encore, cette information n'est pas celle qui a été communiquée à l'origine sur le site web du BTS. Jusqu'en 2004, les requêtes adressées à la base de données du BTS renvoyaient des informations différentes. Les résultats de ces recherches ont été rapportés par Gerard Holmgren en novembre 2003 et mis à jour plus tard ici. (*Cette page a maintenant disparu, janvier 2012.*)

Peter Meyer communique ensuite les liens où ces données ont été sauvegardées, avant qu'elles disparaissent du site du BTS. Voici le tableau résumé tel qu'il pouvait être obtenu initialement :

Date	Vol n°	Destination	Départ prévu	N° immatriculation	Départ effectif
11/09	UA93	San Francisco	08:00:00	N591UA	08:01:00
11/09	UA175	Los Angeles	08:00:00	N612UA	07:58:00
11/09	AA11	Aucune donnée			
11/09	AA77	Aucune donnée			

Ainsi, pour le 11 septembre 2001 et pour les vols UA93 et UA175, la destination, le numéro d'immatriculation et l'heure de départ sont les mêmes que ceux indiqués ci-dessus. Mais pour les vols AA11 et AA77, la situation est totalement différente : ces vols ne sont pas programmés du tout. Cela signifie que les vols AA11 et AA77 n'existaient pas le 11 septembre 2001.

L'information est tellement incroyable que nous avons, évidemment, analysé ces tableaux des statistiques détaillées des départs pour chaque avion.

Airline On-Time Statistics

Aéroport : Newark, NJ (EWR)

Detailed Statistics > Departure Statistics

Departure Statistic(s): Actual Departure Time
Airport(s): EWR
Airline(s): UA
Month(s): September
Day(s): 11
Year(s): 2001

NOTE: A complete listing of airline and airport abbreviations is available. After the entire table is displayed on your screen, you may download a CSV (comma separated values) file of this table.

Airport: Newark, NJ - Newark International (EWR)

Carrier Code	Date (MM/DD/YYYY)	Flight Number	Tail Number	Destination Airport	Actual Departure Time

| UA | 09/11/2001 | 0093 | N591UA | SFO | 8:01 |

Nous constatons, effectivement, qu'un vol UA93 immatriculé N591UA a bien décollé de Newark à 8 h 01 à destination de San Francisco.

De même, le vol UA175 immatriculé N612UA s'envole de Boston à 7 h 58 pour Los Angeles :

Airline On-Time Statistics

Aéroport : Boston, MA (BOS)   Detailed Statistics > Departure Statistics

Departure Statistic(s): Actual Departure Time
Airport(s): BOS
Airline(s): UA
Month(s): September
Day(s): 11
Year(s): 2001

Airport: Boston, MA - Logan International (BOS)

Carrier Code	Date (MM/DD/YYYY)	Flight Number	Tail Number	Destination Airport	Actual Departure Time

| UA | 09/11/2001 | 0175 | N612UA | LAX | 7:58 |

Passons aux deux vols American Airlines.

Bureau of Transportation Statistics

Aéroport : Boston, MA (BOS) — Airline On-Time Statistics

Detailed Statistics > Departure Statistics

Airport: Boston, MA - Logan International (BOS)

Flight Number

0145
0163
0163
0181
0189
0193
0195

Nous constatons qu'aucun vol AA11 ou 0011 n'a décollé de Boston le 11 septembre 2001. Vérifions pour le vol AA77 :

Bureau of Transportation Statistics

Aéroport : Washington, DC (IAD) — Airline On-Time Statistics

Detailed Statistics > Departure Statistics

Airport: Washington, DC - Washington Dulles International (IAD)

Flight Number

0075
0135
0143
0371
0397
0510
0573

C'est pareil : aucun vol AA77 ou 0077 n'est parti de Washington Dulles le matin du 11 Septembre !

Comment est-ce possible ? Il est évidemment exclu qu'Al-Qaïda ait pu manipuler ces données. Même en supposant qu'ils en soient capables, cela n'aurait aucun sens ni utilité.

Le BTS peut-il avoir commis deux erreurs ? Cela paraît impossible. S'agit-il d'une falsification par l'auteur de l'article ou de ceux qui ont sauvegardé ces données ? Dans quel but ? Sans compter qu'ils prendraient un énorme risque pénal. De plus, les données de déroutement confirment ces premières observations :

N° det vol	Existence de données de déroutement:	
	Enregistrement original du BTS	Enregistrement actuel du BTS
UA93	Oui	Non
UA175	Oui	Non
AA11	Non	Non
AA77	Non	Non

Ainsi, les données relatives au déroutement (détournement présumé) des vols UA93 et 175 ont été supprimées de la base de données du BTS. Cela a vraisemblablement été fait pour masquer le fait que, même si, dans la base de données initiale, il existait des dossiers sur le déroutement d'UA93 et d'UA175, il n'y en avait aucun sur les vols AA11 et AA77. La raison pour laquelle il n'y avait pas de dossier sur le déroutement d'AA11 et d'AA77 est que ces vols n'existaient pas.

Voici les tableaux de déroutement tels qu'ils ont été sauvegardés :

Aéroport : Newark, NJ (EWR)

Airline On-Time Statistics
Summary Statistics Detailed Statistics Special Reports

Detailed Statistics > Diversion

Airport(s): EWR
Airline(s): UA
Month(s): September
Day(s): 11
Year(s): 2001

NOTE: A complete listing of airline and airport abbreviations is available. After the entire table is displayed on your screen, you may download a CSV (comma separated values) file of this table.

Airport: Newark, NJ - Newark International (EWR)

Carrier Code	Date (MM/DD/YYYY)	Flight Number	Tail Number	Destination Airport	Diversion
UA	09/11/2001	0093	N591UA	SFO	Yes
UA	09/11/2001	0093	N410UA	LAX	Yes
UA	09/11/2001	2291	N800UA	SFO	Yes
UA	09/11/2001	9611	N300UA	ORD	Yes

The total number of the records found for this query: 4

Download CSV (comma delimited) version of this table

| UA | 09/11/2001 | 0093 | N591UA | SFO | Yes |

Aéroport : Boston, MA (BOS)

Airline On-Time Statistics
Summary Statistics Detailed Statistics Special Reports

Detailed Statistics > Diversion

Airport(s): BOS
Airline(s): UA
Month(s): September
Day(s): 11
Year(s): 2001

NOTE: A complete listing of airline and airport abbreviations is available. After the entire table is displayed on your screen, you may download a CSV (comma separated values) file of this table.

Airport: Boston, MA - Logan International (BOS)

Carrier Code	Date (MM/DD/YYYY)	Flight Number	Tail Number	Destination Airport	Diversion
UA	09/11/2001	0175	N612UA	SFO	Yes
UA	09/11/2001	0175	N619UA	LAX	Yes
UA	09/11/2001	0508	N417UA	SFO	Yes
UA	09/11/2001	1686	N601UA	ORD	Yes

The total number of the records found for this query: 4

Download CSV (comma delimited) version of this table

| UA | 09/11/2001 | 0175 | N612UA | LAX | Yes |

Aéroport : Boston, MA (BOS)

Airline On-Time Statistics
Summary Statistics Detailed Statistics Special Reports

Detailed Statistics > Diversion

Airport(s): BOS
Airline(s): AA
Month(s): September
Day(s): 11
Year(s): 2001

NOTE: A complete listing of airline and airport abbreviations is available. After the entire table is displayed on your screen, you may download a CSV (comma separated values) file of this table.

Airport: Boston, MA - Logan International (BOS)

Carrier Code	Date (MM/DD/YYYY)	Flight Number	Tail Number	Destination Airport	Diversion
AA	09/11/2001	0153	N3153A	ORD	Yes
AA	09/11/2001	0189	N334AA	LAX	Yes
AA	09/11/2001	0269	N933AA	SJO	Yes
AA	09/11/2001	1663	N832AA	DFW	Yes
AA	09/11/2001	1857	N893AA	DFW	Yes

The total number of the records found for this query: 5

Download CSV (comma delimited) version of this table

Flight Number
0153
0189
0269
1663
1857

Si ces informations sont avérées, nous laissons le lecteur conclure de lui-même, d'autant plus que l'article n'est pas terminé :

> On peut trouver d'autres preuves en examinant les statistiques sur la ponctualité des compagnies aériennes.

Peter Meyer indique les pages web du BTS où ces données peuvent être consultées. Il prend l'exemple du vol UA93, en choisissant la période du 10 au 11 septembre :

> Il apparaît une page qui donne les données pour l'UA93 le 10 septembre, mais au-dessus est inscrite une note :
>
> « Le 11 septembre 2001, les vols American Airlines n° 11 et 77 et United Airlines n° 93 et 175 ont été détournés par des terroristes. Par conséquent, ces vols ne sont pas inclus dans les statistiques de base sur la ponctualité. »
>
> Mais cette note a été ajoutée quelque temps après novembre 2003. Auparavant, la même requête (mais seulement pour le 11 septembre 2001) produisait la page montrée ici. [lien hypertexte]
>
> Dans la base de données originale du BTS, des requêtes similaires renvoyaient les pages suivantes pour UA93, AA11 et AA77. Par conséquent, les statistiques récapitulatives relatives au respect des délais (sur une période donnée) pour les quatre numéros de vol diffèrent dans la version actuelle de la base de données du BTS de la version qui existait à ce sujet jusqu'en 2004 : dans la

version originale, ce résumé comprend les données relatives aux UA93 et UA175 au 11 septembre 2001, tandis que celles des vols AA11 et AA77 sont explicitement indiquées comme étant inexistantes. Mais, dans la version actuelle, les données des quatre vols du 11 septembre 2001 sont exclues. Ce changement a vraisemblablement été apporté pour masquer le fait que les vols AA11 et AA77 n'existaient pas le 11 septembre 2001.

(Ces tableaux pour chaque vol étant similaires sur le principe à ceux présentés ci-dessus, nous n'avons pas jugé indispensable de les ajouter ; ils peuvent être vérifiés à partir des liens de l'article.)

Peter Meyer conclut ainsi son article :

Par conséquent, l'histoire officielle publiée par l'administration Bush pour le 11 septembre 2001 et maintenue sans changement depuis plus de quatre ans maintenant [dix-huit ans], est fausse. Les pirates de l'air arabes n'auraient pas pu détourner les vols AA11 et AA77 et les écraser sur le WTC1 et le Pentagone, car ces vols n'ont pas existé. Tous les propos au sujet des pirates de l'air arabes armés de cutters et résolus à détruire les Tours jumelles doivent être une composition, un canular destiné à dissimuler ce qui s'est réellement passé le 11 Septembre et, bien sûr, à dissimuler l'identité des véritables auteurs de cette atrocité, qui a fait environ 3 000 morts.

Sa conclusion ouvre ensuite sur trois questions :

Bien sûr, si les vols AA11 et AA77 n'ont jamais existé, il y a des questions auxquelles il faut répondre.

1. Qu'en est-il de la vidéo Naudet, censée montrer le crash du vol AA11 sur la Tour Nord ?

Cette vidéo est la principale preuve mise en avant qu'un avion de passagers détourné fut projeté contre le WTC1. Mais il y a de bonnes preuves que le film *9/11* de Jules Naudet a été mis en scène, en d'autres termes, que les frères Naudet étaient au courant de l'attaque du WTC1 et qu'ils se sont placés au bon endroit pour capturer l'explosion en images. Si tel est le cas, cela réfute en soi l'histoire officielle, car les présumés pirates de l'air arabes ou leur chef sont peu susceptibles d'avoir informé les frères Naudet de leurs plans. Et s'il en est ainsi, nous ne pouvons pas faire confiance à la vidéo, puisqu'elle fut réalisée pour fournir des « preuves » à l'appui de l'histoire officielle. Il n'est pas improbable que Jules n'ait capturé sur bande que l'explosion, l'objet volant flou étant ajouté dans le laboratoire vidéo, avant que la bande soit remise aux médias 24 heures après (mais on peut aussi soutenir qu'il a capturé un ou plusieurs objets réels volant dans le WTC1, pas seulement un Boeing 767).

Que les frères Naudet aient été prévenus à l'avance est seulement une hypothèse, il est possible qu'ils se fussent trouver là par hasard, seulement pour le documentaire, en ayant le réflexe de filmer. Rappelons cependant que le FBI a saisi leurs enregistrements, donc ils ont pu être « trafiqués » avant de leur être rendus. Si tel était le cas, la complicité du Bureau ne ferait définitivement plus aucun doute.

La deuxième question de l'article porte sur les témoins oculaires qui prétendent avoir vu le vol AA77 s'écraser sur le Pentagone. Peter Meyer y répond de façon résumée dès sa première phrase :

Il y a plusieurs raisons pour lesquelles ces rapports ne sont pas admissibles comme preuve [...].

Elles sont convaincantes mais nous éloignent de notre sujet centré sur le FBI. La troisième question est la suivante :

3. Et les passagers des vols AA11 et AA77 ?
Évidemment, si ces vols n'existaient pas, il n'y avait pas de passagers (ou de membres d'équipage) à bord. Alors, qu'en est-il des listes de passagers pour ces quatre vols ? Nous devons en tirer la conclusion évidente : elles sont fausses. Elles ont été fournies à CNN, *Newsweek*, etc., par les coupables comme « preuves » à l'appui de l'histoire officielle. Certains de ces passagers étaient probablement fictifs (avec des « sites web commémoratifs »

créés plus tard par les coupables), mais il y avait aussi de vraies personnes, dont les noms figuraient sur ces listes (par exemple, Barbara Olson). Alors, il faut demander lesquels d'entre eux sont encore vivants (et où), et ce qui est arrivé à ceux qui ne le sont plus.

À qui poser ces questions ? Au FBI ?

Des identifications irréprochables ?

Alors que ce chapitre montre que le vol AA77 n'a pas pu percuter le Pentagone, voici l'argument ultime pour les supporters de la théorie gouvernementale du complot : l'identification des corps prouve définitivement que les passagers, l'équipage et les terroristes étaient bien à cet endroit ce matin-là ! Est-ce si sûr ? Voici ce que relate David Griffin :

> L'incertitude a commencé lorsque le FBI a immédiatement pris le contrôle complet du site du crash. Le Dr Marcella Fierro, médecin légiste en chef de la Virginie, a souligné qu'il incombait à son bureau d'effectuer les autopsies. Mais le FBI a insisté pour qu'elles soient réalisées par l'Institut de pathologie des forces armées de la base aérienne de Dover. Les corps y ont été transportés par l'armée et accompagnés par le FBI. Par conséquent, bien qu'il ait été déclaré que les restes de 189 corps ont évidemment été livrés à l'Institut de Dover avec la mention qu'ils provenaient tous du Pentagone, il n'y en a aucune preuve indépendante.

> Les victimes ont été emmenées à une morgue temporaire sur le quai de chargement du parking nord du Pentagone. Elles ont ensuite été transportées par camion jusqu'à l'aérodrome de l'armée de Davison à Fort Belvoir, puis par hélicoptère à Dover. « Des agents du FBI sont montés dans les camions, ont participé à l'escorte et ont accompagné les dépouilles pendant le vol pour en assurer la garde. » [...]

> Mais des restes de corps du site du Pentagone auraient pu être mélangés à Davison avec des restes provenant d'ailleurs.[320]

---

320. *9/11 10 Years Later*, pp. 234-235.

Hypothèse macabre qu'il faut néanmoins prendre en compte à partir du moment où le vol AA77 ne peut s'être matériellement crashé sur le Pentagone. Cela suscite de nouveau cette question insupportable : que sont devenus les passagers et les membres d'équipage ?

Une bouteille à la mer dans l'estomac ?

C'est une anecdote bien étrange et mystérieuse que nous livrons à la fin de ce chapitre. Plusieurs médias rapportent qu'est trouvé, lors de l'autopsie des victimes du Pentagone, un message caché dans l'estomac d'un des passagers, qui l'a avalé avant de mourir. Cette information n'est révélée qu'en 2015, après que l'auteur de best-sellers Brad Meltzer ait visité la morgue de Dover Port à la Dover Air Force Base, en vue de recherches pour son roman *The Escape Artist*. Il y demande à un spécialiste s'il est possible de laisser un message caché à l'intérieur de son corps avant de mourir. Voici la réponse :

> « [...] vous êtes dans un avion qui s'écrase : si vous écrivez à la main une note et que vous l'avalez, l'estomac humain a assez de liquide pour la protéger de l'incendie qui éclatera » [...] c'est « vraiment arrivé » le 11 Septembre.
>
> Il expliquera qu'après que les restes des victimes de l'attaque du Pentagone aient été apportés à la morgue de Dover Port, les médecins-légistes ont trouvé une note à l'intérieur d'un des corps. Apparemment, selon lui, « pendant que l'avion s'écrasait, l'une des victimes du vol 77 a absorbée une note, trouvée ensuite ». Il l'appelle le « message ultime dans une bouteille », mais refuse de divulguer son contenu à Meltzer. Ce dernier supposera que la note a été écrite par un militaire : « Qui d'autre pourrait savoir que le liquide dans votre estomac peut conserver un morceau de papier ? » (*Washington Post*, 4/3/2018).[321]

Le compte-rendu de ce mystère se termine ainsi :

> Le FBI a un agent de liaison présent à la morgue pendant que les

---

321. Source : HistoryCOmmons.org, *Between September 13 and September 29, 2001): Morticians Discover a Note in the Stomach of a Passenger from Flight 77.*

restes sont identifiés, au cas où des preuves seraient découvertes pendant le processus d'identification. (*Pentagram*, 30/11/2001 ; Rossow, 2003, p. 95 ; Condon-Rall, 2011, p. 75). La note secrète est vraisemblablement transmise à cet agent après avoir été récupérée dans l'estomac de la victime.

Que révélait-elle ? Les vrais coupables du 11 Septembre ? En tout cas, le FBI a parfaitement veillé à ce que ce texte reste secret. Pour l'éternité ?

En conclusion de ce dernier chapitre, il semble au fur et à mesure que les anomalies et les incohérences s'accumulaient contre la version gouvernementale du complot, la priorité du FBI aurait dû être d'enquêter et de lever toutes les innombrables zones d'ombre qui la rendent improbable ou, plus exactement, impossible.

À moins que le Bureau ait poursuivi un autre agenda, ce qui expliquerait qu'il n'a pas « échoué, échoué, échoué, échoué et échoué »[322] mais « menti, menti, menti, menti et menti ».

---

322. Citation attribuée à Thomas H. Kean, président de la Commission sur le 11 Septembre, dans *9/11 Synthetic Terror Made in USA,* Webster Griffin Tarpley, Progressive Press, 2005, pp. 21-22.

Conclusion

Ces mensonges qui détruisent un peuple

La théorie gouvernementale du complot

Notre principal objectif était de présenter une synthèse du rôle réel que joue le FBI dans le 11 Septembre, sans viser à l'exhaustivité des faits et des situations, des anomalies et des incohérences, ce qui est impossible dans un seul livre. Par conséquent, nous recommandons la lecture des travaux des nombreux chercheurs et observateurs qui doutent de la version gouvernementale du complot. Laissons Paul Craig Roberts, ancien sous-secrétaire au Trésor dans l'administration Reagan, la résumer :

> Arrêtons-nous un instant pour nous familiariser de nouveau avec l'explication officielle, qui n'est pas considérée comme une théorie du complot malgré le fait qu'il s'agisse d'un complot sans précédent. La vérité officielle explique qu'une poignée de jeunes Arabes musulmans, qui ne savaient pas piloter des avions, principalement des Arabes saoudiens donc ne venant ni d'Irak ni d'Afghanistan, ont déjoué non seulement la CIA et le FBI, mais aussi les seize agences de renseignement américaines et toutes celles des alliés des États-Unis [...].

> En plus, cette poignée de jeunes Arabes saoudiens a mystifié le Conseil de sécurité nationale, le département d'État, le Norad, la sécurité des aéroports quatre fois en une heure le même matin, le contrôle du trafic aérien, a empêché l'US Air Force d'envoyer des avions intercepteurs et a provoqué la chute soudaine, en quelques secondes, de trois solides buildings en acier, dont l'un n'a pas été percuté par un avion, en raison de dommages structurels limités et de petits incendies de courte durée à basse température qui ont brûlé sur quelques étages.

> Les terroristes saoudiens ont même été capables de défier les lois de la physique et de faire s'effondrer le bâtiment 7 du WTC en quelques secondes, à la vitesse de la chute libre, une impossibilité physique en l'absence d'explosifs utilisés dans les démolitions contrôlées.

L'histoire que le gouvernement et les médias nous ont racontée équivaut à une gigantesque conspiration, en fait, au scénario d'un film à la James Bond. Pourtant, quiconque doute de cette improbable théorie du complot est ridiculisé par les médias serviles.[323]

C'est ce que subit Thierry Meyssan dès la publication de *L'Effroyable Imposture*. Est-ce étonnant à la lecture de la conclusion de la première partie ?

Disposant de moyens d'investigation sans précédent, le FBI se devait d'élucider chacune des contradictions que nous avons relevées. Il aurait dû prioritairement étudier le message des assaillants au Secret Service pour les identifier. Il aurait dû établir ce qui s'est vraiment passé au Pentagone. Il aurait dû traquer les financiers initiés. Il aurait dû remonter à la source des messages d'alerte envoyés à Odigo pour prévenir les occupants du World Trade Center deux heures avant l'attentat. Etc.

Or, comme nous venons de le montrer, loin de conduire une enquête criminelle, le FBI s'est appliqué à faire disparaître les indices et à museler les témoignages. Il a soutenu la version de l'attaque extérieure et a tenté de la créditer en divulguant une liste improvisée des pirates de l'air et en fabriquant de fausses pièces à conviction (passeport de Mohammed Atta, instructions des kamikazes, etc.).

Cette opération de manipulation a été orchestrée par son directeur, Robert Mueller III. Cet homme indispensable a été nommé par George W. Bush et avait précisément pris ses fonctions la semaine précédant le 11 septembre.

Cette pseudo-enquête a-t-elle été conduite pour instruire un procès équitable ou pour occulter les responsabilités américano-américaines et justifier les opérations militaires à venir ?[324]

---

323. Paul Craig Roberts, *9/11and the Orwellan Redefinition of "Conspiracy Theory"*, June 19, 2011, www.globalresearch.ca/9-11-and-the-orwellian-redefinition-of-conspiracy-theory/25339.
324. *L'Effroyable Imposture*, p. 63-64.

Un procureur spécial suspect ?

Des milliers de professionnels de la construction ne sont pas dupes non plus de la plausibilité de la version gouvernementale, car trois tours percutées par deux avions aussi solides que le World Trade Center ne peuvent s'écrouler en quelques secondes, quasiment à la vitesse de la gravité. Ainsi, un promoteur immobilier est interviewé le soir même des attaques par Channel 9, à New York :

Channel 9 : Il y a beaucoup de questions sur le fait de savoir si les dommages et la destruction finale des buildings ont été causés par les avions, des défauts architecturaux ou éventuellement par des bombes ou des contrecoups. Avez-vous une idée à ce sujet ? [NdA : la question montre que déjà surgissent des doutes face à la version gouvernementale.]

Promoteur : Ce n'était pas un défaut architectural. Le World Trade Center a toujours été connu comme un bâtiment très très solide. N'oubliez pas qu'il a reçu une grosse bombe au sous-sol (en 1993). Maintenant, le sous-sol est l'endroit le plus vulnérable, parce que c'est votre fondation et elle a résisté à cela. Et j'ai pu voir cette zone environ trois ou quatre jours après l'attentat, parce qu'un de mes ingénieurs en structure m'a fait visiter, car il a fait le building. Et j'ai dit : « Je n'arrive pas à y croire ». Le bâtiment était solide et la moitié des colonnes furent soufflées. C'était un bâtiment incroyablement puissant, si vous connaissez quelque chose à la structure. C'est l'un des premiers bâtiments construits de l'extérieur. L'acier, la raison pour laquelle le WTC avait des fenêtres si étroites, c'est qu'entre toutes les fenêtres, il y avait de l'acier à l'extérieur du bâtiment. C'est pourquoi, quand je l'ai regardé pour la première fois, vous aviez de grosses et lourdes poutres en I. Quand je l'ai regardé pour la première fois, je n'arrivais pas à y croire parce qu'il y avait un trou dans l'acier. Et c'était de l'acier qui était.... vous vous souvenez de la largeur des fenêtres du World Trade Center, je pense que vous savez, si jamais vous êtes monté là-haut, que c'était assez étroit entre elles, car il y avait cet acier lourd. J'ai dit : « Comment un avion, même un 767 ou un 747 ou quoi que ce soit d'autre, comment pourrait-il passer à travers l'acier ? » Je pense qu'ils n'avaient pas seulement un avion, mais aussi des bombes qui explosèrent presque simultanément. Parce que je ne peux pas imaginer que quoi que ce soit puisse passer à travers ce mur. La plupart des bâtiments sont construits avec l'acier à l'intérieur autour des cages d'ascenseur. Celui-ci a été construit de l'extérieur, ce qui constitue la structure la plus solide que vous puissiez avoir. Et il devint pourtant presque comme une boîte de soupe.

Channel 9 : Nous avons regardé toute la matinée des images de l'avion fonçant dans la tour n° 2. Et lorsque vous regardez de l'autre côté de l'approche de l'avion, alors tout d'un coup, en quelques millisecondes, une explosion sort de ce côté.

Promoteur : C'est vrai. Je pense juste qu'il y avait un avion avec plus que du carburant.

Ceux qui connaissent cette séquence auront reconnu que le promoteur immobilier interviewé par Channel 9 est... Donal Trump, le quarante-cinquième président des États-Unis. Il sait depuis le début que la version gouvernementale du complot présente des anomalies, voire qu'elle est mensongère, car il a forcément regardé aussi ce qui s'est passé à Washington. Homme de construction, il sait qu'un Boeing 757 de trente-huit mètres d'envergure et de cent tonnes ne peut disparaître par une fenêtre de cinq à six mètres de large sans causer d'autres dégâts sur la façade et l'édifice.

Or, Donald Trump fait l'objet d'une enquête concernant de possibles liens et/ou la coordination avec le gouvernement russe pendant la campagne électorale de 2016, ce qui pourrait conduire à sa destitution. Le procureur spécial responsable de l'enquête est... Robert S. Mueller, l'ancien directeur du FBI et l'un des hommes clés de l'opération 11 Septembre. C'est lui qui, un an après les faits, ose dire, ainsi que nous l'avons déjà cité, et malgré les déclarations contraires d'agents du Bureau :

À ce jour, nous n'avons trouvé personne aux États-Unis, à part les pirates de l'air, ayant connaissance du complot.[325]

---

325. *The New Pearl Harbor*, p. 69.

Est-il vraiment sûr d'avoir cherché partout ? Et qu'a également cherché la commission d'enquête Kean-Hamilton, dont George W. Bush et son administration ne voulaient pas, contraints qu'ils y ont été par la pression publique ? Pourquoi ? Qu'avaient-ils à cacher ? David Griffin ne peut d'ailleurs que conclure ainsi :

> La Commission a aussi évidemment tendu implicitement à l'exhaustivité en ce qui concerne la protection de la Maison-Blanche, du ministère de la Justice, du FBI et de la CIA en omettant de manière exhaustive ou en balayant tout compte-rendu qui aurait pu laisser penser à une complicité de leur part.[326]

La physique pour les nuls

En conséquence, les conclusions du FBI et de la Commission sur le 11 Septembre défient sans cesse les principes les plus élémentaires de la physique :

– trois solides buildings en acier s'écroulent à la vitesse de la gravité alors que deux d'entre eux seulement sont percutés par un avion, et encore, dans les étages supérieurs, pas même au ras du sol ;

– des appels téléphoniques sont miraculeusement passés de portables à partir d'altitudes qui les rendent impossibles, ou d'avions qui ne sont pas équipés d'appareils téléphoniques de bord pour les passagers ;

– des terroristes-suicides déclarés bien morts sont bien vivants dans leur pays ;

– un Boeing de trente-huit mètres de large avec ses réacteurs disparaît par un trou de six mètres de large au rez-de-chaussée sans aucun autre dégât sur la façade, et la pelouse devant le bâtiment est intacte (des scientifiques audacieux, c'est-à-dire ceux qui veulent faire carrière quel qu'en soit le prix, nous expliquent que, sous la violence du choc, l'avion a replié ses ailes avant de pénétrer dans l'immeuble – ah, un Boeing 757 peut « replier » ses ailes ?!) ;

– puis cet avion – fantôme, car aucune caméra n'a réussi à le filmer à Washington et il n'est pas reconnu par les contrôleurs aériens non plus – s'évapore ou se gazéifie, puisqu'il n'y a manifestement pas cin-

---

326. *11 Septembre – Omissions et manipulations de la Commission d'enquête*, op. cité, p. 23.

quante-huit tonnes de matière retrouvées dans le Pentagone. Bizarrement, des meubles et des livres à côté de tout ce métal disparu sont quasiment intacts ;

– des avions émettent de zones où ils ne peuvent se trouver selon la version gouvernementale et continuent de communiquer alors qu'ils sont détruits ;

– le vol 93 disparaît littéralement dans un (petit) trou dont rien ne dépasse ;

– et le FBI est capable de reconstruire un avion de ligne presque complet à partir de quasiment rien, et certainement pas des dizaines de tonnes de métal qui auraient dû se trouver sur le site du crash du vol 77.

Ce serait une bonne farce qui nous ferait bien rire s'il ne s'agissait d'une catastrophe d'une telle ampleur, qui continue de produire des victimes, en Afghanistan et ailleurs, et qui continuera encore longtemps, à moins d'y mettre fin.

Nid de coupables au FBI ?

Trop d'incohérences et d'anomalies rendent impossible de croire au manque de chance ou à l'incompétence de cette extraordinaire agence – tout comme des autres, d'ailleurs –, qui justifieraient ce terrible échec, ainsi qu'on veut nous le faire croire depuis toutes ces années. En conséquence, il est indispensable d'ouvrir une véritable enquête, qui fasse enfin toute la lumière sur le 11 Septembre, quels que soient les coupables et leur nationalité, y compris au sein du FBI.

Il faudrait, par exemple, déterminer, qui dans la hiérarchie a bloqué les enquêtes des agents connaissant à l'avance précisément la date, les moyens d'action, les cibles et les auteurs de ce crime, et qui, ainsi, auraient pu l'empêcher ? Qui les a menacés de poursuites judiciaires s'ils s'exprimaient publiquement ? Qui a donné l'ordre de laisser les ben Laden et d'autres Saoudiens quitter le pays tandis que les avions civils n'étaient plus autorisés à décoller ? Qui a conclu que les immenses délits d'initiés n'avaient pas de signification particulière et qu'il n'était pas utile d'enquêter sur ces spéculateurs de malheur ? Qui a récupéré, perdu ou éventuellement tronqué les bandes vidéo les plus importantes de ce qui s'est passé à Washington ? Qui a ordonné de raconter, entre autres au procès Moussaoui, que le Boeing 757 était quasiment complet dans un hangar du FBI, alors que les militaires avaient déclaré en conférences de presse que n'avaient été récupérés que les deux boîtes noires et un phare ? Pour quelle raison des agents du FBI ont tenté de faire taire les témoins, à New York, en Pennsylvanie, en Floride, etc. ? Qui a décidé de ne pas enquêter sur la question cruciale des messages Acars racontant pourtant une autre vérité que la version gouvernementale du complot ? Etc.

Il n'est pas trop tard, c'est même une impérieuse nécessité de rechercher et établir les responsabilités et culpabilités dans le 11 Septembre puis sa dissimulation (*cover-up*), notamment par le FBI, donc de ses directeurs successifs, à savoir Louis Joseph Free, qui démissionne en juin 2001, Thomas Joseph Pickard, qui en assume la direction à partir du 25 juin jusqu'à la nomination début septembre de Robert S. Mueller, et de leurs collaborateurs les plus proches. En effet, lorsque nous parlons de « FBI complice du 11 Septembre », il s'agit principalement de ses dirigeants, pas des agents de terrain ayant effectué leur devoir de façon exemplaire, parfois contre les ordres de leurs supérieurs. Certains ont même osé ensuite s'exprimer publiquement, en sachant qu'ils briseraient leur carrière en rompant la loi du silence.

Les pontes du FBI ne sont pas les seuls à devoir être interrogés. Il faut y ajouter les John Ashcroft, George Tenet, George W. Bush, Dick Cheney, Ronald Rumsfeld, Paul Wolfowitz, les membres de la Commission, etc., sans oublier Barack H. Obama et Hillary R. Clinton, qui ont, entre autres, intensifié la guerre en Afghanistan consécutive au 11 Septembre, « liquidé » le déjà-mort Oussama ben Laden et fomenté d'autres guerres (civiles) en Lybie, en Syrie et ailleurs, dont l'Ukraine. Qui peut croire que le peuple américain y a gagné quoi que ce soit et n'y a rien perdu ?

Théories du complot

Puisque le 11 Septembre est une théorie du complot aux milliers de victimes dont il reste à écrire la version finale, se pourrait-il qu'il soit lié au *Russiagate* déclenché en 2016 ? Sans doute faut-il d'abord revenir quelques années en arrière pour comprendre le lien éventuel. Ainsi, les 11 et 12 février 2015, trois journalistes de médias mainstream meurent en moins de vingt-quatre heures : Ned Colt (NBC), d'un accident vasculaire cérébral ; Bob Simon (CBS), dans un accident de voiture ; David Carr (*New York Times*), qui s'effondre dans la salle de conférence du journal. Un quatrième, Brian Williams, est suspendu au même moment pour six mois par NBC. Il est alors rapporté qu'un dossier rédigé par le Service du renseignement extérieur (SVR) russe établit que ces quatre hommes ont un point commun et c'est la raison pour laquelle trois ont été tués et le quatrième « détruit » : ils étaient sur le point de révéler que les attentats du 11 Septembre sont une opération interne (« inside job ») perpétrée par le gouvernement des États-Unis. La source d'information proviendrait des archives russes, mises à leur disposition par Vladimir Poutine. Ils auraient alors été réduits au silence par l'administration Obama pour éviter que n'éclate la vérité.

N'ayant pas de copie de ce rapport, nous ne pouvons pas juger de son contenu ni même de son existence. En revanche, la *Pravda* publie le 7 février 2015, soit à peine cinq jours avant le décès des trois hommes, un article intitulé *Les États-Unis craignent que les photos satellites russes de la tragédie du 11 Septembre ne soient rendues publiques*, dont voici un extrait :

> La Russie s'apprête à publier des preuves de l'implication du gouvernement américain et des services de renseignement dans les attentats du 11 Septembre. […].
>
> Les documents publiés pourront prouver les intentions malveillantes du gouvernement envers le peuple des États-Unis et la manipulation réussie de l'opinion publique. L'attaque a été planifiée par le gouvernement américain mais menée par des individus extérieurs. En conséquence, l'attaque contre l'Amérique et le peuple des États-Unis ressemblait à un acte d'agression commis par le terrorisme international.[327]

En conséquence, le *Russiagate* aurait, évidemment, pour objectif principal la destitution de Donal Trump et, à défaut, l'hystérie nourrie quotidiennement par les cercles de pouvoir et médiatiques contre la Russie permettra de discréditer ses preuves et documents s'ils devaient être portés à la connaissance du public.

---

327. *США боятся обнародования российских спутниковых фото трагедии 9/11*, *Pravda*, 7 février 2015.

Quoi qu'il en soit, la mort de ces trois journalistes peut évidemment être une coïncidence malheureuse, et peut-être n'avaient-ils rien prévu de dévoiler. Dans le cas contraire, ils rejoindraient la longue liste des victimes du 11 Septembre. Je me souviens d'ailleurs avoir reçu quelque temps après la publication du livre *Le Pentagate*, donc en 2002, le lien d'une vidéo en néerlandais sur YouTube montrant que dix-sept citoyens américains dont le témoignage contredisait la version gouvernementale du complot étaient mortes de façon « prématurée ». Peut-être était-ce la loi des séries et une coïncidence fâcheuse, comme il s'en produit tant dans l'histoire des États-Unis ? En tout cas, il est évident qu'Al-Qaïda ne pouvait en être la cause, du moins si ces décès n'étaient pas naturels.

To be or not to be?

Nous n'allons pas présumer des scénarios à venir. Toutefois, il nous paraît envisageable que si l'enquête de Robert S. Mueller conduisait sur le chemin de la destitution du président Trump, ce dernier n'aurait probablement pas d'autre carte à jouer que faire éclater la vérité de ce qui s'est réellement passé en ce matin tragique pour confondre ses accusateurs. Et même si cette hypothèse ne se produit pas, peut-il encore maintenir longtemps le couvercle sur cette bombe prête à exploser ?

En attendant cette secousse cosmique – la vérité sortira forcément un jour, et il se rapproche –, quand le peuple américain se réveillera-t-il enfin sur ce que sont le 11 Septembre et « la guerre à la terreur » qui en résulte ? Quand prendra-t-il conscience que plus elle s'étend, plus il s'appauvrit, au profit exclusif d'une communauté de l'armement et de la sécurité liée aux banques et aux médias qui ne cessent de s'enrichir à son détriment ? A-t-il même jamais été aussi pauvre depuis la crise des années 30, bien que le gouvernement essaie de faire croire le contraire ? Et que reste-t-il du rêve américain ? A-t-il définitivement été englouti dans les poussières du World Trade Center, un certain matin de septembre 2001 ?

Au peuple américain d'apporter les réponses. Seul lui le peut, car personne ne viendra le sauver à sa place, selon l'adage « Aide-toi, le Ciel t'aidera ». Plus le temps passe, plus il deviendra difficile de se relever. D'autant plus que les autres puissances progressent à pas de géant. Il est donc sans doute l'heure de redresser la tête et de se lever avant qu'il ne soit trop tard. Sinon, qui croira encore à la fable de l'exceptionalité du peuple américain béni de Dieu ? Et que l'Amérique peut être grande de nouveau ?

Paris, 13 janvier 2019

Addendum 2023

Donald Trump a donc quitté la Maison-Blanche sans avoir soulevé le couvercle du dossier du 11 Septembre. Il ne faut évidemment pas s'attendre à ce que son successeur le fasse avant son départ, bien au contraire. Nous devrons donc patienter encore un peu. De nouvelles informations ont néanmoins été publiées depuis la première édition de ce livre. L'une des plus étonnantes est résumée par cet article de *The Gray Zone*, qui commence ainsi :

> Au moins deux pirates de l'air du 11 Septembre ont été recrutés dans le cadre d'une opération conjointe des services de renseignement de la CIA et de l'Arabie saoudite, qui a été dissimulée au plus haut niveau, selon un nouveau document judiciaire explosif.
> [Il] soulève de graves questions sur la relation entre Alec Station, une unité de la CIA mise en place pour traquer le chef d'Al-Qaïda Oussama ben Laden et ses associés, et deux pirates de l'air du 11 Septembre avant les attentats, qui a été dissimulée aux plus hauts niveaux du FBI.
> Obtenu par SpyTalk, le dossier est une déclaration de 21 pages de Don Canestraro, un enquêteur principal du Bureau des commissions militaires, l'organe juridique qui supervise les affaires des accusés du 11 Septembre. Il résume les informations classifiées communiquées par le gouvernement et les entretiens privés qu'il a menés avec des hauts fonctionnaires anonymes de la CIA et du FBI. De nombreux agents ayant parlé à Canestraro ont dirigé l'opération Encore, l'enquête avortée et de longue haleine du Bureau sur les liens entre le gouvernement saoudien et les attentats du 11 Septembre.

La lecture du témoignage complet est édifiante. L'article se poursuit ainsi :

> Bien qu'il ait mené de nombreux entretiens avec toute une série de témoins, produit des centaines de pages de preuves, enquêté officiellement sur plusieurs responsables saoudiens et constitué un grand jury pour investiguer un réseau de soutien aux pirates de l'air

basé aux États-Unis et dirigé par Riyad, l'opération Encore a été brusquement interrompue en 2016. Cette décision serait due à un conflit byzantin au sein du FBI concernant les méthodes d'enquête.

Ou, plus exactement, au fait que la vérité sur l'identité des commanditaires internes aux États-Unis et de leurs complices, ne doit pas être révélée ? Cependant, de moins en moins de personnes sont dupes, ainsi qu'en témoigne la fin de l'article :

> Aukai Collins, agent secret senior du FBI, a conclu ses mémoires par une réflexion qui fait froid dans le dos et a été renforcée par la déclaration de Don Canestraro ayant produit l'effet d'une bombe : « Je me méfiais beaucoup du fait que le nom de Ben Laden ait été mentionné littéralement quelques heures après l'attentat... Je suis devenu très sceptique quant à tout ce que les gens disaient sur ce qui s'était passé ou sur les auteurs de l'attentat. J'ai repensé à l'époque où je travaillais encore pour eux et où nous avions eu l'occasion de pénétrer dans le camp de Ben Laden. Quelque chose ne sentait pas bon... Aujourd'hui encore, je ne sais pas qui était derrière le 11 Septembre, et je ne peux pas même le deviner... Un jour, la vérité se révélera, et j'ai le sentiment que les gens n'aimeront pas ce qu'ils entendront. »[328]

À la fin de ce livre, est-il encore possible d'en douter ?

---

328. *Bombshell filing: 9/11 hijackers were CIA recruits*, Kit Klarenberg, *The Gray Zone*, 18 avril 2023.

Trouvez l'avion !

Le 11 septembre 2020, apparaît sur les réseaux sociaux une vidéo anonyme. À moins qu'elle ait été truquée, à aucun moment le moindre avion ne percute la Tour Sud de ce côté du ciel bleu de New York, malgré l'explosion qui commence sur l'image 2 :

D'autres vidéos apparaissent par la suite, sur lesquelles il n'y a aucune trace d'avion, juste des explosions.

Une intéressante diffusion en direct sur Fox News

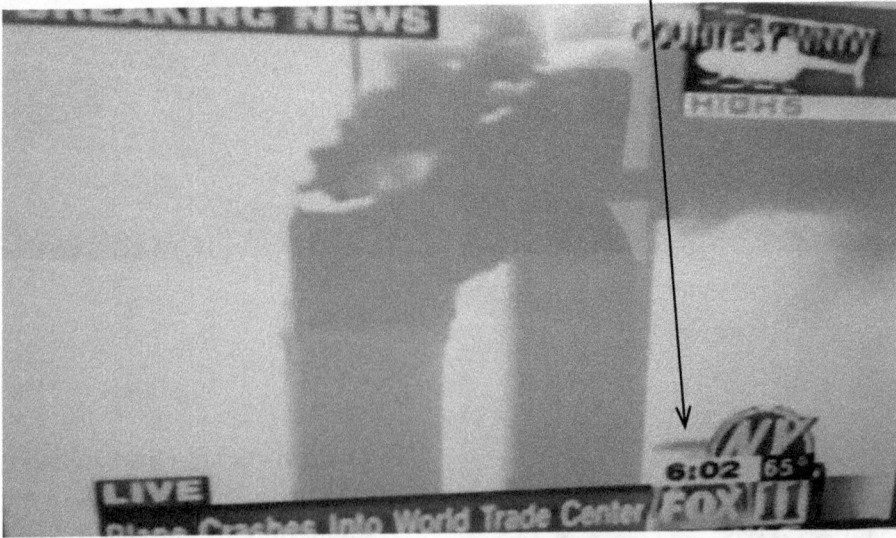

L'avion arrive par la droite

Après avoir percuté la tour ci-dessus,
il disparaît à l'intérieur, bien qu'elle paraisse peu endommagée

Puis, étonnamment, le nez ressort de... l'autre côté :

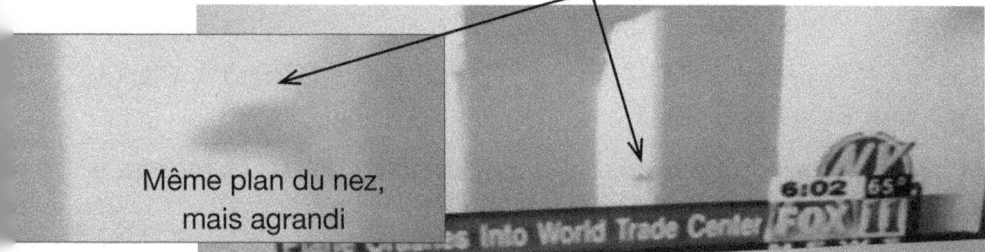

Même plan du nez,
mais agrandi

Plus étonnant encore, il revient en arrière :

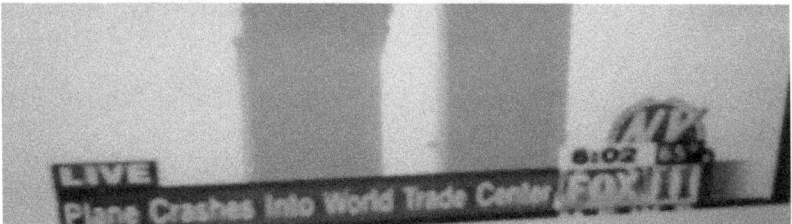

Toujours plus étonnant, il revient tellement en arrière qu'il disparaît
de nouveau dans la tour, plutôt encore intacte :

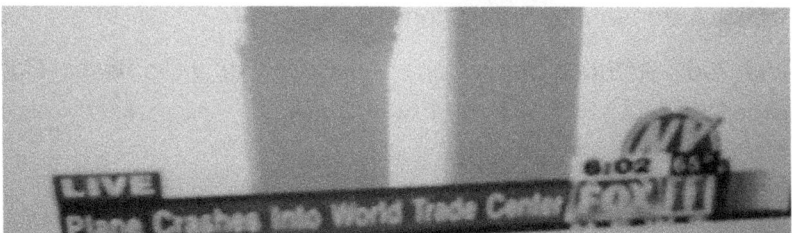

Décidément, les avions du 11 Sept. ne cessent de surprendre.

Bibliographie

L'Effroyable Imposture, Thierry Meyssan, Carnot, 2002.

Le Pentagate, Thierry Meyssan, Carnot, 2002.

The War on Freedom: How and Why America Was Attacked September 11, 2001, Ahmed Nafeez Mosaddeq, Joshua Tree, Calif.: Tree of Life Publications, 2002.

1000 Years for Revenge: International Terrorism and the FBI–the Untold Story, Peter Lance, Harper Collins, 2003.

Die CIA und der 11. September, Andreas von Bülow, Piper Verlag, 2003.

The Terror Timeline, Paul Thompson, ReganBooks, 2004.

The New Pearl Harbor, David Ray Griffin, Arris Books, 2004.

Crossing the Rubicon, Michael Ruppert, New Society Publishers, 2004.

Cover Up, Peter Lance, ReganBooks, 2004.

Against All Enemies: Inside America's War on Terror, Richard A. Clarke, New York: Free Press, 2004.

11 Septembre – Omissions et manipulations de la Commission d'enquête, David Ray Griffin, Carnot, 2005.

The 9/11 Commission Report, W.W. Norton & Company.

America's "War on Terrorism", Michel Chossudovsky, Global Research, 2005.

9/11 Synthetic Terror Made in Usa, Webster Griffin Tarpley, Progressive Press, 2005.

House of Bush House of Saud, Craig Unger, Gibson Square, 2007.

9/11 Ten Years Later, David Ray Griffin, Haus Publishing, 2011.

The Terror Factory: Inside the FBI's Manufactured War on Terrorism, Trevor Aaronson, Ig Publishing, 2013.

The 2001 Anthrax Deception: The Case For a Domestic Conspiracy, Graeme MacQueen, Clarity Press, 2014.

Table des matières